Beck'sche Reihe
BsR 1066

Wer von uns, die Psychotherapie nur dem Namen nach kennen, hätte nicht gern einmal in einer psychotherapeutischen Praxis „Mäuschen gespielt"? Und selbst wer bereits eine entsprechende Behandlung erfahren hat – möchte er nicht gern wissen, wie andere Therapeutinnen und Therapeuten ihre Fälle angehen? Und das nicht theoretisch, sondern im konkreten Fall, mit allen Einzelheiten? Und möglichst in den verschiedenen Formen und Schulen der Psychotherapie?

Der Verfasser, selbst seit über vierzig Jahren als Therapeut, als Konsulent und Supervisor tätig, gibt hier aus seiner reichen Erfahrung in zehn ausgewählten Geschichten anschaulich und nachvollziehbar einen solchen Einblick in das therapeutische Geschehen. Fasziniert nimmt man als Leserin und Leser teil an der Arbeit mit Kindern und Erwachsenen, mit Paaren, Familien und Patientengruppen. Man erfährt wie nebenbei, was mehr eine psychoanalytische, gesprächstherapeutische, existenzanalytische, familientherapeutische oder aus anderen Richtungen beeinflußte Behandlung ist. Vor allem wird deutlich, worauf es – die Therapieschulen übergreifend – ankommt: Schlüsselpersonen sind die Patienten, denen auf vielfache Weise geholfen werden kann. Insofern ist das Buch auch ein anschaulicher und beruhigender Wegweiser.

Walter Toman, geboren 1920 in Wien, Universitätsprofessor in Wien und Boston, seit 1964 in Erlangen, ist auch Psychotherapeut und Psychoanalytiker. In der Beck'schen Reihe liegt von ihm bereits in 5. Auflage vor: „Familienkonstellationen. Ihr Einfluß auf den Menschen" (BsR 112). Ferner: „Psychotherapie im Alltag. Vierzehn Episoden" (BsR 438).

WALTER TOMAN

Notrufe

*Zehn Geschichten
aus der psychotherapeutischen Praxis*

VERLAG C. H. BECK MÜNCHEN

Mit 2 Abbildungen

Die Deutsche Bibliothek – CIP-Einheitsaufnahme

Toman, Walter:
Notrufe : zehn Geschichten aus der psychotherapeutischen
Praxis / Walter Toman. – Orig.-Ausg. – München : Beck, 1994
  (Beck'sche Reihe ; 1066)
  ISBN 3 406 37456 5
NE: GT

Originalausgabe
ISBN 3 406 37456 5

Einbandentwurf von Uwe Göbel, München
Umschlagbild: Paul Klee, Irrung auf Grün, 1930, Aquarell auf Baumwolle.
© VG Bild-Kunst, Bonn 1994
© C. H. Beck'sche Verlagsbuchhandlung (Oscar Beck), München 1994
Satz: Fotosatz Otto Gutfreund GmbH, Darmstadt
Druck und Bindung: C. H. Beck'sche Buchdruckerei, Nördlingen
Gedruckt auf säurefreiem, aus chlorfrei gebleichtem
Zellstoff hergestelltem Papier
Printed in Germany

Inhalt

Einführung 7

1. Was ist los mit meinem Kind? 11

2. Ein Diener der Frauen? 25

3. Kleiner Notruf im psychotherapeutischen
   Ambulatorium 39

4. Ein großer Notruf wartet? 50

5. Aus einer Lehranalyse oder Der verstellbare
   Krankenstuhl. 83

6. Kindliche Salondelikte? 104

7. „Unverträgliche" Partner im Paargespräch 120

8. Gruppentherapie mit Hindernissen 142

9. Gruppentherapie in der psychosomatischen Klinik . . 173

10. In was für einer Verlegenheit, bitte? 194

Erläuterndes Nachwort 207

Bibliographie 219

Einführung

Die Anfänge der Psychotherapie reichen in das letzte Jahrzehnt des 19. Jahrhunderts zurück. Als ernsthaftes Angebot für Psychiater, Psychologen, Sozialwissenschaftler und für Praktiker aus der Medizin, gewissen sozialen Berufen, der Seelsorge und der Erziehung hat sich die Psychotherapie dann seit Beginn des 20. Jahrhunderts weiterentwickelt. Insbesondere in Großstädten und wirtschaftlichen Ballungsräumen wurde die Psychotherapie zunehmend begehrter. Als soziale Institution hat sie sich in der zweiten Hälfte des 20. Jahrhunderts zu etablieren begonnen. Im letzten Viertel des Jahrhunderts nahm sie weitgehend auch rechtlich und wirtschaftlich Gestalt an. Viele verschiedene Schulen und Richtungen der Psychotherapie verhandelten untereinander und mit Behörden um ihre Anerkennung und ihre Marktanteile. Dieser Vorgang ist jetzt in vollem Gang.

Neugierig und zum Teil besorgt warten viele Menschen, die psychotherapeutische Hilfe brauchen könnten oder konkret suchen, auf die Möglichkeiten und Angebote: Kinder, Jugendliche und Erwachsene; Paare, ganze Familien, Personengruppen und einzelne. Ihre Zahl ist groß. Sie haben Probleme im Alltag, mit ihren Mitmenschen, mit sich selbst, bei der Arbeit; Probleme im Zusammenleben mit anderen, Probleme in der Liebe, in der Freundschaft, mit Eltern oder Lehrern, mit eigenen oder anvertrauten Kindern. Manche dieser Personen sind physisch krank, manche haben psychische Leiden, manche sind in ernsthafte Konflikte mit anderen Menschen, mitunter auch mit dem Gesetz verstrickt. Manche sind einfach todunglücklich, andere süchtig, wieder andere haben Ängste, verrückt zu werden.

Eine viel kleinere, aber immer noch eine stattliche Zahl sucht oder braucht Psychotherapie, weil sie selbst in die helfenden Berufe streben, insbesondere in die Ausübung der Psychotherapie. Sie überlegen, welche ihrer Formen sie für ihre Ausbildung wählen sollen. Sie wissen, daß bei allen länger dauernden Therapieformen eine ausführliche Selbsterfahrung als Klient oder Patient am Anfang der Ausbildung steht. Eine solche Selbsterfahrung wird zwar Lehrpsychotherapie oder Lehrpsychoanalyse genannt, unterscheidet sich aber in der Regel zunächst nicht wesentlich von gewöhnlichen Psychotherapien.

Beide Klientengruppen hoffen, daß ihnen die psychotherapeutische Erfahrung bei der Bewältigung ihrer Alltagsprobleme und persönlichen Beziehungen helfen kann. Für die einen genügt schon, daß ihnen dabei tatsächlich und spürbar geholfen wird, sich selbst zu helfen. Den Kandidaten einer psychotherapeutischen Ausbildung wird ebenfalls geholfen, sich selbst zu helfen, aber das genügt ihnen nicht. Sie wollen darüber hinaus erfolgreich ausgebildet werden und die Berechtigung erwerben, eines Tages selbst als Psychotherapeuten tätig zu sein. Das will der gewöhnliche Klient oder Patient der Psychotherapie meistens nicht.

Für viele dieser Interessenten bietet das vorliegende Buch eine einschlägige und mannigfaltige Lektüre. Es beruht auf meinen Aufzeichnungen aus meiner mehr als vierzigjährigen Erfahrung mit der Ausübung, Erforschung und Lehre der Psychotherapie. Diese Erfahrung bezieht auch meine Lehrpsychotherapien und Lehranalysen sowie eine umfangreiche psychotherapeutische und psychoanalytische Inter- und Supervisionstätigkeit für bereits praktizierende Psychotherapeuten ein, die ich hauptberuflich im deutschen Sprachraum und in den Vereinigten Staaten von Amerika, in nebenberuflichen Konsultationen auch in England und Frankreich ausgeübt habe. Ich habe unter den von mir supervidierten oder konsultierten Behandlungsfällen jene herausgesucht, die mir durch die beteiligten Personen, durch ihre Lebensumstände und Schicksale, durch ihre spezifischen Probleme, Konflikte und Leiden sowie die Anforderungen an den betreffenden Psychotherapeuten besonders lehr- und aufschlußreich erschienen sind. Insgesamt decken sie ein möglichst breites Spektrum psychotherapeutischer Kasuistik ab.

Es handelt sich um die vorliegenden zehn Beispiele psychotherapeutischer Behandlungen, die in zehn verschiedenen „Werkstätten der Psychotherapie" stattgefunden haben. Sie umfassen

Einzeltherapien mit Kindern, Jugendlichen und Erwachsenen, manchmal auch Therapien mit Familienangehörigen und Paaren, kleinere Gruppentherapien, einmal sogar eine Gruppentherapie mit Psychotherapeuten in Fortbildung. Die Psychotherapeuten sind teils Männer, teils Frauen, ihre Klienten in der Einzeltherapie manchmal vom gleichen Geschlecht wie die Therapeuten, manchmal von verschiedenem Geschlecht, in der Gruppentherapie von beiderlei Geschlecht. Die Nöte der Klienten und Patienten unterscheiden sich nach Schwere, Dringlichkeit und Art, aber in allen Fällen brachte die psychotherapeutische Auseinandersetzung für die beteiligten Klienten persönlichen Gewinn: neue Einsichten, ungewöhnliche emotionale Erfahrungen, zusätzliche Lösungsmöglichkeiten von Konflikten, Veränderungen in persönlichen Beziehungen, besseres Verständnis von vertrauten gegenwärtigen, vergangenen und neu angestrebten Beziehungen, sicherere Zielsetzungen und realistischere Hoffnungen. Obwohl in der Mehrzahl der Darstellungen nur ein kleiner Teil der jeweiligen psychotherapeutischen Behandlung im Detail wiedergegeben wird, kann der Leser verfolgen, was sich in der therapeutischen Auseinandersetzung tut und welche Bedeutung es für den Klienten hat. Wie Psychotherapeuten und Klienten miteinander umgehen, was sie empfinden und sich denken, wird nachvollziehbar deutlich; wie die Behandlung weitergehen würde oder könnte, wird vorstellbar. Auch das, was Therapeuten über ihre Klienten und den Behandlungsverlauf denken, erfahren die Leser ebenso wie das, was Klienten von ihren Therapeuten halten, was sie bekommen und was nicht.

In den folgenden Darstellungen psychotherapeutischer Behandlungsmöglichkeiten sind Namen, Orte und besondere Umstände, an denen man die beteiligten Personen erkennen könnte, verändert. Unter dieser Voraussetzung haben die Psychotherapeuten und Psychotherapeutinnen, denen die Leser nun bei ihrer Arbeit über die Schulter schauen können, ihre Zustimmung zu den Darstellungen gegeben. Zieht der Leser es vor, dem Klienten über die Schulter zu schauen, so ist dies ebenfalls möglich. Auch zum Wechsel zwischen diesen beiden Leserpositionen wird eingeladen.

In jedem Fall hoffe ich, daß PsychotherapeutInnen und KlientInnen anschaulich und einfühlbar werden. Vielleicht sind die LeserInnen solchen oder ähnlichen Personen in ihrem Leben und Alltag schon begegnet. Vielleicht sind sie in manchen Fällen gelegentlich sogar auf ähnliche Weise mit ihnen umgegangen wie die hier dargestellten Personen. Wenn Sie, liebe Leserinnen und Leser, an manchen Stellen in diesem Buch irgend etwas ganz anders gemacht hätten als die hier beschriebenen Klienten oder Psychotherapeuten und eventuell sogar Ihre Gründe dafür angeben können, lassen Sie es mich über den Verlag wissen. Obwohl die hier dargestellten Behandlungen zum Teil viele Jahre zurückliegen, würde ich versuchen, Ihre Anmerkungen an die Quellen weiterzuleiten. Wenn das nicht mehr möglich sein sollte, könnten Ihre Anmerkungen immerhin jenen Psychotherapeuten und Psychotherapeutinnen und jenen Klientinnen und Klienten zugute kommen, mit denen ich gegenwärtig noch zu tun habe.

Walter Toman

Was ist los mit meinem Kind?

Frau Augustine Kläcker hatte die kinder- und jugendtherapeutische Praxis von Dr. Bernhard Sagmeister angerufen und für ihren fünfjährigen Sohn einen Termin erbeten. Sie wisse nicht, was mit ihm los sei. Jessie spreche sehr undeutlich, so daß oft nur sie ihn verstehen könne. Bei Tätigkeiten und Spielen anderer Kinder mache er nicht mit. Wenn sie nicht bei ihm sei, werde er apathisch und komme, wenn sie ihn abhole, eine Weile nicht aus seiner Apathie heraus. Sie vergewisserte sich, daß sie auch während der Therapie bei Jessie bleiben konnte – selbstverständlich war das möglich – und vereinbarte einen Termin.

Zu diesem Termin saß sie im Wartezimmer, und als Herr Sagmeister die Tür des Behandlungsraumes öffnete, sah er Frau Kläcker mit ihrem Sohn, der auf ihrem Schoß saß und sich an ihre Schulter schmiegte. „Frau Kläcker?" fragte Dr. Sagmeister leise und bedeutete ihr, sie brauche sich mit dem Eintreten nicht zu beeilen. „Und Jessie Kläcker?" fuhr er nach einer Weile fort. Jessie vergrub daraufhin seinen Kopf noch mehr an der Schulter der Mutter, blickte schließlich zu ihr auf, sah, daß ihr Blick nach hinten gerichtet war, und wandte sich zögernd um. Nun konnte er sehen, daß der große Mann mit seinem kurzgeschnittenen Bart ihm einladend mit beiden Händen zuwinkte und ihn anlächelte. Wieder versteckte Jessie sein Gesicht an der Schulter der Mutter, aber als diese, den Jungen im Arm, aufstand und Anstalten traf, Jessie ins Behandlungszimmer zu tragen, blickte er doch hinter ihrem Rücken hervor. Als sich ihre Blicke begegneten, nickte ihm Herr Sagmeister mehrmals freundlich zu, ihm so bedeutend, daß es in Ordnung sei, wenn ein fünfjähriger Junge in das Zimmer des Kindertherapeuten getragen wurde. Warum er nicht selbst gehen will, das wird sich vielleicht bald herausstellen, dachte Bernhard Sagmeister, und wenn die Mutter es für richtig findet, ihn zu tragen, werde er das zunächst nicht in Frage stellen.

Sie mag es wohl am besten wissen, was sie von Jessie fordern kann und was nicht. Bis er vielleicht einen besseren Vorschlag zu machen hatte.

In einer Ecke des Raumes befanden sich Spielzeug, Kinder- und Jugendbücher und Spielgeräte. Eine Sprossenwand lud die Kinder zum Klettern ein, etwa um aus drei Metern Höhe auf die anderen herabzuschauen. Gegenüber standen in Reih und Glied drei leichte Matratzen, auf denen Kinder liegen konnten, wenn sie müde waren.

Frau Kläcker kehrte nun dem Spielzeug den Rücken, aber Jessie konnte, wenn er über den Rücken seiner Mutter blickte, das Spielzeug sehen, er brauchte nur ein wenig die Augen zu heben.

So saßen sich denn die Mutter mit ihrem Sohn und der Therapeut eine kleine Weile gegenüber und blickten einander an, Herr Sagmeister freundlich und Frau Kläcker leicht verlegen. Noch ehe er ein paar erkundende oder ermunternde Worte an sie richten konnte, äußerte Frau Kläcker: „Sie sehen ja, was für ein Problem ich am Halse habe."

„Jessie hängt an Ihnen", antwortete Dr. Sagmeister, der ruhig zugesehen hatte. „Er will von Ihnen gehalten werden, und das gewähren Sie ihm offenbar, solange er es braucht. Vielleicht können Sie mir erzählen, was sie sonst noch für Probleme haben."

„Jessie ist meine ganze Liebe und meine große Sorge", antwortete Augustine Kläcker, eine etwa achtundzwanzigjährige, dunkelhaarige junge Frau mit wasserblauen Augen und hellem Teint. Sie trug eine lange schwarze, anliegende Velourhose, ein wasserblaues Herrenhemd mit offenem Kragen und eine an den Kanten etwas speckig gewordene dunkelbraune Wildlederjacke. „Jessie will nirgendwo ohne mich bleiben. Lasse ich ihn einmal allein, so verschließt er sich oder verkriecht sich in eine Ecke und will mit niemandem sprechen. Für andere Menschen oder Spielzeug interessiert er sich kaum."

„Wo lassen Sie ihn denn?" fragte Sagmeister schnell und leise, damit sie ihn allenfalls auch überhören und unbeeinflußt weiter erzählen konnte, doch sie überhörte ihn nicht.

„Im Kindergarten", erläuterte sie. „Manchmal auch bei der

Tagesmutter. Früher manchmal bei meinen Eltern. Jessie nimmt auch von anderen kaum etwas zu essen oder zu trinken an. Manchmal kann man ihn dazu überreden. Zu anderen spricht er fast nichts, aber er versteht, was sie sagen. Allerdings geht er nicht darauf ein."

„Früher war Jessie manchmal auch bei Ihren Eltern, sagten Sie. Jetzt nicht mehr?"

„Nein."

„Warum nicht?"

„Sie billigen nicht, was ich tue. Sie meinen, ich erziehe ihn falsch."

„Ihre Eltern würden ihn anders erziehen? Wie denn?"

„Sie würden ihn zu sich nehmen. Sie sagen, er braucht eine Mutter und einen Vater."

„Die Großeltern wären also bereit, Vaterstelle und Mutterstelle zu übernehmen? Dann hätten Sie selbst Zeit, etwas anderes zu tun?"

„Das meinen sie. Aber es wäre das letzte, was ich möchte. Sie haben mich immer zu einer wohlerzogenen artigen Dame erziehen wollen, doch das ist ihnen nicht gelungen. Nun würden sie aus Jessie einen artigen jungen Mann machen wollen – das würde ihnen wohl kaum gelingen. Noch schlimmer wäre es allerdings, wenn sie tatsächlich Erfolg hätten."

„Das wollen Sie nicht!" warf Sagmeister rasch ein.

„Jessie soll es gutgehen. Er soll kein artiger, angepaßter junger Mann werden müssen. Im übrigen haben mich meine Eltern aus der Wohnung gewiesen. Ich darf mich bei ihnen nicht mehr sehen lassen. Sie würden Jessie nur dann zu sich nehmen, wenn ich meine Finger von ihm lasse. An mir haben sie das Interesse längst verloren."

„Das klingt ja nach einer ziemlichen Meinungsverschiedenheit. Was haben sie denn an Ihnen auszusetzen?"

„Meine Freunde."

„Was stimmt da nicht?"

„Einer war drogensüchtig. Der andere war Skinhead und Fremdenhasser. Er wußte, daß mein Kind von einem Inder stammt. Jan hätte sich ja nicht mit mir einlassen müssen, er tat es aber. Und dafür schlug er mich. Schließlich bot er mir an, Jessie zu ‚versorgen‘." Sie machte eine Geste, als drücke man ihr den Hals zu.

Jessies Haut war nicht ganz so weiß wie die seiner Mutter, auf einen indischen Kindesvater hätte Herr Sagmeister dennoch nicht getippt, eher auf einen Spanier oder Italiener. Jessie war ein hübscher Junge, hatte ein schmäleres Gesicht als seine Mutter und einen langen, schmalen Kopf. Soviel war zu erkennen, auch wenn er immer noch sein Gesicht verbarg.

All das zog in den wenigen Sekunden, die er abwartete, Dr. Sagmeister durch den Kopf. In der Hauptsache beschäftigte ihn die Drohung dieses fragwürdigen Freundes. Jan nannte sie ihn. Wie ernst war das gemeint? Und wie konnte das Augustine Kläcker so lakonisch berichten? „Ein etwas erschreckendes Angebot, nicht?" sagte er laut.

„So ernst hat Jan das nicht gemeint. Er ging mit Jessie eigentlich freundlich um, brachte Schokolade, Bananen, Kiwi, und Jessie nahm die Geschenke gern an und aß alles auf. Aber wenn Jan mit mir schlafen wollte, so sperrte er ihn in der Küche ein, und wenn Jessie nach mir rief oder weinte oder in der Küche etwas umgefallen war und ich nachsehen wollte, ließ es Jan nicht zu. Sobald ich mich entwinden wollte, schlug er mich oder trat mich mit den Füßen."

„Kommt Jan immer noch zu Ihnen?"

„Nein. Einmal hat er mir übrigens fast eine Rippe gebrochen, sie war angebrochen, zeigte das Röntgenbild. Ich habe ihm mit der Polizei gedroht. Daraufhin blieb er weg."

„Und der andere Freund? Sie sagten, er war drogensüchtig."

„Er spritzte Heroin. Er hat immer wieder seine Eltern bestohlen, bis sie ihn nicht mehr ins Haus ließen. Alle Konten haben sie ihm gesperrt bis auf eins, auf das sie manchmal kleine Geldbeträge eingezahlt haben. Die Bank gewährte ihm schließlich nicht mehr, das Konto zu überziehen. Seine Eltern kamen für seine Schulden nicht auf. Zum Dieb oder Räuber aber taugte er nicht. So ließ er sich schließlich auf eine Methadonbehandlung ein. Das hat ihn vorübergehend zwar beruhigt, war aber keine befriedigende Therapie. Immerhin bekam er Sozialhilfe, doch sobald ihm seine Eltern wieder ein Almosen in den Bettelhut warfen, besorgte er sich erneut Heroin und gönnte sich einen ‚Lenztag‘, wie er es nannte…"

„Sie wußten ziemlich genau Bescheid über seine Sucht. Immerhin scheint er damals ein gewisses Gleichgewicht erreicht zu haben", fügte Sagmeister ein.

„Gottlieb war wie ein Kind – er wollte sein wie Jessie. Übrigens hatte er noch eine andere Frau, siebzehn Jahre älter als er, geschieden, kinderlos, Generalsekretärin in einem Industrieunternehmen, die ihn zeitweise bei sich leben ließ und schließlich ganz aufnahm. Damit war unsere Beziehung zu Ende. Noch zweimal rief er an. Dann hörte ich nichts mehr von ihm. Mit Jessie hat er sich nie anfreunden können."

„Sie charakterisieren Ihre Freunde anschaulich und sachkundig", kommentierte Sagmeister anerkennend. „Haben Sie selbst auch Drogenerfahrungen gemacht?"

„Nur was Alkohol und Zigaretten betrifft. Das Trinken habe ich hinter mir, ohne Hilfe der Anonymen Alkoholiker. Ich bin nicht ‚alkoholkrank‘. Ich kann jederzeit ein Glas Wein trinken und aufhören. Kaffee mag ich ganz gern. Wenn ich je daran gedacht hätte, mich mit harten Drogen zu trösten, dann hat mich Gottlieb davor bewahrt. Er bot ein abschreckendes Bild des Jammers. Jan dagegen war ein fanatischer Narr, aber immer noch bereiter zur Liebe als Gottlieb. Merkwürdiger Name", flocht sie nachdenklich ein. „Gott lieb wäre er gern gewesen. Seine Eltern haben sich das wohl recht simpel vorgestellt. Der Name aber tut es nicht – man muß auch etwas dafür tun. Das habe ich erst lernen müssen. Gottlieb sagte, das einzige, worauf er nie verzichten könne, sei seine Spritze, ich solle das verstehen. Nun, das kann mir nicht passieren."

„Wieso nicht?"

„Das weiß ich nicht. Das liegt mir nicht. Vielleicht weil sich meine Eltern bis zur Pubertät und auch später noch wirklich um mich gesorgt und mich geliebt haben. Ich dagegen habe sie nicht genug geliebt. Ich habe mich für sie geschämt. Mein Vater war mir zu klein und zu mickrig, meine Mutter zu häßlich und zu fett. Das Gesicht habe ich übrigens von ihr, mein Vater war viel schöner. Leider habe ich das nicht geerbt... Meine Eltern haben sich wohlweislich kein weiteres Kind zugelegt. Ich war ein Wunschkind, sagten sie. Ein ersehntes..."

An dieser Stelle bedeutete sie Dr. Sagmeister, daß Jessie eingeschlafen war. Der Therapeut hatte das ebenfalls bemerkt und sagte mit gedämpfter Stimme: „Machen Sie es sich bequemer. Sie wissen, was ihm gut tut. Ich könnte mir vorstellen, daß er eingeschlafen ist, weil er sich seiner Mutter sicher fühlt und weil die Mutter freimütig und zufrieden spricht, munter und ohne sich ein Blatt vor den Mund zu nehmen."

„Da haben Sie recht. Sie brauchen deswegen übrigens gar nicht leiser zu sprechen. Als ich mit einer Kollegin wegen einer Seminararbeit zu Hause zusammensaß, bestand Jessie darauf, neben mir zu sitzen, zuletzt sogar auf meinem Schoß. Das hat er bei Gottlieb nie versucht und bei Jan nicht gedurft. Was ist das für ein Weiberjunge, hatte Jan ihm vorgeworfen, als er es einmal wollte. Bei Klara wagte er es wieder, sie ließ es ganz selbstverständlich zu, und er schlief ein, so fest, daß er nicht aufwachte, als ich ihn ins Bett trug. Wir haben noch lange geredet und viel gelacht, und er schlief wie ein Murmeltier."

„Wann war das?"

„Vor einem Jahr."

„Haben Sie eine Idee, warum Jessie damals eingeschlafen ist?"

„Klara und ich sind mit der Arbeit gut vorangekommen. Zwischendurch haben wir uns über unsere Lehrer amüsiert. Warum er eingeschlafen ist? Vielleicht aus dem gleichen Grund, den Sie genannt haben. Ich war glücklich. Das hat er gespürt. Dann kann ihm die Mami nicht mehr abhanden kommen."

„Wie früher manchmal?"

„Was meinen Sie?"

„Wie Sie ihm früher manchmal abhanden gekommen sind?"

„Wenn er nicht bei der Tagesmutter oder bei meinen Eltern war, habe ich ihn ja immer mitgenommen."

„Wir versuchen nur herauszufinden, was sein Verhalten auslöst", erklärte Sagmeister freundlich. „Ich mache Ihnen keine wie immer gearteten Vorwürfe... Was taten Sie mit ihm, als Jessie kleiner war, noch zu klein zum Mitnehmen?"

„Da habe ich ihn auf dem Rücken getragen."

„Haben Sie ihn nie daheim gelassen?"

„Als ich ihn noch stillte, habe ich mich, während er schlief, manchmal für zwei Stunden davongeschlichen. Ich mußte ja ab und zu zur Uni."

„War er manchmal schon wach, als Sie heimkamen?"

„Manchmal hat er geschrien. Mitunter war er wach, hat mich traurig angesehen und nicht trinken wollen. Ich kann mich erinnern, daß ich verwundert war. Dann habe ich mir gedacht, nun gut, er hat keinen Hunger."

„Noch größer als sein Hunger nach Nahrung war sein Hunger nach Ihrer Gegenwart, könnte man vermuten."

„Sie meinen, er war böse auf mich?"

„Jessie hat sich verunsichert gefühlt, verlassen, auch wenn Sie bald wiederkamen. An Ihre Gegenwart mußte er sich dann erst wieder gewöhnen. ‚So lange habe ich geschrien, und niemand ist gekommen', so hat er sich das auf seine Weise vielleicht zurechtgelegt. ‚Wie kann ich denn daran glauben, daß nun meine Mami dableibt?' Er hat vielleicht nicht den Mut gehabt, auf Sie böse zu sein, weil Sie ihn so lange warten ließen."

„Sind Sie der Meinung, er muß böse sein dürfen, damit sein Vertrauen wiederhergestellt werden kann?"

„Nicht unbedingt, aber wenn er es manchmal wagte, wäre das keine Entgleisung oder Unbotmäßigkeit, sondern eher Zeichen eines therapeutischen Fortschritts. Wenn Sie das zuließen, darauf eingingen und gelegentlich mit ihm darüber redeten, könnte er einen Sprung machen. Jessie hat zwar Vertrauen, aber er könnte Ihnen noch mehr vertrauen, voll und ganz. Es wäre daran erkennbar, daß er Sie für kurze Zeit weggehen läßt, ohne in Apathie zu verfallen, wie es ihm ja auch nach Ihrer Rückkehr sonst ergeht. Und wenn er einmal volles Vertrauen geschöpft hat, dann wird er erzählen, was er inzwischen gemacht hat. Das sollten Sie sich aufmerksam anhören. Schließlich wird er aufstehen und allerlei anstellen..."

„Sie sind also optimistisch?" fragte Augustine.

„Sicher hätte man einiges besser machen können. Aber insgesamt haben Sie es trotz der schwierigen Lebensumstände gut arrangiert, Ihr Studium und Ihre persönlichen Bedürfnisse mit der Kindbetreuung zu vereinbaren. Vor allem haben Sie es gut machen wollen. So sehe ich das. Darauf kann man aufbauen. Die Prognose ist nicht ungünstig."

Augustine Kläcker lächelte und schüttelte fast ungläubig den Kopf. Der Zuspruch Sagmeisters schien ihr gutzutun.

Um ihre Lebenssituation, ihre Wünsche und Bedürfnisse besser verstehen zu können, würde er gern noch einiges erfahren, fügte er nach einer kleinen Besinnungspause hinzu, und sie erzählte.

Augustine Kläcker – Gustili und Gusti hatten sie ihre Eltern gerufen, und ein Amerikaner, flüchtiger Bekannter, hatte sie Gusty genannt, die ‚Windböige‘ –, Gusti Kläcker also studierte Sprachen, wollte die Dolmetscherprüfung in Englisch und Spanisch machen und bereitete sich nun auf den Magister in Anglistik vor. Sie verdiente sich ein bißchen Geld mit Übersetzungen für die Industrie und auf gelegentlichen Kongressen. Ihre Eltern unterstützten sie „im Ausmaß einer Sozialhilfe plus zwanzig Prozent". Das war ihr Haupteinkommen. So hatte sie es mit ihren Eltern vereinbart, die zunächst gar nichts zahlen wollten. Vor ihrem angekündigten Antrag auf Sozialhilfe aber hatten die Eltern Angst. Davon hätten weder die Nachbarschaft noch die wenigen Freunde etwas erfahren dürfen.

Es war schon schlimm genug für ihre Eltern gewesen, daß ihre Gusti mit neunzehn Jahren ausgezogen war und sich ein eigenes Zimmer, später sogar eine Wohnung genommen hatte. Auch daß sie Abendjobs als Serviermädchen in Kneipen angenommen hatte, paßte den Eltern nicht. Dennoch zahlten sie ihr zunächst einen angemessenen Betrag. Erst später, als sie schwanger wurde, nach drei Jahren des Studiums, der Kindsvater sich verflüchtigt hatte und deshalb nicht belangt werden konnte, forderten die Eltern, daß Gusti ihnen das Kind überließe. Als Gusti aber darauf nicht einging, weigerten sich die Eltern, ihr weiterhin das Studium zu zahlen, davon überzeugt, daß man allein mit Kind das nicht schaffen konnte. So kam die Vereinbarung mit der Sozialhilfe plus zwanzig Prozent zustande, „damit kein unliebsamer Staub aufgewirbelt wurde". Gusti zitierte die Aussagen der Eltern wörtlich.

Das Kind hatte sich Gusti ganz bewußt „zugelegt". Mit Freunden hatte sie kein Glück gehabt. Um jemand kennenzulernen, verdingte sie sich in Kneipen. Dort stieß sie später auf ihre Freunde Gottlieb und Jan, zwei Jahre zuvor auf jenen durchreisenden indischen Arzt, der seinen Vetter, einen Medizinstudenten, besucht hatte. Wenn sich schon sonst niemand für sie interessiert, warum dann nicht der Inder, hatte sie gedacht. Wenigstens hätte sie einmal sich so richtig ausgelebt, gleichgültig, was dabei herauskam – und sei es auch ein Kind. Mehr noch als eine Geschlechtskrankheit würde ein Kind das Entsetzen ihrer Eltern erregen. Und wenn schon ein Kind, dann eines, bei dem die Eltern Farbe bekennen mußten: sie sollten sich für das Kind schämen und es dennoch akzeptieren müssen, und mit ihm die Tochter. Sie sollten es noch bereuen, daß sie sich über ihren Lebenswandel so spießig empört hatten! Schließlich lebte sie in anderen Zeiten. Wenn ihnen die nicht zusagten, hätten sie sie ja nicht in die Welt setzen müssen. Was man jedoch in die Welt setzt, dafür trägt man die Verantwortung, gleichgültig, was daraus wird.

Zu diesem Zeitpunkt war die vorgesehene Stunde schon lange überschritten. Bernhard Sagmeister, selbst zweiundfünfzig Jahre alt, glücklich verheiratet und zufrieden mit seinen Kindern, einem bereits studierenden Sohn und einer Tochter vor dem Abitur, versuchte, Augustines Überzeugung, daß sie häßlich sei, ein wenig in Frage zu stellen. De facto fand er sie wohlproportioniert, ihr Gesicht ebenmäßig und rundlich – daran nahm sie wohl Anstoß, sie hätte lieber ein schmales Gesicht gehabt. Daß sie ihre Eltern für Dinge haßte, an denen sie unschuldig waren, hob sich Sagmeister für später auf. Erst einmal galt es, sie darauf vorzubereiten, daß Jessie noch einiges an Ärger und Trotz und unvorhergesehener Angriffslust in sich trug. Wie tief das ging und was ihr konkret in dieser Hinsicht noch bevorstand, das konnte sie jetzt nicht ahnen. Erst später, wenn Jessie sich seiner Mutter gegenüber freier fühlte und sie herausforderte, würde auch ihre Wut auf ihre Eltern artikuliert werden können. Vielleicht aber hatten ihr ihre Eltern auch gar nicht so übel mitgespielt, wie sie es darstellte, sonst hätte sie ihre von Trotz bestimmten Lebensentscheidungen nicht doch so gut durchhalten können. Auch ihr Entschluß, Psychotherapie und eventuelle Erziehungshilfe zu suchen, war fürsorglich und realistisch. Was Sagmeister noch herausfinden wollte, das war die Art und Weise ihres Interesses an Männern, da hatte er manch geheime Hoffnung auf den Mann ihrer Träume herausgehört, auch wenn er ihr noch nicht begegnet war.

Der Kindsvater war es jedenfalls nicht. Er war schön, von etwas hellerer Hautfarbe als sein Vetter, der Medizinstudent, mit dem er die Kneipe besucht hatte, aber eitel und überheblich. Was die intimen Beziehungen betraf – ihre ersten übrigens –, erwies sich Molital Kokubany als trickreicher Könner der Liebeskünste, doch unaufrichtig und herzlos. Daheim in Indien hatte er eine Frau und vier Kinder, das erfuhr sie erst viel später von seinem Vetter. Und was das für eine Frau war, mit der er ins Bett ging, und was aus ihr wurde, das war ihm gleichgültig. Außerdem konnte sie ihm weder mitteilen, daß sie noch keine sexuellen Erfahrungen mit Männern hatte, noch daß sie keine Verhütungsmittel verwendete – nicht einmal, daß sie ein Kind haben wollte. Ein Kind von einem farbigen fahrenden Gesellen, den sie später nie wiederzusehen brauchte. An der Sprache aber lag es nicht, beide vermochten sich auf englisch recht gut zu verständigen. Molital jedoch hatte nicht vor, mit ihr von anderem als den Schönheiten Indiens, seiner erlesenen Kultur und Liebeskünsten zu parlieren. Dann fuhr er nach London zu einem medizinischen Kongreß. Damals übrigens nahm Augustines Vermieterin Anstoß daran, daß sie einen Mann bei sich einquartiert hatte, und verlangte, daß sie auszog. So fand sie schließlich die Wohnung, in der sie jetzt noch lebte.

Da auch von der ersten ihrer Männerbekanntschaften, dem leiblichen Vater Jessies, nicht viel Gutes zu sagen war, fragte Dr. Sagmeister schließlich, ob sie nicht einen Mann kennengelernt hatte, irgendwann in ihrem Leben, der sie beeindruckt hatte, und sei es auch nur flüchtig. Nach kurzer Besinnung sagte sie: Chuck Lubber.

Chuck war ein amerikanischer Soldat, der ihr am Rheinufer begegnet war, als sie mit Jessie gerade eine kleine Picknickmahl-

zeit einnahm. Sie war mit dem Rad gefahren, der damals zwei-
jährige Jessie auf dem Kindersitz. An einer kleinen Erholungs-
stätte machten sie Rast und saßen im Gras, Jessie knabberte
gerade an einem Apfel, als sie ein junger, nicht sehr großer
Mann in Zivilkleidung ansprach, sich vorstellte und Jessie eine
Milky Way-Schokolade reichte. Jessie nahm an, Gusti half ihm,
sie auszuwickeln. Währenddessen plauderte der freundliche
Mann in amerikanischem Englisch, daß er sie beide schon längere Zeit beobachtet habe, sie seien ihm aus der Ferne wie die
Madonna mit dem Kind vorgekommen, nun noch mehr. Sie
habe da einen kleinen Jesus bei sich, aber da dieser Name schon
vergeben sei, schlüge er Jessie vor. Hieße der Junge etwa so?
Gusti schüttelte den Kopf. Richard sei sein Taufname, aber
Jessie gefiele ihr gut.

Dann erzählte ihr Chuck Lubber, daß er eine Braut in den
Vereinigten Staaten habe, die auf ihn warte, und er hoffe, mit ihr
ein Kind wie Jessie zu bekommen. Es könne auch ein Mädchen
sein, vielleicht eine kleine Jessica, aber so wie Richard-Jessie
solle sie aussehen. Er diene noch anderthalb Jahre in der Armee,
derzeit in Deutschland. Dann würde er heim nach Utah gehen
und heiraten. Zu Beginn des kommenden Jahres würde seine
Braut ihn in Europa besuchen. Wenn er dann noch hier sei, und
Gusti und ihr Mann ebenfalls, dann wünschte er, daß sie zu fünft
auf ein großes Picknick gingen.

Als Augustine ihm erklärte, daß sie keinen Mann habe und der
Kindsvater fort sei, wurde Chuck ganz aufgeregt und versicherte
ihr atemlos, wenn er nicht schon eine Braut hätte, würde er
sich gern – wie Josef – als Gefährte und Nährvater Richard-
Jessies anbieten. Wie aber die Dinge lägen, könne er nur offerieren, den Kindsvater zu suchen und ihn an seine Verantwortung
zu erinnern, allerdings erst dann, wenn er die Armee verlassen
habe.

Dann wollte er noch wissen, ob sie vielleicht Maria heiße.
Nein, Augustine, und ihre Eltern nennen sie Gusti, erklärte sie,
und sobald er den Namen buchstabiert bekommen hatte, lachte
er und nannte sie „Gusty, the stormy one or the windblown,
whichever you prefer".

21

Ein liebenswürdiger, verrückter Mensch, sinnierte Gusti im Rückblick. Sie trafen sich noch zweimal, er erzählte ihr von Utah und wollte mehr über ihr Leben wissen. Er lauschte ihren Worten mit Begeisterung, stimmte ihr bei vielem zu, ergriff immer ihre Partei und sagte voraus, daß sie sich eines Tages mit ihren Eltern versöhnen und einen guten Vater für ihr Kind finden würde. Für Jessie, so nannten sie ihn nun beide, hatte Chuck immer kleine Spiele, Faxen, Albereien und einfache Zauberkunststückchen bereit. Jessie, dem man sonst nur mit Mühe ein Lächeln zu entlocken vermochte, machte mit und lachte.

Kurz darauf wurde Corporal Chuck Lubber mit seiner Einheit nach Ostasien versetzt. Gelegentlich kam noch eine Ansichtskarte, dann war diese unschuldige Episode zu Ende. Ja, trotz dieses Ausgangs und obwohl ja eigentlich nichts vorgefallen war, hatte Augustine diesen naiven Menschen in guter Erinnerung behalten. Solche Männer, sagte sie, sollte es häufiger geben.

Es war höchste Zeit, die Sitzung zu beenden. Augustine hatte Mühe, Jessie zu wecken, aber schließlich öffnete er die Augen. Er sah Dr. Sagmeister an, ließ sich von ihm über das Haar streicheln und sagte etwas wie „chausge", was möglicherweise „nach Haus' geh'n" bedeutete.

Augustine Kläcker hatte Jessie noch im Arm, ließ ihn dann jedoch auf den Boden gleiten. Jessie hielt sich an ihrer rechten Hand fest und blickte, auf eigenen Füßen stehend, den Therapeuten von Kopf bis Fuß an. Für einen Moment wollte er sich abermals hinter seiner Mutter verbergen und versteckte seinen Kopf in Hüfthöhe unter ihrer Lederjacke. Dann aber blickte er auf einmal dem großen, bärtigen Mann in die Augen.

Herr Sagmeister beugte langsam sein rechtes Knie, ließ sich darauf nieder und näherte seinen Kopf Jessies Antlitz. Jessie klammerte sich nun an der Hand der Mutter fest, aber er wich nicht zurück und blieb Aug' in Aug' stehen. Lediglich eine winzige Falte, sichtbar auf seiner glatten Stirn zwischen den Augenbrauen, verriet seine innere Spannung. Und Herr Sagmeister begann langsam und leise zu sprechen:

„Deine Mutter und ich haben viel miteinander gesprochen, auch über dich. Erst hast du zugehört, dann bist du müde geworden und eingeschlafen. Vielleicht hast du uns im Schlaf gehört? Oder du hast einen Traum gehabt? Hast du?" Jessie schüttelte den Kopf. „Nein? Du hast keinen Traum gehabt?... Deine Mutter und ich wollen dich fragen, ob du wiederkommen willst?"

Jessie wandte den Kopf ab. Dann blickte er die Mutter an, und sie nickte ihm ermunternd zu.

Danach wandte sich Jessie, immer noch an der Hand der Mutter, Herrn Sagmeister zu, die kleine Falte zwischen seinen Augenbrauen war noch einmal zu sehen (bei einem Erwachsenen hätte man in einem solchen Falle sagen können, er runzelte die Stirne), und er antwortete laut und deutlich: „Nur mit der Mami."

„Selbstverständlich", erwiderte Herr Sagmeister lächelnd, stand auf, strich Jessie noch einmal übers Haar und geleitete das Paar hinaus.

Da bleibt wohl noch allerhand zu tun, dachte Bernhard Sagmeister, während er sich in seinen Sessel zurücklehnte. Ein Glück, daß er jetzt eine gute halbe Stunde hatte dazugeben können. Wie es schien, hatte Gusti auch ihren Eltern einiges aufzulösen gegeben, nicht nur sie ihr. Und Jessie sehnte sich spürbar nach einem verläßlichen Vater und bangte herzzerreißend um seine Mutter.

Gusti war eine intelligente und attraktive Person, die noch einen passablen Mann finden konnte, auch trotz ihres Kindes. Vielleicht gerade deswegen. Manche Männer nehmen heute gern das Kind eines anderen Mannes in Kauf, wenn sie dabei eine gute Frau bekommen. Ein wirklicher Freund wäre für Gusti – und für manche Frau ebenso – besser als manch fixer Liebhaber.

Sogar ihre Eltern würden ihr wohl unter gewissen Umständen wieder beistehen. Mit ihnen ins Gespräch zu kommen wäre für Gusti vermutlich ein leichtes, wenn sie nur wollte. Dazu mußte sie freilich vorher noch einigen Ärger loswerden. Nicht so sehr in der direkten Auseinandersetzung mit den Eltern als hier in der Therapie. Und Jessie würde es vielleicht schon beim nächsten Mal wagen, sich hier im Raum umzusehen und umzutun. Spielzeug gab es genug, auch manches, das er noch nicht kannte.

Da klopfte es an der Tür. Sagmeister rief „Herein!", die Tür ging halb auf, und in der Spalte stand Frau Kläcker. Sie lächelte und fragte mit den Augen zwinkernd betont zaghaft: „Jessie hätte noch eine große Bitte."

„Gern", antwortete Herr Sagmeister und blieb lächelnd, teils aus Bequemlichkeit, teils absichtlich, sitzen und fuhr fort: „Was ist deine Bitte, Jessie?"

Jessie war neben der Mutter gestanden, aber auf diese Aufforderung hin verschwand er hinter ihr im Türspalt. Es sah aus, als ob ihn Augustine an der Hand festhielt, damit er nicht davonlief.

Bernhard Sagmeister wartete noch eine Weile. Überfordern wollte er Jessie nicht. Daß dieser noch einen Wunsch geäußert und es der Mutter gesagt hatte, war schon mutig genug. Daher rief er so laut, daß es Jessie hören konnte: „Oder soll die Mami deine Bitte sagen?"

„Ja", tönte es prompt und laut genug aus dem Hintergrund.

„Ich weiß gar nicht, ob wir Ihnen das zumuten dürfen", schmeichelte Augustine.

„Sie dürfen. Was möchte Jessie denn?"

„Jessie möchte Ihren Bart berühren."

„Jessie darf. Hereinspaziert, ob Jessie allein oder Jessie mit Mami. Da kann ich ja sitzen bleiben."

Sie kamen beide. Jessie zögernd hinter der Mutter, aber zuletzt doch hervortretend, mit der linken Hand ihre Hand umklammernd, mit der rechten sich langsam vortastend. Herr Sagmeister mußte sich zuletzt noch ein Stück zu Jessie hinunterbeugen, aber dann hatte das Kind seinen Bart berührt, einmal, noch ein zweites Mal und diesmal etwas länger mit der ganzen Handfläche. Dann versuchte er sich sofort wieder hinter der Mutter zu verstecken, vermied vor allem den Blickkontakt mit dem Therapeuten und sah ihm nur noch einmal in die Augen, als die Mutter mit ihm bereits in der Tür stand und sich kurz, aber herzlich bedankt und „Auf Wiedersehen" gesagt hatte.

„Gern geschehen. Auf Wiedersehen nächste Woche!" rief er ihnen nach, lachte vor sich hin und schrieb ein paar Notizen.

Ein Diener der Frauen?

Ein etwa 45jähriger Mann trat zögernd bei einer Ehe- und Familienberatungsstelle ein, die am Rande der Großstadt in einem geräumigen Einfamilienhaus, umgeben von einem etwa fünf Meter breiten Vorgarten, untergebracht war, und fragte, ob er hier richtig sei. „Worum geht es", fragte die Dame im Empfang.

„Meine Frau will sich von mir trennen", gab er kleinlaut an.

Da sei er hier richtig, erläuterte die Empfangsdame, die gleichzeitig auch eine der beiden Sekretärinnen der Stelle war.

„Auch wenn es zur Trennung kommt?" fragte der Mann erstaunt.

„Ja, wenn sie sich nicht verhindern läßt. Zu uns kommen auch geschiedene Eltern", gab sie ermunternd an.

„Wir haben keine Kinder", erwiderte er noch kleinlauter.

„Dann eben Eheberatung. Ich kann Sie vormerken. Geben Sie mir Name und Adresse an, auch Ihr Telefon, und wir verständigen Sie, sobald wir einen Platz haben."

„Wie lange wird das dauern?"

„Drei bis sechs Wochen", antwortete die Sekretärin.

„Da ist es vielleicht schon zu spät", sagte er und blickte mit einem Seufzer vor sich hin.

„Wenn es sehr dringend ist, kann ich Ihnen nächste oder übernächste Woche einen einmaligen Termin geben. Für weitere Termine müßten Sie aber warten."

„Wenn es nächste Woche ginge, wäre mir das sehr recht. Oder vielleicht noch diese Woche?" Dabei beugte er den Kopf vor und blickte sie von unten hinauf an, fast demütig und schmeichelnd, und die Sekretärin war davon ein wenig beeindruckt. Sie sah im Terminkalender der Beratungsstelle nach und entdeckte bei Frau Ingelotte Schalk eine freie Stunde. Frau Schalk war Mitte Vierzig, ungefähr im gleichen Alter wie der Klient. Die Sekretärin dachte, daß die beiden vielleicht schon deswegen eine Gemeinsamkeit hatten. Sie hatte in den drei Jahren ihrer Tätigkeit unwillkürlich darauf zu achten gelernt, wie die Klienten mit ihren Therapeuten zurechtkamen – aus Indizien wie der Laune der Klienten, Ehrfurcht, Reserve oder Gelassenheit, die sie gegenüber den Therapeuten an den Tag legten, ihrer Pünktlichkeit und der Anzahl ihrer Sitzungen glaubte sie, gewisse Schlüsse ziehen zu können, und sah sich gelegentlich vom Schicksal in die Rolle eines Schiedsrichters berufen. In der Regel teilten sich die Therapeuten die angemeldeten Klienten und Klientinnen wie an einer Börse auf. Das war sicher das offenere Verfahren, aber die Sekretärin durfte in der Not auch einspringen. Die Therapeuten hielten das für zulässig, solange sie darüber Buch führte und sich eventuelle Fehlentscheidungen eingestand.

Der Mann hieß Josef Bierhandel. Tatsächlich bekam er noch am Freitag nachmittag der gleichen Woche einen Termin bei Frau Ingelotte Schalk. Er erschien in einem gestreiften, blaugrauen Anzug und dunkelgelben Schuhen, sein etwas schütteres blondes Haar naß nach hinten gekämmt. Sein Gesicht war so glatt, daß man annehmen konnte, er habe sich entweder überhaupt erst mittags oder dann bereits das zweite Mal rasiert. Er trug einen Schirm von der Farbe seines Anzugs mit einem Bambusgriff von der Farbe seiner Schuhe und eine blaue Krawatte mit einem goldenen Spiralenmuster. Er wollte sich für die Dame, die ihm als Therapeutin in Aussicht gestellt war, vielleicht besonders schön machen, war aber ein wenig ins Geschmäcklerische abgeglitten.

Frau Schalk holte ihn aus dem Wartezimmer, in dem übrigens nicht selten mehrere Klienten oder Klientenpaare, manchmal eine ganze Familie auf ihre Therapeuten warteten. Diesmal saßen außer ihm noch eine Mutter mit ihrer Tochter im frühen Volksschulalter da. Als die Frau versehentlich eines der aufliegenden Magazine vom kleinen Tischchen fegte, hob er es auf; die Frau dankte, und das kleine Mädchen blickt ihn noch eine Weile interessiert an.

Frau Ingelotte Schalk führte ihn in ihr Zimmer, in dem sie gerade ein oder zwei Personen empfangen konnte. Für Familien und Patientengruppen besaß die Beratungsstelle zwei größere

Räume mit ausreichenden und angemessenen Sitzgelegenheiten. Einer der Räume war mit allerlei Kinderspielzeug ausgestattet.

Frau Schalks Arbeitszimmer war groß genug, daß sie abseits von ihrem Schreibtisch ihrem Patienten gegenübersitzen konnte, zwischen ihnen ein kleines Abstelltischchen, und sie lud Herrn Bierhandel ein, Platz zu nehmen. Er wartete, bis auch sie sich gesetzt hatte, dann fragte sie, was er auf dem Herzen habe. Sie hatte von der Sekretärin bereits erfahren, daß seine Frau sich von ihm trennen wollte, erwähnte es aber nicht. Wer wußte schon, ob dieses Anliegen auch heute noch sein dringlichstes war? Der Klient sollte selbst das Ausgangsthema wählen. Danach würde sich schon alles nach den Regeln der therapeutischen Gesprächsführung entwickeln und entfalten. Und wenn Herr Bierhandel nicht wußte, wo anfangen oder wo es eines Anstoßes bedurfte, dann konnte sie ihm immer noch offerieren, von sich und seiner Lebenssituation zu erzählen, ob jetzt oder früher, oder beides. Manche Klienten hoben sich das eigentliche Thema auf, bis das Gespräch ein Stück vorangeschritten war, manche warteten damit gar bis ans Ende der Sitzung, so daß die Therapeutin mitunter Mühe hatte, die Zeit nicht zu überziehen.

Josef Bierhandel blieb beim Thema, das er schon der Sekretärin angegeben hatte. „Meine Frau will sich von mir trennen und mich aus der Wohnung haben", teilte er sorgenvoll mit.

„Das wollen Sie nicht? Wissen Sie denn, wohin Sie gehen sollen?" fragte Frau Schalk aufs Geratewohl, in freundlichem und verständnisvollem Ton.

„Das ist das eine. Aber was wird sie nur so allein in ihrer Wohnung machen? Sie kann weder kochen noch backen, kann nicht abwaschen, kennt sich bei der Waschmaschine nicht aus. Sie kann keinen Nagel in die Wand schlagen. Nicht einmal nähen kann sie."

„Sie machen sich Sorgen um sie?"

„Sie ist eine sehr eigenwillige Person. Manchmal will sie mit dem Kopf durch die Wand. Deswegen mache ich mir Sorgen."

„Was hat sie denn gemacht, bevor Sie in ihr Leben getreten sind?"

„Da hat ihre Mutter sie versorgt, bis an ihr Lebensende."

„Ist die Mutter auch für den Lebensunterhalt Ihrer Frau aufgekommen?"

„Nein, Rosemarie hat gut verdient. Sie hat ihre Mutter versorgt. Der Vater war gestorben. Die Mutter hatte nur eine kleine Pension. Rosemarie ist Buchhalterin in einer Aluminiumfolienerzeugung. Heute verdient sie noch mehr als damals. Sie ist dort eine hochgeschätzte Kraft. Dafür nahm sie sich heraus, zu Hause keinen Finger zu rühren."

„Und das hält sie auch heute noch so?"

„Ja", antwortete Herr Bierhandel etwas verlegen, und nach einer kleinen Weile fuhr er fort. „Ihre Finger rührt sie zu Hause nur auf dem Klavier. Da spielt sie manchmal gern und lang."

„Zu lange für Ihren Bedarf?"

„Eigentlich nicht. Ich habe mich daran gewöhnt und höre ihr gern zu. Schubert-Lieder hat sie gern."

„Doch die Haushalts- und Alltagsdinge machen Sie allein?" Er nickte. „Und was ist Ihr Beruf?" fragte sie gleich weiter.

„Ich bin Kaufmann, aber mein Unternehmen ist aufgelöst. Mein Partner hat mich hineingelegt."

„Das muß ja eine bittere Erfahrung gewesen sein. Dann haben Sie sich eine Stelle suchen müssen?"

Herr Bierhandel schwieg, blickte zur Seite, schließlich der Therapeutin in die Augen und schwieg weiter. Darüber wollte er offenbar nicht sprechen. Oder war seine Stelle die eines Hausmannes? Kam seine Frau allein für den Lebensunterhalt auf? Und wollte er das nicht so ohne weiteres zugeben? Drängen mochte sie ihn nicht. Er mußte nicht reden. Wenn er wollte, konnte er auch schweigen. Vielleicht hatte er sich von seiner tüchtigen, aber verwöhnten Frau zu viel gefallen lassen müssen. Daß die Möglichkeit bestand, von Rosemarie auf die Straße gesetzt zu werden, hatte er zugegeben, doch noch nicht, ob er sich eventuell davor fürchtete.

„Seit wann sind Sie denn verheiratet?" wollte die Therapeutin wissen.

„Verheiratet sind wir nicht. Seit zehn Jahren leben wir zusammen."

„Und wie haben Sie sich kennengelernt?"

„Durch eine Zeitungsannonce."

„War das Rosemaries Annonce oder Ihre?"

„Meine."

„Wissen Sie vielleicht noch, wie Sie da Ihr Interesse angekündigt haben? Wie hat die Annonce denn ungefähr gelautet?"

„Kaufmann, Sportfigur, sucht Partnerin."

„Recht knapp", kommentierte Frau Schalk. „Nicht einmal eine Altersangabe?"

„Doch. Die war im Kennwort. Einen längeren Text konnte ich mir nicht leisten."

„Das war wohl nach dem Verlust Ihres Unternehmens?"

Josef Bierhandel schwieg kurz und bejahte dann die Frage.

„Wie war denn das Echo auf Ihre Anzeige?"

„Ich habe nur drei Zuschriften bekommen. Mit Rosemarie war ich zufrieden, und sie war von mir beinahe begeistert. Damals lebte ihre Mutter noch, und in ihrer Wohnung war ein Untermieter, ein Vertreter für Elektrogeräte, Arnold Fensterputzer. Er hatte sich mit ihr verlobt. Er war steif, pedantisch, hielt viel auf seine Ehre und auf Etikette, erzählte mir Rosemarie, aber sie langweilte sich mit ihm. Nur ihrer Mutter zuliebe war sie auf seinen Verlobungswunsch eingegangen, die sie finanziell versorgt wissen wollte. Rosemarie versuchte den Mann wieder loszuwerden, schließlich versorgte sie sich ja selbst sehr gut und verdiente mehr als er. Auf meine Annonce hatte Rosemarie geantwortet, damit ich ihr in dieser verfahrenen Situation helfe, ihn abzuschieben. Als ich ihr mitteilte, daß ich in einer momentanen Geldverlegenheit sei, half sie mir mehrmals aus. Wir trafen uns in Gaststätten und Kaffeehäusern, machten Ausflüge, sogar Theaterbesuche. Schließlich kündigte sie dem Mann und schlug vor, daß ich bei ihr einziehe, sobald Arnold das Zimmer geräumt hatte.

Arnold Fensterputzer aber wollte nicht weichen. Während der Kündigungsfrist drohte er ihr mit Selbstmord, kündigte wiederholt an, daß sie ihn zum letzten Mal gesehen habe, kam aber doch immer wieder zurück, wenn auch später als sonst und mit einer Alkoholfahne. Dafür lachte sie ihn aus. Damals fand ich sie ein bißchen unheimlich. Würde sie mich eines Tages genauso fallen-lassen wie Arnold, dachte ich – aber dann ging alles gut. In nicht einmal drei Monaten räumte Arnold das Zimmer, ich zog ein und lernte Rosemaries Mutter kennen – die gütigste Frau, die mir jemals untergekommen ist. Sie schloß mich ins Herz, liebte mich mehr als Arnold, ich half ihr im Haushalt und lernte von ihr die Gepflogenheiten und kleinen Tricks ihrer Haushaltsführung. Als sie eines Tages über Übelkeit klagte und wir sie ins Kranken-haus bringen mußten, dachten wir, sie würde bald wieder zu Hause sein. Völlig unerwartet aber starb sie zwei Tage später an Herzversagen. Ihre Güte hatte das Herz überstrapaziert und ausgelaugt, so erklärte es sich Rosemarie. Daß ihre Mutter gütig war, hatte sie zwar erkannt, aber als etwas Selbstverständliches hingenommen."

„Sie selbst hatten in dieser Hinsicht ganz andere Erfahrun-gen?" fragte Frau Schalk.

„Wie meinen Sie das?"

„Ich frage nach Ihren Erfahrungen mit gütigen oder weniger gütigen Frauen oder mit Ihrer Mutter."

Herr Bierhandel verstummte. Jedenfalls schwieg er eine ganze Weile, als ob er traurig oder gar böse auf die Therapeutin gewor-den wäre, seine Miene war undurchdringlich.

Schließlich räumte die Therapeutin ein: „Vielleicht habe ich da eine heikle Stelle in Ihnen berührt...? Es tut mir leid. Sie brau-chen nicht darüber zu sprechen." Und nach einer weiteren War-tezeit, in der sich seine Miene entspannte und aufhellte, fragte sie beiläufiger: „Wo hatten Sie denn gewohnt, ehe Sie zu Rosemarie zogen?"

„Bei Netty."

„Wer ist das?"

„Meine vorangegangene Lebensgefährtin."

Über sie erfuhr Frau Ingelotte Schalk, daß sie dreizehn Jahre älter als Josef Bierhandel war und daß sie ihn als Liebhaber bei sich aufgenommen hatte. Sie arbeitete als Reinigungsfrau und putzte bei Familien der Nachbarschaft. Ihr Sohn, nur vier Jahre jünger als Josef, zog aus. Josefs Unternehmerkarriere war da schon zu Ende. Acht Jahre lang lebte er dann bei ihr, bekam

Taschengeld von ihr wie vorher ihr Sohn, machte sich im Haushalt nützlich und führte kleinere Reparaturen durch. Anfangs lebte er gern bei Netty, sie behandelte ihn zwar etwas grob, aber im wesentlichen fürsorglich und lobte ihn von Zeit zu Zeit wegen seiner Fähigkeiten als Liebhaber. Ja, das sei seine wesentliche Aufgabe gewesen, fügte er hinzu. Einer Frau nach Bedarf zur Verfügung zu stehen und sie glücklich zu machen, das könne er. Das sei anscheinend seine Gottesgabe, darin sei er geschickter als manch anderer. Jedenfalls hätten alle Damen, mit denen er je zu tun gehabt hatte, Rosemarie eingeschlossen, ihm das bezeugt. Auf die Frage, welche Damen außer Netty und Rosemarie das denn gewesen waren, lächelte er bedeutungsvoll und nickte nur mehrmals mit dem Kopf. Einige, sagte er schließlich, mehr wollte er nicht verraten.

„Bleibt noch offen", unterbrach Frau Schalk die Stille, „wieso Rosemarie Sie nach zehn Jahren plötzlich aus der Wohnung haben will. Sie sagten doch, daß sie mit Ihnen als Liebhaber zufrieden war. Hat sich ihre Meinung geändert?"

„Sie hat einen wohlhabenden, geschiedenen Pensionisten kennengelernt, einen Freund ihres Arbeitgebers, der in einer großen Farbenerzeugung in leitender Stellung tätig war. Er kann mit Geld um sich werfen, hat ein eigenes Landhaus – das Stadthaus hat er bei der Scheidung seiner Frau und den erwachsenen Kindern überlassen –, und Rosemarie meint, daß er ihr dieses Landhaus vermachen wird. Wenn sie ihn heiratet, bräuchte sie nicht mehr zu arbeiten, nur wenn sie will, halbtags."

„Dieses Angebot scheint Rosemarie beeindruckt zu haben?"

„Da kann ich natürlich nicht mithalten", äußerte Herr Bierhandel resigniert und ließ beide Hände von den Armstützen des Lehnsessels abgleiten, auf dem er saß.

„Dieser ältere Mann hat Vermögen, und Sie haben keines."

Josef Bierhandel nickte und schloß die Augen.

„Er hat ein Haus, Sie aber wissen noch nicht, wo Sie bleiben werden, wenn es wirklich zur Trennung kommt."

Josef drückte die rechte Hand, zur Faust geballt, in seinen linken Handteller.

„Ich könnte mir vorstellen, daß das für Sie sehr schwer ist

hinzunehmen und daß Sie das dringende Bedürfnis haben, etwas dagegen zu unternehmen. Oder?"

„Was denn nur? Liebe scheint ihr ja nicht zu genügen. Sie will einen Mann, der Arbeit, Geld und Besitz hat, und das habe ich nicht."

„Sie sagten, Sie sind Kaufmann. Haben Sie die Schule besucht oder eine Lehre absolviert?"

„Nichts habe ich gelernt." Das Wort ‚nichts' betonte er.

„Kaufmann haben Sie also nicht gelernt, aber vielleicht etwas anderes?"

„Eine Lehre als Installateur habe ich angefangen, aber nicht fertig gemacht."

„Wieso nicht?"

„Man hat mich gefeuert, aber ich wollte auch nicht mehr."

„Hatten Sie was ausgefressen?" Sie sprach ‚ausgefressen' ganz leise aus, so als ob sie das nicht so ernst nähme, als handle es sich um ein kleines Geheimnis.

„Nicht wirklich... Das würde zu weit führen."

„Haben Sie noch etwas anderes versucht?"

„Bäcker."

„Lehre abgeschlossen?"

Josef schüttelte verneinend den Kopf.

„Um was für ein Unternehmen handelte es sich eigentlich, das Sie als Kaufmann führten?"

„Müssen Sie das wissen?"

„Nein, aber es würde mir wahrscheinlich helfen, Sie besser zu verstehen, und je besser ich Sie verstehe, desto eher kann ich Ihnen helfen. Wenn Sie Sorge um Ihren guten Ruf haben, können Sie meines Schweigens sicher sein. Niemand erfährt von mir irgend etwas von all dem, was Sie mir hier mitteilen. Dazu bin ich beruflich verpflichtet. Nur mit Ihrer ausdrücklichen Erlaubnis könnte ich von meiner Schweigepflicht entbunden werden."

Herr Bierhandel zögerte noch. Dann sagte er: „Ich habe ausländische Zigaretten ins Land geschmuggelt."

„Das ist ein gefährliches Geschäft. Oder?"

„Ich wußte nicht, daß ich das tat, denn mein Auftraggeber hatte mich nicht eingeweiht. Als ich wegen falscher Transportpapiere gefaßt wurde, war er verschwunden."

„Mit diesem Auftraggeber hätten Sie wohl noch ein Hühnchen zu rupfen?"

„Das lohnt sich nicht. Ich war viel zu naiv. Ich hätte wissen müssen, was da vorgeht."

„Wurden Sie womöglich vor Gericht zitiert?" Josef Bierhandel nickte. „Und verurteilt?" Er nickte wieder und blickte zu Boden. „Wie war das Strafausmaß?"

„Ein Jahr Gefängnis."

„Das tut mir leid. Wann haben Sie denn die Strafe absitzen müssen?"

„In meinem 23. Lebensjahr."

„Und seither – nichts mehr?" fragte sie mit gedämpfter Stimme.

„Seit ich mich auf die Liebe konzentriere und mich aushalten lasse, habe ich keine Schwierigkeiten mehr. Bald zwanzig Jahre ist es so gutgegangen. Erst jetzt bin ich wieder in Verlegenheit. Wenn Rosemarie mich wirklich hinauswirft, dann muß ich mir wohl eine neue Frau suchen. Jemand vielleicht wie die Frau mit dem kleinen Mädchen im Wartezimmer, wenn sie keinen Vater haben sollte... Eine Frau mit Kind habe ich bisher noch nicht gehabt. Wenn Sie vielleicht jemand wissen, eine Frau – ob mit oder ohne Kind –, die sich unter meine Fittiche begeben möchte, so bitte ich um Mitteilung."

Dann blickte er Frau Schalk an, fragend, abwartend. Einmal huschte ein kurzes Lächeln, nein, ein Grinsen über sein Gesicht, aber dann wirkte er sogleich wieder bescheiden, sein Gesichtsausdruck fast kindisch. Vielleicht dachte er, bei ihr unterzuschlüpfen, als Liebhaber und Taugenichts? In diesem Augenblick ging ihr das Bild ihres Mannes durch den Kopf, aus der Zeit vor der Eheschließung, auf einem Jahrmarkt, als ein anderer Mann sie dumm angequatscht hatte. Es war zu einer Auseinandersetzung der Männer, gar zu einer Schlägerei gekommen, von der ihr (späterer) Mann ein blaues Auge zurückbehielt. Der andere Mann wurde auf einer Tragbahre ins Krankenhaus gebracht. Sie war über die Heftigkeit und Grausamkeit der beiden Männer entsetzt gewesen und hatte sich vor ihrem Mann zu fürchten begonnen. Wenn er so zuschlagen konnte – wo machte er dann vor einer

33

Frau halt? Sie war kurz in Zweifel gewesen, ob sie ihn wirklich heiraten wollte. Sie tat es und hatte dann nie mehr einen plausiblen Grund, ihren Entschluß zu bereuen. Er war ein tüchtiger und ein zärtlicher Mann, der in all den Jahren kein einziges Mal auch nur seine Stimme gegen sie erhoben hatte, geschweige denn die Hand. Und zartfühlend ging er auch mit ihrer gemeinsamen Tochter um, und diese liebte ihn heiß. Ja, sie hatte einen guten Mann, den sie weder gegen einen Filou wie Josef Bierhandel noch gegen etwas Besseres eintauschen würde.

Nach diesem Augenblick des Abschweifens entschuldigte sie sich gleich im Geiste bei Bierhandel. Die Ursache seiner Charakteranomalie war wohl in seiner Kindheit zu suchen. Wozu also diese Diagnose? Will man von einem Menschen etwas haben, so darf und muß man ihn sogar beurteilen. Schließlich will man ja abschätzen, ob er das Gewünschte auch liefern kann. Wenn man aber nichts vom anderen will, wie in diesem Fall der Therapeut, dann brauchte man ihn auch nicht zu beurteilen. Josef war kein übler Mensch, auch wenn es gelegentlich für naive Beobachter den Anschein erwecken konnte.

Frau Ingelotte Schalk fragte nun noch einmal nach, was seine frühe Kindheit und seine Eltern betraf, und erfuhr, daß er ein uneheliches Kind gewesen war und seinen leiblichen Vater nie kennengelernt hatte. Als Josef fünf Jahre alt geworden war, heiratete die Mutter und gab den Jungen auf Anordnung ihres Ehemannes in ein Heim – zu Hause wollte er ihn unter gar keinen Umständen haben. Als Josef neun oder zehn Jahre alt war, verging sich wiederholt ein Erzieher an ihm. Nach Abschluß der achtklassigen Volksschule und vorzeitiger Beendigung seiner Installationslehre, die ihm durch eine besondere Gunst überhaupt erst ermöglicht worden war, betätigte er sich eine Zeitlang als Strichjunge. Dabei wurde er eines Tages von einem Mann angesprochen, der ihn als Liebhaber seiner Frau engagieren wollte, damit er selbst, der Ehemann, sich als Voyeur betätigen konnte. Das gefiel Josef besser als das „Interesse schwuler Männer an seinem Arsch", und er wurde auch noch von einigen älteren Frauen wegen seiner damaligen „jünglinghaften Schönheit" frequentiert und gut entlohnt.

Die Installateurslehre hatte übrigens ihr Ende gefunden, als Josef in flagranti mit einer Kundin seines Lehrherrn vom Ehemann ertappt worden war. Damit begann seine nicht sehr lange andauernde Strichjungenkarriere. In der späteren Bäckerlehre warf ihn der eifersüchtige Bäckermeister hinaus, als Josef, von ihm bedroht, zugab, daß er mit seiner Frau auf deren Wunsch hin im Bett gewesen sei. Eine Zeit lang lebte er dann bei einer Prostituierten, deren Zuhälter wegen Rauschgifthandels im Gefängnis saß. Bei ihr lernte er auch den späteren Geschäftspartner kennen, für den er ausländische Zigarettenladungen mit gefälschten Papieren über die Grenze schmuggelte. Im Gefängnis schließlich, knapp vor seiner Entlassung, hatte er seine Annonce aufgegeben und war dabei an Netty geraten. Damals pries er sich folgendermaßen an: „Junger Kaufmann mit Auslandserfahrung sucht ältere Partnerin". Das Geld für die Anzeige ebenso wie für die erste Zeit nach seiner Entlassung hatte er im Gefängnis gespart. Man bekam ja für gewerbliche Arbeiten einen kleinen Lohn, der für später aufbewahrt wurde.

Damit hatte Frau Ingelotte Schalk genügend Erklärungen für diese scheinbar abwegige Entwicklung eines jungen Mannes bis zu seiner gegenwärtigen Lebenssituation. Im Lichte seiner Erlebnisse und Erfahrungen war das gar nicht so abwegig. Josef suchte eine mütterliche Frau, in entsprechendem Altersabstand zunächst, später nahm er es sogar zehn Jahre lang mit einem kleinen Biest wie Rosemarie auf. Seine vermutlich passable, vielleicht sogar gute Mutter war ihm mit fünf Jahren abhanden gekommen. Nein, eher doch nur passabel, korrigierte sich Frau Schalk. Sonst hätte sie, als sie – endlich – ein Eheangebot bekam, das immerhin die Preisgabe ihres Sohnes verlangte, ihn wenigstens bei ihrer Mutter oder einer Tante unterzubringen versucht anstatt im Kinderheim. Sie selbst hatte vielleicht auch einen Vater entbehren müssen und nicht viel Gutes von ihrer Mutter gehabt. So durfte man aus therapeutischer Sicht kaum erwarten, daß sie eine passable Mutter für ein eigenes Kind sein konnte, denn was man an Mutterliebe nicht am eigenen Leib erlebt hat, kann man auch seinem Kind kaum angedeihen lassen.

Jedenfalls hatte Frau Schalk Herrn Bierhandel längst das kurze

Grinsen verziehen, das sein mögliches, flüchtiges Angebot begleitet hatte. Denn mit dem Ende dieses Gedankens war auch sein Grinsen rasch verschwunden, ohne ihr Zutun, ohne eine Rüge ihrerseits. Josef war auf eine seltsame Weise unschuldig, auch wenn ihm dieser Gedanke gekommen war. Derlei gehörte doch essentiell zum therapeutischen Geschehen.

Und so bemühte sie sich um ein Resümee seiner Ausführungen: Hatte Josef überhaupt ein wenig Geld? Kam irgendeine Berufsausübung doch noch in Frage? Installateur oder Bäcker wohl nicht mehr, die abgebrochenen Lehrzeiten lagen zu weit zurück. Aber war er nicht Lastwagenfahrer gewesen, als er die Schmuggelware transportierte? Oder hatte er seinen Lastwagenführerschein mit der Gefängnisstrafe verloren? Wenn ja, dann war die Strafe unter Umständen schon verjährt, und er konnte den Führerschein neu beantragen. Und Lastwagenfahrer brauchte es allemal. Sie dachte an die endlosen Kolonnen auf den Autobahnen, Lastwagen die durch ihre schwerfälligen Überholmanöver immer wieder den raschen Fluß der Personenwagen stauten. Da war doch vielleicht auch für Josef Bierhandel noch ein Platz und ein Job, wenn ihn seine Rosemarie tatsächlich aus der Wohnung werfen sollte. Damit hätte er eine weitere Chance – nicht nur die, sich eine neue Frau zu angeln, von der er sich aushalten lassen konnte. Er wäre dann in der Lage, sorgfältiger bei der Wahl einer neuen Partnerin vorzugehen und besser auszuwählen, wem er sich anschließen möchte. Und vielleicht mußte die Frau gar nicht mehr für seinen Lebensunterhalt mit aufkommen, vielleicht konnte er das, zumindest teilweise, selbst; vielleicht war es das, was er unbewußt anstrebte, vielleicht schon seit längerer Zeit.

Alles das war Ingelotte Schalk in Windeseile durch den Kopf gezogen. Als sie nun konkret fragte, wie Josef sich in seiner gegenwärtigen Lebenssituation zu verhalten gedenke und was er vorhabe, stellte sich heraus, daß er seit neun Jahren die Vollmacht über Rosemaries Konto besaß und sich, sollte sie wirklich auf seinem Auszug aus der Wohnung bestehen, womöglich eine kleine Art von Abfertigung abheben könnte. Damit mußte sie eigentlich einverstanden sein. Welche Vorstellungen konnte sich

Rosemarie denn sonst von seinem weiteren Leben machen, überlegte Josef, wenn sie zu ihrem reichen Pensionisten überwechselte? Hatte er ihr doch zehn Jahre redlich „gedient" und sie glücklich gemacht? – Tatsächlich, so stellte sich nun heraus, hatte er seinerzeit den Führerschein für Lastwagen gehabt, hatte ihn jedoch später nicht mehr erneuert; einen Führerschein für Personenwagen hatte er, und den LKW-Schein könne er beantragen – eigentlich eine gute Idee, sinnierte er laut.

Frau Schalk stellte abschließend fest, daß er einen Teil seiner Interessen und Fähigkeiten anscheinend jahrelang vernachlässigt hatte und ohne eine Alternative in einem Abhängigkeitszustand geblieben war, der sich nun unangenehm auswirkte. Außerdem, wer konnte schon wissen, ob Rosemarie, falls er auf ihren Wunsch einginge, sich anderswo ein Zimmer oder eine kleine Wohnung zu nehmen und sich allein durchzuschlagen (hoffentlich nicht mit Schmuggel, das wäre zu riskant) – wer wußte schon, ob sie nicht nach einer Weile wieder zu ihm zurückkehren würde, sagte ihm Ingelotte Schalk.

Da lachte Josef Bierhandel kurz und laut auf, und sie vereinbarten einen Termin in fünf Wochen, zu dem er zu kommen versprach, gleichgültig, was sich inzwischen getan und geändert hatte.

Zum zweiten Termin war Josef Bierhandel bereits in eine kleine, relativ billige Wohnung in einem alten Hinterhaus umgezogen, in die er einiges Mobiliar mitgenommen hatte. Auch in der Beantragung seines LKW-Führerscheins war er ein Stück vorangekommen. In der Sitzung rätselte er an Rosemaries neuer Beziehung herum, denn Rosemarie sprach mit ihm kein Wort darüber.

Weitere sechs Wochen später kam er lächelnd zu seiner dritten Sitzung und berichtete nach einer Anfangsstille, in der er, wie Frau Schalk zu sehen meinte, einmal kurz Tränen in den Augen hatte, daß er Rosemarie zufällig auf der Straße begegnet war. Sie lief auf ihn zu und rief: „Stell dir vor, Ferry ist gestorben!" Dann verbarg sie ihr Gesicht an seiner Schulter und ließ es zu, daß er sie umarmte. Ferry, ihr reicher Pensionist mit Landhaus, hatte einen Gehirnschlag erlitten. Weder hatte er ihr das Haus vermacht

37

noch den Nachlaß überschrieben. An die Möglichkeit seines Todes hatte Ferry wohl überhaupt nicht gedacht. Nicht einmal zum Begräbnis hatten seine Familienangehörigen Rosemarie zugelassen – als ob es sie für Ferry nie gegeben hätte. Es wäre alles zu schön gewesen, um wahr zu sein... Josef Bierhandel schien Rosemaries Worte wiederzugeben, wie sie aus ihrem Schluchzen an seiner Brust hervorgequollen waren, vielleicht wörtlich mit den gleichen Pausen.

Das öffnete nun den Zugang zu einer alten und vertrauten Möglichkeit zusätzlich zur neuen, zu deren Erwägung Josef Bierhandel gedrängt worden war, und er hatte nun genügend Zeit und Ruhe, sich alles gründlich zu überlegen. Auf seine Frage, was er nun tun solle, bekam er die Gegenfrage, was er denn tun möchte, und als erstes fiel ihm ein: „Nicht mehr hinausgeworfen werden können." Darüber und über Rosemarie erging sich nun das Gespräch. Rosemarie hatte ihm bereits angeboten, wieder zu ihr zurückzukehren, und er hatte sich Bedenkzeit erbeten. Für Hilfeleistungen stand er aber auch jetzt schon zur Verfügung. Sogar auf seine Mutter kamen sie zu sprechen, mit der er dreißig Jahre lang keinen Kontakt mehr gehabt hatte. Was wohl aus ihr geworden war? Wenn sie noch lebte, ging sie auf die sechzig zu...

Und einige weitere Sitzungen folgten.

Kleiner Notruf im psychotherapeutischen Ambulatorium

An einem Dienstagnachmittag spät im Mai kam Ivonne Gambi in das psychotherapeutische Ambulatorium einer deutschen Großstadt. Sie wollte nur eine einzige Stunde haben, hatte sie mittags am Telefon gesagt, aber wenn irgend möglich noch heute. Sie sei über sich selbst bestürzt. Sie befinde sich in einem Zustand innerer Unruhe, den sie sich nicht zu erklären vermöge. Sie brauche jemand, mit dem sie sich aussprechen könne.

Ihre Anmeldung war an Herrn Nepomuk Klieba weitergeleitet worden. Er wirkte seit drei Jahren im Psychotherapeutenteam mit, das aus zwei Männern und zwei Frauen bestand. Ein erfahrener praktischer Arzt und eine Krankenschwester sowie zwei Sozialarbeiterinnen standen ihnen in teilzeitlichen Dienstverhältnissen bei. Herr Klieba, den seine Kolleginnen und Kollegen Mucki nannten, war ein großer Mann mit kurzgeschnittenen, dunkelblonden Haaren, einer Art Bürstenfrisur, und einem kleinen Oberlippenbart. Wenn er stand oder aufrecht saß, hielt er den Kopf oft nach vorne geneigt und den Rücken gekrümmt, so als ob er kleiner erscheinen wolle. Er schien sich sozusagen zu seinen Kollegen und Klienten herabzubeugen, insbesondere zu Frauen. Sie sollten nicht zu ihm aufschauen müssen. Das hielt er für eine günstige Vorbedingung zur Herstellung eines freundschaftlichen und vor allem eines psychotherapeutischen Rapports, aber dazu gehörten seiner Meinung nach noch einige andere Vorbedingungen.

Das Oberlippenbärtchen trug er seiner Frau zuliebe. So hatte sie ihn kennengelernt, und als er es eines Tages, in den Anfängen seiner psychotherapeutischen Tätigkeit, wegrasiert hatte, beschwor sie ihn, es wieder wachsen zu lassen, es erinnere sie an den Anfang ihrer Liebe. Jene Zeit strahle ja noch immer durch ihr gemeinsames Leben, behauptete sie. Nepomuk Klieba hatte das Bärtchen aus therapie-taktischen Gründen entfernt. Er wollte keine Besonderheit in die psychotherapeutische Situation bringen, über die sich Patienten wundern oder eventuell sogar mokieren konnten. Wie sich allerdings später herausstellte, nahmen seine Patienten keinerlei Anstoß daran.

Vielleicht hing seine Übervorsicht damit zusammen, daß sein Lehrtherapeut seinerzeit ebenfalls einen solchen kleinen Bart auf der Oberlippe getragen hatte. Er hatte allerdings die Gewohnheit, daran mit den Fingern zu spielen, bis zu fünfzehnmal in einer therapeutischen Sitzung betastete er kurz oder ein wenig länger seine Barthaare. Das hatte Mucki Klieba anfangs irritiert. Er wollte jedoch nichts sagen und gewöhnte sich allmählich daran. Er selbst konnte sich nicht erinnern, jemals mit seinem Bärtchen so präokkupiert gewesen zu sein. Er trug es überhaupt nur, weil sein Unterkiefer etwas über seinen Oberkiefer vorstand; das Bärtchen war sein Schönheitspolster. Er hatte mehrere Beweise dafür bekommen, daß es von anderen goutiert wurde, damit war die Sache für ihn erledigt. Alles Trimmen und Stutzen tat der Coiffeur in vierzehntägigen Abständen, in denen er seinen Kopf dem Haarpfleger überließ. Auch der Pflege und Anteilnahme seiner Frau überantwortete er sich in Alltagsbelangen nicht ungern. Wenn man schon im schwierigen und undankbaren Gebiet der Psychotherapie tätig sei, müsse man sich zumindest in seinem Privatleben allen Komfort und alle kleinen Dienstbarkeiten sichern, die den Alltag lebenswert machten. So dachte er. Er neigte ein bißchen zur Passivität und wußte das.

Ivonne Gambi wurde ihm gemeldet und betrat sein Beratungszimmer, das mit etwas spartanischen, aber dennoch ausreichend bequemen Sitzmöbeln ausgestattet war. Fräulein oder Frau Gambi war eine schöne junge Frau, etwa Mitte Zwanzig, blond und sonnengebräunt, Gesicht, Hals, Arme und Beine. Ihr grünes Kleid war in samtenem Einklang mit ihrer Haut, farblich im Kontrast. Ob verheiratet oder verlobt oder in freier Partnerschaft lebend – Mucki Klieba hielt es kaum für möglich, daß sie nicht in festen Händen war. Um solche Geschöpfe schwärmten die Männer, und diese schöne junge Frau bräuchte sicher nur mit dem Finger zu schnippen und schon hatte sie den Mann ihrer Wahl zu ihrer Verfügung. Was konnte diesem vom Schicksal augenscheinlich so begünstigten Wesen denn geschehen sein, daß es so bestürzt und unruhig war und unbedingt herkommen wollte?

Nach kurzer Begrüßung nahm sie Platz und versuchte sich zu sammeln. Nach einer Weile traten ihr Tränen in die Augen, eine Träne kullerte über ihre rechte Wange, sie wischte sich mit einem hellblauen Taschentuch über die Augen und knüllte das Tuch einmal in der Linken und dann wieder in der Rechten zusammen. „Ich weiß nicht, was heute mit mir los ist", sagte sie schließlich. „Der Tag hat ganz normal begonnen, aber seit Mittag fühle ich mich wie ein gestrandetes Schiff. Ich habe keine klare Erinnerung an den Vormittag. Ich weiß nicht, wann mein Zustand so umgekippt ist. So etwas passiert mir eigentlich kaum. Ich fühle mich sonst fast immer guter Dinge."

„Was haben Sie denn heute vormittag gemacht?" fragte Herr Klieba nach einer kurzen Pause. „Oder vielleicht sollte ich fragen: Was hatten Sie heute alles zu tun?"

„Das Übliche. Ich war in der Sozialakademie." Sie wischte sich nun noch über die Nase und steckte ihr Taschentuch in die hellbeige feinlederige Handtasche.

„Akademie für Sozialarbeit?" fragte Herr Klieba.

„Ja."

„Dort sind Sie jeden Tag?"

„Nein, an drei Vormittagen in der Woche und an einem Nachmittag. Ein vierter Tag ist Praktikumstag. Da kursieren wir an verschiedenen Institutionen für Sozialarbeit."

„Aber heute vormittag war es die Akademie? Und vorher war Frühstück, und nachher ein kleines Mittagessen oder ein Imbiß?"

„Mein Mittagessen war nur ein Tee mit Zitrone."

„Kein Hunger, oder jedenfalls kein Appetit?"

„Da befand ich mich bereits in meiner rätselhaften Verstimmung." Sie stellte ihre Handtasche auf den Boden und machte es sich zwischen den Armstützen ihres Lehnsessels ein wenig bequemer.

„Wenn der Alltag zu dieser Verstimmung beigetragen hat, dann geschah das vielleicht schon in der Zeit zwischen Ihrem

41

Aufwachen am Morgen und der Mittagszeit. Halten Sie das für möglich?"

„Ich weiß nicht. Mein Frühstück war noch in Ordnung."

„Nehmen Sie das Frühstück daheim oder auswärts?"

„In meiner Kantine, nicht weit von meiner Wohnung."

„Wohnen Sie allein oder mit anderen?"

„Mit meinem Freund. Er ist gerade auf Dienstreise."

„Sonst hätten Sie mit ihm gefrühstückt?" Und da Ivonne Gambi nickte, fragte er weiter: „Daheim oder in der Kantine?"

„Daheim. Er macht das Frühstück. Das läßt er sich nicht nehmen."

„Ist er schon lange weg?"

„Den zweiten Tag."

„Und wie lange bleibt er weg?"

„Noch zwei Tage."

„Und das hat nichts mit Ihrer rätselhaften Verstimmung zu tun? Ich meine, daß er weg ist und Sie allein gelassen hat?"

„Er ist öfter weg. Das macht mir gar nichts. Ich bin zeitweise sehr gern allein."

„Aber im großen und ganzen doch lieber mit ihm zusammen?"

„Ich halte es auch tagelang gut ohne ihn aus. Ich bin keine Klette. Aber er kann ohne mich nicht leben. Sagt er."

„Dennoch geht er auf Dienstreisen?"

„Er vermißt das Land. Das gehört zu seinem Beruf. Er liebt die freie Natur, und er liebt mich."

„Sie aber lieben die freie Natur nicht so sehr? Und Sie lieben ihn nicht ganz so sehr wie er Sie?"

„Ich komme mit der freien Natur ebenfalls gut zu Rande. Was Sie über unsere gegenseitige Liebe sagen: da ist zwischen uns ein kleiner Unterschied. Aber gehört sich das nicht so?" Sie lachte kurz auf.

„Manchmal ist es umgekehrt", erwiderte Mucki Klieba bedächtig. „Da liebt die Frau den Mann über alles und ist ihm ergeben, und er macht sich nicht so viel aus ihr. Seine Arbeit oder sein Hobby oder andere Personen sind ihm wichtiger als sie. Bei Ihnen und Ihrem Freund ist das anders. Sollten Sie darauf bestehen, daß er keine viertägigen Dienstreisen mehr macht, sondern nur Tagesreisen, und jede Nacht daheim verbringt – würde er das auch tun?"

„Wahrscheinlich. Oder ich würde ihn manchmal begleiten. Ich habe ja selbst einmal Landvermessen lernen wollen. Basil war schon fertig, als ich begann, und gab mir Nachhilfeunterricht in Trigonometrie. Ein Kosinus machte mir Mühe, ich tat mich schwer mit räumlichen Vorstellungen. Ich schloß zwar meine Ausbildung ab, aber froh wurde ich dabei nicht. Anschließend arbeitete ich lieber in einem Kindergarten und stieg auf eine Ausbildung in Sozialarbeit einschließlich Kindertherapie um. Dann bekam meine Schwägerin Kinder, die waren eine Zeitlang mein wichtigstes Freizeitvergnügen. Auch jetzt noch bin ich gern bei ihnen."

„Bei der Familie des Bruders und seinen Kindern. Oder?"

„Meinen Bruder habe ich wahrscheinlich mehr geliebt als er mich. Wir sind sieben Jahre auseinander. Mit einer so kleinen Göre konnte er nicht viel anfangen. Erst als er seine spätere Frau bereits kannte, wurde das anders. Da war er plötzlich viel aufmerksamer mit mir, bezog mich in alles mögliche ein. So kam es, daß Sandra und ich gute Freundinnen wurden, wir sind es noch immer. Nie gab es so etwas wie Eifersucht zwischen uns."

„Es sieht aus, als ob weder Ihr Freund Basil" – Mucki machte eine winzige Pause – „noch Ihr Bruder und seine Familie etwas mit Ihrer rätselhaften Verstimmung zu tun haben. Auch das Frühstück in der Kantine war anscheinend in Ordnung. Ihre Verstimmung, daß Sie sich wie ein gestrandetes Schiff fühlten, sagten Sie, könnte im Laufe des Vormittags entstanden sein, in der Akademie. Nein?"

„Nach der Akademie mußte ich eine halbe Stunde an die Luft, ich bin ordentlich spazierengegangen, ehe ich allein meinen Tee trinken konnte. Ich wollte mit niemandem beisammen sein. Dann rief ich hier bei Ihnen an."

„In der Akademie waren Sie mit anderen beisammen, mit Kolleginnen und Kollegen, Lehrerinnen." Herr Klieba bemerkte, wie im Lichte des fortgeschrittenen Nachmittags Fräulein Gambis steingrünes Kleid und ihre himmelblauen Augen

43

noch heller leuchteten als ihre Körperhaut und ihre blonden Haare. Ivonne nickte versonnen.

„Um was ging es denn im Unterricht?" fragte Mucki Klieba.

Nach einigem Grübeln konnte sich Ivonne erinnern, daß es um Kindheitsbindungen gegangen war. Ein Gastvortragender, ein bekannter Psychoanalytiker, dessen Name ihr im Moment nicht einfalle – er werde ihr gleich wieder präsent sein – führte aus, was von den Kindheitsbindungen eines Menschen auch noch im Erwachsenenalter zu erkennen sei. Der Vortragende „redete und redete über unbewußte Triebimpulse und Abwehrmechanismen, über vertikale und horizontale Objektspaltungen, über reife und infantile Ich-Ideale und Fixierungen an infantile Stufen, über Ich-Schwächen und wie diese in die Beziehungsschwächen bei den Personenbindungen eines Menschen und in seiner Übertragungsliebe in der Psychotherapie einmündeten. Seine Worte sind mir in Erinnerung, weil er sich so oft wiederholte, aber ich hatte keine Ahnung, wovon er sprach. Ich glaube, auch die anderen verstanden ihn nicht. Er gebrauchte keine konkreten Hinweise und keine anschaulichen Beispiele. Er tat aber so, als ob das alles selbstverständlich wäre und jeder es ohnedies schon wußte. Daher fragte ihn auch niemand. Alle waren eingeschüchtert. Als er aber dann zu schildern begann, wie die Mutter-Kind-Beziehung sich im zweiten Lebensjahr entwickle und wie das Kind auf Distanz ginge und dabei Angst bekäme, war mir klar, daß er noch keine Mutter mit einem Kind dieses Alters gesehen haben konnte. Das waren Weisheiten aus Büchern und Märchen. In Wirklichkeit ist dieser konkrete Aspekt der Beziehung, die räumliche Entfernung von der Mutter, viel einfacher und verständlicher. Wenn ein Kind die Mutter aus den Augen verliert oder die Mutter ihr Kind und die Pflege, die damit verbunden ist, ablehnt, dann reagiert das Kind mit Erschrecken, Enttäuschung, Unsicherheit und nimmt Schaden in seiner Entwicklung. Kinder spüren derlei und erkennen die Unterschiede."

„Dieser Mann scheint einiges falsch gemacht zu haben."

„Er war ein patziger Redner und schlechter Pädagoge. Die Leute ärgerten sich, aber er ließ sich nicht stoppen..."

„Wenn man so etwas längere Zeit über sich ergehen lassen muß, kann ich mir gut vorstellen, daß man die Fassung verliert. Da möchte man vielleicht nichts wie davon."

„Das reicht nicht aus, um mich aus der Fassung zu bringen", erwiderte Ivonne Gambi. „Ich habe mich schon durch manche langweiligen oder absurden Vorträge hindurchwiegen müssen. Ich denke dann an etwas anderes oder sehe zum Fenster hinaus, gehe das kommende Wochenende durch, schmiede Urlaubspläne oder amüsiere mich über die Gesten und Grimassen des Redners und seine Stilblüten. Irritiert hat mich erst, als er einer meiner Kolleginnen folgende Antwort gab..." Bei diesen Worten griff sie mit der Linken hinter ihren Kopf hin zum rechten Ohr. „Die Kollegin hatte den Mann gefragt, woran das Kind erkenne, daß eine Entfernung von der Mutter zu groß sei. Er konterte: ‚Wie haben Sie es denn erkannt?'

Das mußte noch nicht böse gemeint gewesen sein", fuhr Ivonne fort. „Vielleicht wollte er sich's nur ein wenig leichter machen. Aber dann schnauzte er eine andere Kollegin an, die Zweifel daran äußerte, ob ein Kind im Zorn wirklich schon mal seine Mutter am liebsten verschlänge. ‚Haben Sie denn nie perverse Gelüste gehabt?' ‚Ja', hätte ich an Stelle dieser Kollegin gern geantwortet: ‚Nämlich Sie zu knebeln.' Und als er einen Kollegen, der fragte, wie man elterliche Aggressionen gegen die Kinder verhindern könne, zweimal ‚Robin Hood' nannte – beim ersten Mal hatte ich gemeint, ich habe mich verhört –, hätte ich Erik gern zugerufen: ‚Hau ihm eine über den buschigen Schädel!' Erik hieß jener Kollege."

„Das klingt ja, als ob es dieser Gastvortragende darauf angelegt hatte, seine Hörer und Hörerinnen zu provozieren", meinte Mucki Klieba. „Aber die Gruppe nahm es hin. Sie ließ sich nicht herausfordern. Oder doch?"

„Er wollte unbedingt witzig sein, aber es hat immerhin niemand gelacht. Vielleicht hat ihn das gereizt. Doch das Schlimmste kommt noch. Als ich zum Fenster hinaussah, schon in gesteigerter Langeweile, zog ich den Träger meines Unterhemds unter dem Kleid ein wenig hoch, der mir über die Schulter gerutscht war. Da fragte er mich: ‚Wollen Sie sich schon ausziehen?'..."

45

Mucki Klieba wartete, und da nichts weiter kam, fragte er schließlich behutsam und leiser als sonst: „Und was hätten Sie ihm darauf am liebsten gesagt?"

„Leider blieb mir da die Sprache weg. Er sah mich an, aber ich wußte zuerst gar nicht, was er meinte", antwortete Ivonne. Sie schluckte, und noch einmal traten ihr Tränen in die Augen. Sie wischte sich mit ihrem sonnengebräunten rechten Unterarm über die Augen, holte sich ihr hellblaues Taschentuch aus der Handtasche am Boden, wischte damit über ihren Unterarm und ihre Augen, lächelte und fuhr fort: „Ich glaube, jetzt ist mir ein bißchen leichter geworden."

„Aber noch nicht genug?" ermunterte sie Herr Klieba nach einer Weile, in der sie sich gemächlich geschneuzt hatte. „Ist sie nicht rührend?" dachte er, und: „Das muß vielleicht ein Angeber gewesen sein."

„Jetzt fällt mir auch sein Name ein", sagte sie plötzlich. „Käsbohrer."

Den kannte Nepomuk Klieba. Er war ihm als ein taktloser, präpotenter und eigentlich dummer Mensch vertraut. Zwei Bücher hatte er geschrieben, angeblich sogar für sich schreiben lassen. Es waren Exerzitien im Fachjargon, ohne Neuigkeitswert, im Grunde ohne Inhalt und auf alle Fälle ohne praktische Bedeutung. Das konnte man allerdings von vielen Büchern sagen. Die psychoanalytische Fachliteratur kam ihm zum großen Teil wie eine träge Lavamasse vor, die sich langsam durch die Jahrzehnte wälzt. Gute, leuchtende oder zumindest herausragende Bücher konnte man an zehn Fingern abzählen, und mindestens drei davon hatte schon Sigmund Freud für sich verbucht. Käsbohrer war ein kleines Teilchen in der Lavamasse. Doch mit solchen Dingen wollte Klieba seine Klientin nicht beschweren. Daß er sie als eine Kollegin betrachtete, konnte er wohl auch noch anders zum Ausdruck bringen.

Es stellte sich heraus, daß sie nicht an eine nachträgliche Beschwerde gegen Käsbohrer dachte. Das hätte ihr damals und auch jetzt keine Erleichterung verschafft, meinte sie, der Mann sei es nicht wert. Aber was war es dann? Was hatte sie so heftig in innere Bedrängnis gebracht? Sie wußte nicht genau, was sie wollte oder was ihr fehlte, aber sie hatte nichts dagegen, daß er, Herr Klieba, es vielleicht zu erraten versuchte. So sagte sie es nicht ausdrücklich, aber sie ließ es zu.

„Ich habe das Gefühl, Sie machen nicht so sehr Dr. Käsbohrer einen Vorwurf – der war ein hoffnungsloser Lümmel – als Ihren Kolleginnen und Kollegen. Warum haben die sich solche Provokationen gefallen lassen, fragen Sie sich vielleicht?"

„Ja", sagte sie mit großen Augen.

„Als Käsbohrer fragte, ob die Kollegin denn nie ein perverses Gelüst gehabt hätte, worin lag da die Beleidigung?"

„Sie hätte ihm sagen können: ‚Was geht Sie das an?'"

„Ja, das wäre eine kompakte, klare Antwort gewesen. Und das hätte ja auch jemand anderes als die angesprochene Kollegin für sie sagen können, nicht?"

„Gewiß. Ja."

„Sie selber hatten eine noch drastischere Antwort bereit. Was wollten Sie tun?"

„Ihn knebeln. Ihm das Maul stopfen", lachte sie und strich sich eine Haarsträhne weg, die ihr dabei ins Gesicht gefallen war.

„Käsbohrer blamierte Ihre Kollegin", erläuterte Klieba bedächtig, „indem er entweder implizierte, daß sie nichts von Psychoanalyse verstünde, denn jeder Mensch habe doch manchmal perverse Gelüste. Oder er implizierte, daß sie ihm ihre perversen Gelüste nennen sollte. Darauf haben Sie ihm hier schon die Antwort gegeben, nämlich was geht ihn das an!"

Ivonne nickte nachdenklich und lächelte vor sich hin.

„Der Kollege, den Käsbohrer zum Robin Hood gestempelt hatte, hätte sich selber wehren können, Mann gegen Mann, aber auch er hätte vielleicht nichts dagegen gehabt, wenn ihn andere verteidigt hätten. Seine Frage war sinnvoll und hätte wirklich eine bessere Antwort verdient. Schließlich klagt man ja in den letzten Jahren immer deutlicher über Mißbrauch der Kinder durch die Eltern, ob sexuell oder gewalttätig. Freud wird zunehmend vorgeworfen, daß er die Realitäten elterlichen Fehlverhaltens unterschätzt habe. Er hielt es für Phantasien der Kinder, aber in den psychotherapeutischen Bestandsaufnahmen der letzten Zeit entdeckt man, daß es die Wahrheit war. Nicht in allen Fällen, aber doch immer häufiger."

„Als Lehrer müßte Käsbohrer auf jeden Fall die Fragen der Studenten ernst nehmen", ergänzte Ivonne Gambi, „auch dann, wenn sie ihm deplaziert vorkommen."

Herr Klieba nickte und fuhr fort: „Die ganz große Beleidigung aber bekamen Sie zu spüren. Selbst wenn Herr Käsbohrer durch Ihr unbekümmertes Verhalten oder möglicherweise Ihr Desinteresse sich in seinen Ausführungen mißachtet gefühlt haben sollte, steht ihm nicht zu, Ihnen eine obszöne Absicht zuzuschreiben. Warum sollten Sie sich ausziehen wollen? Und ausgerechnet für ihn? Ebensowenig steht ihm zu, sich von Ihnen eine Entkleidung zu wünschen. Das darf er vielleicht, wenn er den Mund hält, dann weiß es ja niemand. Aber er darf es nicht verlangen. Er darf auch nicht den Gedanken bei anderen anregen. Dafür hätten Ihre Kolleginnen und erst recht Ihre Kollegen Sie in Schutz nehmen müssen, das empfanden Sie ganz richtig, vermutlich. ‚Keiner macht gegenüber irgendeinem unserer Mädchen ungestraft eine anzügliche Bemerkung', hätten die Männer im Chor sagen müssen, oder zumindest stellvertretend einer von ihnen, ‚und schon gar nicht macht das einer gegenüber unserer schönen Ivonne!'"

„Ja", hauchte sie begeistert, und zum dritten Mal standen Tränen in den Augen. „Ja", wiederholte sie. „Ich danke Ihnen. Nun ist mir ganz leicht ums Herz. Das war's, was ich gern gehabt hätte. Ich fühlte mich von meinen Kolleginnen und Kollegen im Stich gelassen. Diese Schlafmützen! Sie saßen wie die Lämmer vor diesem albernen Pfau, der so tat, als ob er ein Wolf wäre. Ich danke Ihnen."

Das war anscheinend die Crux der Sache, dachte Nepomuk Klieba, aber deswegen mußte man die Klientin doch nicht gleich fortschicken. Es war ihm ein Vergnügen, ihr zuzusehen, wie sie dachte, sprach und litt, sich fing und wieder litt – da wollte man ihr unbedingt helfen – und wie sie schließlich so begeistert aufgenommen hatte, was er ihr über ihren rätselhaften Zustand enthüllen durfte. Sie sprachen noch darüber, ob Käsbohrer wohl eine Familie habe und, wenn ja, ob er Kindern etwas anzubieten verstand oder unter Umständen gar nicht an sie herangelassen wurde. Wahrscheinlich letzteres, sonst hätte seine Wiedergabe der Zitate einer bekannten Autorin zur Mutter-Kind-Beziehung nicht so hölzern und nachgebetet klingen können. Ihre eigenen Erfahrungen mit Kindern hatte Ivonne im Kindergarten gesammelt, mit Kindern und ihren Geschwistern, die noch zu klein für den Kindergarten waren, und im Umgang mit den zwei Kindern ihres Bruders.

Ivonne wollte selber eigentlich keine Kinder. Ihr Neffe und die kleine Nichte genügten ihr, aber Freund Basil hoffe auf Kinder, und in der letzten Zeit hätte sie begonnen, den Gedanken zu erwägen. Zwei oder drei Jahre wollte sie aber auf jeden Fall noch als Sozialarbeiterin und Kindertherapeutin tätig sein, ehe sie sich auf eigene Kinder festlegte. Eines wäre vielleicht genug, die Erde litte ohnedies an Übervölkerung.

Damit entließ Nepomuk Klieba die schöne Ivonne Gambi, Mitglied einer schon lange in Deutschland ansässigen Familie mit italienischen Vorfahren. Das war auch noch kurz zur Sprache gekommen.

Ein großer Notruf wartet?

In einer Kurstadt im Westen des Landes, schon am Rande der Stadt und am Anfang des Stadtwaldes gelegen, hatte Frau Elisabeth Rummersberg, Psychiaterin und Daseins- oder Existenz-analytikerin, vor zehn Jahren ihre Praxis in einer verträumten Villa aufgemacht. Ihr Mann war im diplomatischen Dienst gewesen und vor zwölf Jahren schuldlos in einem Autounfall ums Leben gekommen. Damals war Frau Rummersberg mit ihren beiden Söhnen ins Mutterland zurückgekehrt, zuerst in die Hauptstadt und später, als auch der jüngere Sohn sein Universitätsstudium begonnen hatte, in die Kurstadt übersiedelt. Die Villa war ihr günstig zum Kauf angeboten worden und als Wohnsitz mit angeschlossener Privatpraxis geeignet. Den Söhnen gefiel das Haus und die Lage, für sie war Platz genug, sogar mit Lebensgefährtinnen, solange sie noch keine Kinder hatten, auch für einen Lebenspartner Elisabeth Rummersbergs wäre Platz gewesen. Sie dachte damals nicht ernsthaft daran – sie und ihr Mann hatten eine sehr glückliche Ehe geführt –, und auch heute noch war sie mit ihrer Existenzform zufrieden. Am gesellschaftlichen Leben konnte sie teilhaben, soviel und sooft sie wollte.

Sie und ihr Mann hatten eine lebhafte geistige Gemeinschaft gelebt. Er war Kulturattaché, aber im Herzen eher Erkenntnistheoretiker und Philosoph, mit dem man wunderbare Gespräche führen und komplizierte Gedanken wälzen konnte. Er hatte einige wissenschaftliche Schriften, aber nie ein Buch veröffentlicht, war keiner Lehrmeinung verpflichtet und brauchte philosophisch niemandes Kastanien aus dem Feuer zu holen. Er arbeitete frei und war ein hervorragender Lehrer, auch in der Familie; die beiden Söhne diskutierten gern mit ihm. Vielleicht als Folge davon landete der ältere in der Wissenschaftsgeschichte und der jüngere in der theoretischen Physik.

Frau Rummersberg mußte nicht von ihrer Privatpraxis leben.

Sie war inzwischen achtundfünfzig Jahre alt geworden und beschränkte sich auf wenige Patienten. Auf Krankenkassenpatienten war sie nicht angewiesen, sie hatte kaum welche, und ihre Patienten zahlten aus eigener Tasche; manche, die nachträglich mit ihren Kassen hätten abrechnen können, machten sich nicht einmal die Mühe. Anders gesagt, sie hatte überwiegend wohlhabende Patienten. Wenn sich aber einer zu ihr verirrt hatte, der weder selbst bezahlen konnte noch krankenversichert war, und sie Platz hatte, nahm sie ihn an. Früher oder später einigte sie sich mit solchen Patienten darauf, daß sie ihr doch ein geringes Honorar zahlten, und überließ es dem Schicksal, ob sie es auch bekam. Vielleicht darf man es mit als einen Erfolg ihrer psychotherapeutischen Arbeit betrachten, daß sie auch in solchen Fällen bisher noch nie um das Honorar geprellt wurde. Mehr noch, die Patienten, die so arm und provisorisch begonnen hatten, setzten manchmal einen besonderen Ehrgeiz darein, ihr ein volles Honorar zu zahlen, sobald das nur irgend möglich war. Manchmal ließ sie das auch zu.

Eine ihrer Patientinnen war Ruth Goedecker. Sie kam seit einem halben Jahr wegen „mangelnden Lebensmutes". Psychiatrisch gesehen, hätte man auch hartnäckige Introversionszustände und depressive Verstimmungen sagen können. Ruth war eine begabte, sensible, taktvolle und gewissenhafte Studentin der Germanistik und Kunstgeschichte. Auf den ersten Anblick wirkte sie eher unscheinbar. Sie war mittelgroß, schlank, in ihren Bewegungen und ihrer Mimik zurückhaltend, in der Kleidung unauffällig. Bei näherer Betrachtung merkte man allerdings, daß ihre Kleidung wohl gewählt und wahrscheinlich teuer war, ihre Gesichtszüge auf eine dezente Weise sehr gefällig. Sie hatte naturgelockte braune Haare und helle, smaragdgrüne Augen. Elisabeth Rummersberg vermutete von Anfang an, daß Ruth Goedeckers angegebener mangelnder Lebensmut nichts damit zu tun hatte, daß es ihr an Verehrern fehlte. Elisabeths Söhnen wäre Ruth bei einer zufälligen Begegnung wahrscheinlich im Gedächtnis geblieben, sozusagen „on second thought". Nein, Fräulein Goedeckers psychische Probleme kamen aus einer anderen Ecke. Ihre Lebensgeschichte enthüllte allmählich, woran sie litt.

Ruth war zunächst nicht übermäßig gesprächig. Sie machte viele Pausen, redete eher langsam, dachte nach, korrigierte manches, was sie gesagt hatte, und war fast immer sehr ernst. Sie saß weit zurückgelehnt in einem der mächtigen, weichen Sitze, die Elisabeth Rummersberg für ihre Patienten vorgesehen hatte. Die Therapeutin hatte den Eindruck, daß Ruth sich hier entspannen wollte und manchmal am liebsten geschwiegen hätte, nicht nur minutenlang, wie sie es sich gelegentlich ohnedies herausnahm, sondern eine halbe Stunde. Vielleicht wollte Ruth ihr Alltagsleben vergessen, schoß es der Therapeutin durch den Kopf. Oder wäre sie am liebsten einfach eingeschlafen?

Drei- oder viermal, als Frau Rummersberg meinte, daß ein solcher Wunsch Ruths nach stiller Besinnlichkeit oder vielleicht sogar nach Schlaf evident war, tippte sie diese Möglichkeit an. Ruth könne mit ihrer Stunde hier verfahren, wie sie wolle, erklärte sie. Sie könne reden oder auch nicht. Sie dürfe schweigen, solange es ihr beliebe. Es würde sie, die Therapeutin, dann wohl interessieren, worüber sie geschwiegen habe, aber auch das brauche sie nicht mitzuteilen, wenn ihr nicht danach zumute sei, oder vielleicht irgendwann einmal, später. Doch Ruth lehnte dankend ab. Nein, das alles wolle sie nicht. Wie sie hier miteinander kommunizierten, so sei es ihr gerade recht.

Ruth sprach vom Kindergarten, von anderen Kindern, die sie gekannt und in manchen Fällen gemocht hatte, gelegentlich sogar sehr, von der Schule, von Freunden und Freundinnen. In dieser Hinsicht schien Ruth nie in Verlegenheit, gar einsam gewesen zu sein. Die anderen Kinder suchten sie auf, wollten mit ihr zusammen etwas unternehmen oder luden sie zu sich nach Hause ein. Ruth war sich dieses größeren Interesses der anderen an ihr nicht bewußt. Sie glaubte, anderen Kindern ginge es so wie ihr, sie hätten den gleichen Zulauf. Außerdem war sie der Meinung, andere Kinder wollten genauso wie sie selbst keine „Kindermeuten", sondern Zweisamkeiten oder allenfalls Dreisamkeiten – Kinder, die, wenn es sich ergab, wie sie selbst auch gern allein sein konnten. Erst im Lauf ihrer Gespräche wurde Ruth klarer, daß sie nur von einem kleinen Teil der Kinder sprach und von den anderen nichts wußte. Jene Kinder aber, die Ruth anzog, waren vielleicht von einer Neugier auf Besonderheit bewegt, vermutete Frau Rummersberg. Warum war Ruth wohl so bedächtig, das wollten sie erfahren, so sicher in ihrer Bedächtigkeit? Wie konnte man tief im Inneren so still und so gelassen sein? Vielleicht konnte Ruth gar nicht weinen, und die Kinder, die ihr zuliefen, wollten sein wie sie, hatte die Therapeutin gelegentlich ausgesponnen, aber sie gestand sich ein, daß sie mit dieser Möglichkeit nicht wirklich rechnete.

Dann sprach Ruth von Schulfächern und Interessengebieten. Da hatte sie verhältnismäßig viel zu erzählen, und dabei wurde sie auch lebhafter, entschiedener, gelegentlich fast fröhlich, manchmal lächelte sie sogar, mehr aber auch nicht – kein einziges Mal lachte sie. Aus den geäußerten Gedanken wurden der Therapeutin die ungewöhnliche Intelligenz und sprachliche Ausdrucksfähigkeit Ruths deutlich. Potentiell war sie wohl das, was man als einen schöpferischen Menschen bezeichnen durfte, allerdings ohne von dieser Gabe großen Gebrauch zu machen. Vermutlich zog sie mehr noch als mit ihrer stillen und gelassenen Art mit dieser geistigen Lebendigkeit die Kinder und Erwachsenen an.

Jedenfalls erinnerte sich Ruth daran, daß sie damals in der Volksschule die Lesebücher bereits an den Nachmittagen der ersten Schultage ausgelesen hatte – der Stoff fürs ganze Jahr – und daß sie dann daheim in der großen Familienbibliothek eine ergänzende und weiterführende Lektüre suchte. Sagen und Märchen waren ein Lieblingsstoff. Da wußte sie alles, wollte aber die Geschichten keineswegs selbst erzählen, sondern hörte den anderen viel lieber zu und half ihnen aus, wenn sie nicht weiterwußten, wie eine Souffleuse. Manchmal stellte sie merkwürdige Fragen. Warum gehen in den Märchen meist den jüngsten Geschwistern die Wünsche in Erfüllung, den älteren Geschwistern aber nicht? Warum machen es Könige den Freiern ihrer Töchter so schwer, sie zu gewinnen? Und warum bekommt sie der, den der König am wenigsten mag? Das löste im Unterricht manchmal lange Diskussionen aus.

Ruth kannte viele Pflanzen und sprach darüber mit dem Gärtner. Dieser kam zweimal in der Woche, um den englischen

Garten zu betreuen, der sich im Ausmaß von anderthalb Hektar um ihr Haus erstreckte. Tiere waren allerdings in ihrer Familie nicht erwünscht, denn ihre Mutter reagierte allergisch. Ruth durfte dafür Pflanzen halten und machte auch ausgiebig Gebrauch davon. Neben ihrem Zimmer war ein kleiner Wintergarten, den sie ganz allein betreute. Als sie einmal bettelte, einen Hund oder eine Katze zu bekommen, gestattete man ihr ein Aquarium mit schönen exotischen Fischen. Auch diese Wartung oblag ihr ganz allein, und sie kam gut damit zurecht, doch gab sie es schließlich auf. Sie hatte Mühe, sich für die Fische zu erwärmen. Die Angelegenheit sei ihr zu stumm, erläuterte sie. Bei der Betrachtung der Vorgänge im Aquarium befürchtete sie manchmal, ihr Gehör zu verlieren. Nicht wirklich, aber wenn es absolut nichts zu hören gab und auch die eigene Stimme tonlos blieb, selbst wenn man sich bemühte, dann war man doch von einem Gehörlosen nicht zu unterscheiden.

Bei dieser Mitteilung schreckte Elisabeth Rummersberg auf. War das etwa ein psychotischer Gedanke, daß Ruth taub zu werden glaubte, weil die Fische um sie herum so stumm waren? Doch dann verwarf sie den Verdacht auch schon wieder. Es konnte vielleicht auch ein komplizierter Gedanke gewesen sein, den sie bloß nicht ganz verstand. Vielleicht wollte Ruth nur ausdrücken, daß sie zu den Fischen nicht sprechen wollte. Und Ruth sagte auch nicht, daß sie sich taub fühle, sondern daß man, also jemand anderes als sie selbst, sie mit einem Gehörlosen verwechseln könnte. Nein, es bestand kein Grund zur Besorgnis, beruhigte sich Frau Rummersberg. Ruth war ein begabter, ungewöhnlicher Mensch.

In diesem Sinne wurde die Therapeutin sogleich bestärkt, denn Ruth fuhr fort zu erzählen, daß ihr ein Pferd noch lieber als eine Katze oder ein Hund gewesen wäre. Es gab im Haus sogar einen kleinen Stall, in dem man zwei Pferde oder drei Ponys hätte unterbringen können, aber der Stall war schon bei der Geburt Ruths oder bald danach in einen Lagerraum für Bücher umgebaut worden. Außerdem umfaßte die Allergie der Mutter auch Pferde. Ruth wurde angeboten, Reitstunden in einem guten Reitstall zu nehmen, und das tat sie auch ein Jahr lang, aber dann hatte sie von dem gesellschaftlichen Getue der Reiter, Reiterinnen und Reitlehrer genug. Für eine eigene Koje ohne all die Menschen hätte sie gern ein eigenes Pferd gefüttert, gepflegt, bewegt und geritten, ihre Eltern hätten es ihr mit einem Federstrich finanzieren können, aber die nächste Reitschule war dann doch zu weit entfernt. Auch die Umstände, die es machte, die gesamte Reitausrüstung ins Gärtnerhaus zu bringen und sich selbst gründlich zu reinigen, ehe man das Haus wieder betreten durfte, um die Mutter nicht zu gefährden, waren zu kompliziert. Ruth gab auf.

Versuche der Therapeutin, mehr über ihre Eltern und Ruths Auseinandersetzungen mit ihnen, über ihre Familienangelegenheiten und die Allergie der Mutter zu erfahren, waren zunächst nicht erfolgreich. Ruth antwortete ausweichend oder ging nicht darauf ein. Sie meinte, in der Familie sei alles in Ordnung und seit Jahren unverändert.

Ruth kannte sich auch mit den Sternen aus. Sie hatte begonnen, sich dafür zu interessieren, als sie noch im Kindergarten war und von der Kindergärtnerin hörte, daß es so viele „Englein gebe wie Sterne". Gott sehe ihnen allen ins Angesicht, und jeder Mensch hätte seinen Engel. Später, als Ruth schon zählen und rechnen konnte und aus anderer Quelle erfuhr, daß die Zahl der Menschen in den letzten Jahrhunderten stark angewachsen war, fragte sie sich, ob dann wohl auch die Zahl der Engel und der Sterne zugenommen hätte, und sie kam zum Schluß, daß es sie von Anfang an in größerer Anzahl gegeben haben müsse als die Menschen. Nicht alle Engel betreuten Menschen, manche hatten noch auf ihre Zuteilung zu warten. Ob es dann wohl eine Zeit geben werde, in der Menschen keinen Engel mehr zugeteilt bekämen? Bestand ein Unterschied zwischen Engeln und Schutzengeln, und wurden die Schutzengel erst mit den Menschen ins Leben gerufen?

Das waren Ruths Kinderspiele mit den Sternen. Bald jedoch interessierte sie mehr die physikalische und astronomische Wahrheit. Daß die Sonne ein Stern war, daß es Planeten und Trabanten der Planeten gab und sie alle um die Sonne kreisten, daß die Millionen Sterne, die man am nächtlichen Himmel sehen konnte, alle ebenfalls Sonnen waren mit Planeten und Trabanten und daß es auf manchen von ihnen vielleicht sogar Menschen gäbe oder wenigstens Lebewesen – das verstand sie schon mit elf Jahren. Dann hatte sie die Frage an den Religionslehrer gestellt, wie groß denn das Weltall sei, und weil er es nicht wußte, ein Jahr später an den Physiklehrer. Von ihm hörte sie dann, daß das Weltall kein Ende habe und daß man, wenn man immer geradeaus fliege, jahrmillionenlang, mit Lichtgeschwindigkeit, vielleicht wieder an den Ausgangspunkt zurückkäme; daß die Entfernung der Sterne von Norden bis Süden, die man gerade noch sehen könne, etwa fünfhundert Millionen Lichtjahre seien. Über alle diese Dinge staunte sie und merkte sie sich: daß ein Lichtjahr eine Strecke sei, die der Lichtstrahl in einem Jahr durchfliege, und ein Lichtstrahl 300 000 Kilometer in der Sekunde zurücklege – in einer Sekunde siebeneinhalbmal um die Erde – und das Sonnenlicht acht Minuten brauche, um bis zur Erde zu gelangen. Ein Lichtjahr betrug die Entfernung zwischen Erde und Sonne mal 66 000, so oft waren acht Minuten in einem Jahr enthalten.

„Man versuche sich das vorzustellen", referierte Ruth lächelnd, „und dann die Entfernung von einem sichtbaren Ende der Welt zum anderen. Fünfhundert Millionen Lichtjahre. Das sind Schätzungen, aber sie sind wissenschaftlich belegt. Die Physiker und Astronomen sind sich da im wesentlichen einig und haben experimentelle Beweise dafür erbracht, Belege, die jederzeit wiederholbar sind..." Ruth schwieg, ihre Züge waren angeregt und wach, selbst ihre Stimme war sogar eine Spur lauter geworden.

„Sie wollen damit sagen, diese physikalischen und astronomischen Wahrheiten seien die eigentlichen Wahrheiten?" vergewisserte sich Frau Rummersberg.

„Man vergleiche damit die biblische Genesis", antwortete Ruth. „Danach schwebte Gott über der Erde, die dunkel und leer war, und befahl, es werde Licht. Dann teilte er die Erde vom Himmel und das Wasser vom Land und so weiter. Als Beleg dafür wird angegeben, daß es in der Bibel steht. Woher wußte es der Schreibende? Die Antwort lautet, Gott habe es ihm mitgeteilt. Woher aber wußte man, daß es Gott war und nicht ein

Mensch, gar ein Traum? Eine Fata Morgana, Ausgeburt einer Phantasie? Vielleicht hat der Schreiber das sogar geahnt, ohne es sich einzugestehen."

„Es ist nicht sicher, ob es Gott gibt, meinen Sie damit?"

„Das war die einzige bedeutsame Auskunft, die ich von meinem Vater je bekam. Als ich ihn fragte, ob es Gott gäbe, antwortete er mir: Manche Menschen sagen, ja es gäbe ihn. Andere sind sich dessen nicht sicher."

„Was hatten Sie damit erfahren?"

„Daß er sich nicht sicher ist. Obwohl wir der evangelischen Kirche angehören." ...

Ruth hatte eine Zeitlang Musik praktiziert. In einer Ecke des Hauses im zweiten Stock, ebensoweit entfernt vom Salon wie vom Arbeitszimmer des Vaters, in einem schallgedämpften Raum, der nicht nur nichts nach außen ließ, sondern auch die Obertöne schluckte, spielte sie sich durch Etüden und Klavierkonzerte. Gesang war nicht erwünscht, auch nicht Opernmusik. So kam Ruth um den Genuß einfacher Lieder und Melodien, mit dem musikalisch Begabte sich gern die Kindheit füllen. Hierbei jedoch Näheres über den Vater, sein Arbeitszimmer und eventuelle Auseinandersetzungen mit ihm zu erfahren, erwies sich als ein Schlag ins Wasser. Ruth umging das Thema ebenso wie die Thematik Mutter. Ihr Zuhause sei ihr „monotoner Lebenshintergrund", da geschah und geschehe nichts, behauptete Ruth, und Frau Rummersberg blieb weiterhin auf Vermutungen angewiesen.

Ruth kannte und liebte die Biologie, und da speziell die Evolutionslehre. Die Arten und Formen der Tiere faszinierten sie, und daß der Mensch eine ganz späte Abzweigung und in den letzten Sekunden der Evolution zum Schaden der gesamten Tier- und Pflanzenwelt der Erde so ungeheuer gewuchert war, stand für sie fest. Das Paradies war für sie die Erde ohne den Menschen – mit dem Auftreten dieses vermessenen Geschöpfs war das Paradies zu Ende. Das Ende sei gekommen, als der Mensch zu denken angefangen hatte, sich kulturell betätigte und mit „tierischem Ernst" diese Kultur in den Dienst seiner eigenen Arterhaltung und Vermehrung zu stellen begann. Sein Größenwahn war und sei immer noch schauerlich. Von Gott, wie es hieß, nach seinem Ebenbild aus Lehm geformt und durch seinen Hauch zum Leben erweckt, betrat er zunächst als Mann die Bühne und bekam dann aus einer seiner Rippen als Zugabe die Frau. War es denn eigentlich nicht umgekehrt? Schuf sich der Mensch nicht Gott nach seinem eigenen Ebenbild, und kam er nicht aus dem Leibe einer Frau? War also der Mensch nicht eher weiblich oder eben in gleichem Maße Mann und Frau wie fast überall im Tierreich und bei den Pflanzen? Und wer endlich hatte den Mann aufgerufen, sich nicht nur die Erde, das Tierreich und die Pflanzenwelt, sondern auch Frauen und Kinder und andere Männer zu unterwerfen? Gott? Die Frauen? Die Kinder? Nein, der Menschenmann selbst in seinem Machthunger und seiner Verstiegenheit. Und hätten die Blitze Gottes diese Ungeheuer erschlagen, wären vielleicht zunächst sanftere und duldsamere Geschöpfe nachgewachsen, um später wieder genauso vermessen zu werden.

Die Menschenfrau, schuldlos an ihrer eigenen Unterjochung, ist Opfer, aber sie ist mitschuldig an der Unterjochung der Erde und ihrer Lebewesen durch den Menschen. Schließlich setzt sie ja Mädchen und Jungen in die Welt. Zur Rechtfertigung seiner unermeßlichen Übeltaten bedarf der Menschenmann eines selbstherrlichen Gottes, der allmächtig, allwissend und allgegenwärtig ist, so, wie es der Menschenmann sein möchte, zornig, rachsüchtig, stolz und despotisch wie die orientalischen Könige in der Bibel. Den Juden gab er Land, hieß sie ernten, was andere gesät hatten – eine absurde Geschichte. Und andere Völker machten es genauso, nur bei wenigen sind allerdings diese Rechte schriftlich festgehalten und so ausführlich begründet.

Ruth war der Anschauung, daß das Leben ein Geschenk sei, auch als Biologe könne man da eigentlich nur staunen und sich freuen. Doch warum solle es ausgerechnet das Geschenk jenes Gottes sein, den sich die einzelnen Völker in ihren Sprachen früher oder später erfunden hätten? Das sei Anmaßung und Lüge. Oder die Gottidee sei nichts als ein biologischer Instinkt. An den eigenen Volksgott zu glauben, habe Auslesewert im Kampf der Völker untereinander, um die Erde, ihre Güter und

Geschöpfe. Mit einem solchen Glauben könne man Propaganda machen und andere Menschen und Völker einschüchtern, einen nachweisbaren Wahrheitswert aber habe ein solcher Glaube nicht. Die Gründungsgeschichten aller Sekten und Religionen seien Legenden, die immer wieder gern erzählt würden, aber sie galten doch nur für jene, die sie hören und weitererzählen wollten, für andere seien sie Einbildung und Dichtung.

Frau Rummersberg lobte Ruth gelegentlich für ihre präzise aufklärerische Position. Ein einfacher, fragloser Gottesglaube sei offenbar nichts für sie. So wie viele andere intelligente und wissenschaftlich gebildete Menschen ziehe sie ein kritisches Leben in Unsicherheit und Zweifel vor. Und welche Rolle nahmen dabei eigentlich ihre Studienfächer ein, Germanistik und Kunstgeschichte?

„Die betreibe ich zu meiner Unterhaltung", antwortete Ruth. „In der Lektüre und in der Kunstbetrachtung kann man sich verlieren. Da trübt sich mein Zeitsinn. Da weiß ich oft nicht, ob ich eine halbe Stunde oder einen halben Tag damit beschäftigt war. Ich kann es aber meistens rekonstruieren. In der Literatur und in der Malerei geht es nicht um wissenschaftliche Erkenntnis und Wahrheit, sondern um Lebens- und Liebesformen und Gefühle, darum, wie das die anderen erleben, wie die Menschen miteinander auskommen oder sich streiten, wie sie mit dem Leben fertig werden und was sie in seiner Kürze erreichen wollen. All das bewahrt die Literatur besser für die Nachwelt auf und gibt es verständlicher wieder, als man es vom bloß gelebten Leben haben kann. Auch wenn es reich und schön gewesen war, so haben es die Nachkommen doch bald vergessen. Die Malerei tut im Grunde das gleiche wie die Literatur, nur fürs Auge. In der Kunstbetrachtung muß man nicht viel reden, da kommt es mehr aufs Spüren an. Allenfalls beschreibt man, was man sieht. Dabei zeigt sich bald, wie unterschiedlich die diversen Betrachter schauen und aufnehmen."

Der therapeutische Diskurs befaßte sich noch mit einigen Details, unter anderem damit, wie lang oder kurz ein Leben eigentlich sei und ob Ruth mit ihrer Bemerkung auch ihr eigenes Leben gemeint habe. Dazu nahm Ruth wie folgt Stellung:

„Auch wenn ein Leben hundert Jahre dauert, ist es doch kurz. Andererseits kann einem Menschen auch ein zehn- oder fünfzehnjähriges Leben zu lang werden. Manche werden aus einem glücklichen Leben früh herausgeholt oder herausgerissen. Ich habe mich mitunter gefragt, ob ich etwas dagegen hätte, nie geboren worden zu sein oder, wenn man nun schon einmal da ist, von einem Meteorsplitter aus heiterem Himmel genau auf den Kopf getroffen zu werden. Man wäre tot, ausgelöscht sozusagen, bevor man irgend etwas bemerkt hat. Ob man jetzt schon tot ist oder erst fünfzig Jahre später, könnte einem aus dem Blickwinkel der Ewigkeit eigentlich egal sein."

„Warum ein Meteorsplitter und nicht ein ganzer Meteor?"

„Um den Schaden gering zu halten. Ich weiß ja nicht, was andere von einem solchen Ende halten."

„Aber ein Schaden wäre es auch, wenn nur Sie getroffen würden, höre ich aus Ihrer Äußerung."

Ruth zuckte die Achseln und sagte nach kurzer Pause: „Es fragt sich, für wen?"

„In den fünfzig Jahren, die Sie genannt haben, könnte man sehr glücklich sein oder etwas Nützliches schaffen oder Kinder bekommen und aufziehen. Nein?"

„Gewiß. Aber wenn man stirbt, ist man genauso tot, wie man es fünfzig Jahre zuvor gewesen wäre. Die Ewigkeit mindert ein Abzug von fünfzig Jahren nicht. So oder so weiß man dann nichts mehr vom irdischen Leben."

„Aber man hat etwas hinterlassen und wird von Überlebenden im Gedächtnis behalten, zumindest eine Weile lang, oder?"

„Tot ist tot. Davon merkt der Tote nichts mehr."

„Darum erhoffen sich viele Menschen ein Weiterleben nach dem Tode, eine Aufnahme in den Himmel oder eine Wiederauferstehung von den Toten am Jüngsten Tag. Viele Religionen fördern solche Hoffnungen."

„Daß die Menschen sich das wünschen, ist mir klar. Ich wünsche es mir auch, aber wie soll das denn geschehen? Wie würden wir uns und andere wiedererkennen? Was würden wir tun, wenn wir in alle Ewigkeit mit allen unseren Mitmenschen beisammen sind? Oder auch nur mit unseren Lieben, mit den uns Vertrauten? Würden uns andere Mitmenschen in ähnlicher Weise vertraut sein? Dann bräuchten wir sie persönlich ja gar nicht wiederzuerkennen. Oder würden wir gar keine Individuen mehr sein? Woran würden wir dann erkennen, daß wir existieren, daß wir es sind, die jetzt keine Individuen mehr sind? Wird die Ewigkeit nach dem Tode nicht doch eher wie ein Schlaf sein, bestehend aus Stille, Bewußtlosigkeit und Zeitlosigkeit, solange er dauert? Der einzige, der nach christlichem Glauben bisher wiederauferstand von den Toten, war Christus; doch hatten da nicht seine eigenen Jünger Mühe, ihn zu erkennen, als er ihnen erschien? War sich Christus selbst in solchen Szenen sicher, daß er dieser Christus war? Erkannte er sich selbst wieder? War er es überhaupt oder vielleicht doch jemand anderes? Jemand, der lediglich glaubte, daß er Christus sei, etwa weil er Christi Botschaft so liebte, seine Äußerungen und Taten? Vielleicht glaubte er das gar nicht, doch die anderen waren so hungrig nach ihrem Heiland, daß sie sich ihn erfanden oder aus manchen zufälligen Begegnungen mit Fremden zusammenreimten..."

„Auch meiner Meinung nach ist das nicht auszuschließen. Nicht nur Andersgläubige, sondern auch manche Christen haben diesbezüglich ihre Zweifel, doch kehren wir noch kurz zum Alltag zurück. Unsere Zeit ist um. Bevor wir abschließen, wüßte ich noch gern, woher Sie den Gedanken vom Meteorsplitter haben, der einen Menschen aus heiterem Himmel töten kann, ohne daß es der Betroffene überhaupt merkt, sagten Sie. Fällt Ihnen dazu etwas ein?"

„Mein Großvater ist im Zweiten Weltkrieg so gestorben. Er wurde bei einem Luftangriff vom Geschoßsplitter eines Fliegerabwehrgeschützes getroffen."

Nachdem Ruth Goedecker an diesem Tag gegangen war, dachte Elisabeth Rummersberg noch eine Weile über Ruth und ihre Psychotherapie nach. Manche Tiefenpsychologen beanstandeten an der Freudschen Psychoanalyse ihre Präokkupation mit der Sexualität. Früher oder später, manchmal viel zu früh, jedenfalls lange bevor der Patient von selbst darauf zu sprechen gekommen wäre, fragen die Therapeuten schon nach sexuellen

Implikationen und Details. Der unvoreingenommene Beobachter einer solchen psychoanalytischen Behandlung kann sich mitunter des Verdachtes nicht erwehren, daß der Therapeut an diesen peinlichen Intimitäten des Patienten einen gewissen Genuß erlebt. Der Patient ist von Scham befangen, und der Psychoanalytiker glaubt, mit seiner Neugier und vorsätzlichen Toleranz das Vertrauen in die Behandlung und die Übertragungsliebe des Patienten auch noch zu fördern. In manchen Fällen entsteht daraus eine eher unglückliche Abhängigkeit, der Patient wird hörig und die Behandlung uferlos.

Ruth Goedecker gehörte allerdings zu jenen Patienten, die auch andere als Freudsche Tiefenpsychologen in Versuchung bringen, ihre Behutsamkeit aufzugeben, direktere Fragen zu stellen und jene Themen ausführlicher ins Gespräch zu bringen, um die der Patient immer wieder Bogen macht, Intimität und Sexualität eingeschlossen. Wie bei Ruth handelt es sich oft um besonders schüchterne, zurückhaltende oder ängstliche Personen, denen man ihre Worte nur mit mehr oder weniger Mühe entlocken kann. Wenn der Therapeut Geduld aufbringt, werden die Reden des Patienten allmählich flüssiger.

Ruth hatte anfangs nur zögernd gesprochen, war aber doch bald lockerer geworden, geriet gelegentlich in Redeflüsse, die wunderbar anzuhören waren. Ausgespart aber blieben Alltagsgegebenheiten, die Familie, Freunde und eben auch die Liebe und die einfachen Genüsse des Lebens, Essen und Trinken und Faulsein, Sich-Sonnen, andere Menschen berühren und sich von ihnen berühren lassen, und eben auch die Sexualität. Die Personen, die Ruth erwähnte, wurden immer nur flüchtig gestreift, in wenigen und manchmal ungewöhnlichen Strichen skizziert, doch nie entstand ein deutliches Bild. Es war auch nicht zu erkennen, ob Ruth selbst genügend feste Bilder von ihnen hatte, vielleicht aber wollte sie sie lediglich nicht zeigen. Sicher zwanzigmal hatte Frau Rummersberg auf Themen dieser Art zu bestehen versucht, aber nicht viel erreicht.

Frau Rummersberg scheute vor psychoanalytischen Interventionen nach Freudscher Art keineswegs zurück. Andererseits aber war sie durchaus nicht mit allem einverstanden, was sie in der „Existenzanalyse" gelernt hatte. Im Laufe der Jahre ihrer Praxis war sie des Geredes der Existenzphilosophen und -therapeuten müde geworden, mit dem diese ihre Anhänger und manchmal auch ihre Patienten zu animieren versuchten. Die Thesen vom Sein und seiner Zentriertheit um die Person, von leib-seelisch-geistiger Einheit und Ganzheit des Menschen oder von der existentiellen Abhängigkeit der Wirklichkeit von der Teilnahme des lebenden Menschen halfen in ihrer Erfahrung den Patienten weder als Erkenntnisgut noch im persönlichen Erlebnis. Nach ihrer Information empfanden sie derlei entweder als unverständlich oder als selbstverständlich, wußten jedenfalls nicht so recht, was es sollte. Und welchen Sinn wählen wir eigentlich, seit wir von den Existenzanalytikern gehört haben, daß wir Sinn haben müssen, dachte Elisabeth Rummersberg. Frauen haben es da leichter. Wenn sie ein Kind wollen und es bekommen haben, scheint alles klar. Männer haben keinen solchen unmittelbaren und unwiderstehlichen Sinn. Männer meinen eher, der Sinn aller Sinne sei „das Absolute", auf das der Mensch von Anbeginn ausgerichtet sei. Auch das überzeugte die wenigsten Patienten.

Da war ihr Freud in seinem trockenen Verhältnis zu psychischen Vorgängen und differenzierbaren inneren Abwehrmechanismen eigentlich lieber, und sie schätzte seine Auffassung, daß solche theoretischen Überlegungen kein guter Gesprächsstoff in der Psychotherapie seien. Auszusetzen hatte sie an Freud allerdings seinen Machthunger. Weil er sich im Vergleich zu den Großen seiner Zeit, den Königen, Feldherren und Arrivierten im gesellschaftlichen Leben wie in Wirtschaft und Politik, im Nachteil fühlte, war er auf die Suche nach den eigentlichen Mächten gegangen und fand – oder erfand sich – „das Unbewußte". Dieses betrieb das Bewußtsein und die Handlungen des Menschen und konnte jederzeit zu einem wütenden Ungeheuer werden. Er aber wußte damit umzugehen, konnte es zügeln.

Ein anderes Zeichen von Freuds Machthunger war seine unerbittliche Intoleranz gegenüber jedem Zweifel und jeder Abweichung von seiner Lehre gewesen – solche Frevler verbannte er.

Einige seiner eifrigen Schüler haben sich deswegen das Leben genommen, aus Angst vor seinem Zorn. Wenn sich einer aber nicht einschüchtern ließ, wie etwa Carl Gustav Jung, brach Freud bewußtlos zusammen vor unterdrücktem Zorn. In der Streitsache hatte Jung sogar recht gehabt, obwohl Freud lange brauchte, bis er sich das eingestand. Dennoch schätzte sie Freud mehr. In seinen Überlegungen war er klar, nüchtern und kohärent, Jung eher mythisch und verschwommen. Beide selegierten nach ihren fachlichen Vorurteilen in dem Material, das ihnen ihre Patienten boten. Das fand sie nicht so gut. Aber für die Patienten Freuds kamen dabei realistischere und praktischere Lösungen heraus als bei Jung, glaubte Frau Rummersberg zu wissen.

Vielleicht waren aber jene seiner Schüler, die er angeblich in den Selbstmord getrieben hatte, Schwächlinge, zog sie gar der Beruf des Psychotherapeuten deswegen an? Schwäche schützt vor Torheit nicht, und vielleicht ist Psychotherapie eine Torheit. Vielleicht geht das gar nicht, den Menschen auf diese Weise zu heilen? Doch, zumindest in der Mehrzahl der Fälle, sinnierte die Psychotherapeutin.

Ein dritter Beleg für Freuds Machthunger war sein Frauenbild. Wie Gott bei der Schöpfung von Adam und Eva sah auch Freud die Frau als Spielzeug des Mannes an. Dafür konnte er nichts – alle mächtigen Männer sahen Frauen so. Und mit dem Kind, so Freud, kompensierte die Frau ihren Penisneid. Sollte man nicht umgekehrt sagen, der Penis sei der Trostpreis des Mannes für seine fehlende Gebärmutter und Gebärfähigkeit? Sei dem, wie dem sei, von Kindern und von der Beziehung der Mutter zu ihrem Kind hatte Freud wie die meisten Männer seiner Zeit fast nichts verstanden. Da hätte er bei „seinem einzigen Sohn", seiner lieben Anna, dem jüngsten seiner Kinder, in die Lehre gehen können. Dabei hatte er sie im Effekt an einer eigenen Ehe und eigenen Kindern behindert. Nicht zuletzt trug dazu Anna Freuds Psycho- und Lehranalyse bei ihrem eigenen Vater bei. Einige Psychoanalytiker hatten Sigmund Freud davor gewarnt. Einer soll gesagt haben, das könne alles Mögliche werden, nur keine Psychoanalyse oder Psychotherapie. Eltern sind als Psychotherapeuten ihrer Kinder ebenso ausgeschlossen wie Ehepartner, Geschwister oder gute Freunde, das scheinen fast alle Schulen der Psychotherapie verstanden zu haben...

Doch zurück zu Ruth Goedecker, ermahnte sich Frau Rummersberg und nahm sich vor, in der nächsten oder übernächsten Sitzung die Sprache insistiv auf Freunde, Freundinnen, Liebe und sexuelle Bedürfnisse zu bringen, und wenn sich das nicht machen ließ, dann auf die Eltern und Verwandte, die Krankheit der Mutter, Ruths Entbehrungen in der Kindheit, die Eigenarten des Vaters. Notfalls würde sie Ruth bitten, ihre interessanten wissenschaftlichen und weltanschaulichen Ausführungen für einige Sitzungsstunden aufs Eis zu legen.

In den nächsten Sitzungen erfuhr Frau Rummersberg tatsächlich mehr als zuvor über die Menschen in Ruths unmittelbarer Umgebung. Mit einer Freundin hatte sie einmal auf einem Pfingstlager ein Zelt geteilt. Noch ein drittes Mädchen war mit im Zelt, frisch verliebt und ausgeflogen, wann immer sie konnte, kaum ansprechbar, wenn sie einmal da war, es sei denn, man ließ sie von ihrem Jolly schwärmen. Er ging in eine andere Schule und war nicht mit im Lager, aber die beiden planten, daß er sie besuchen kommen würde. Dazu kam es nicht, nur zu einigen Anrufen. In ihre Freundin namens Sagitta war Ruth möglicherweise selbst ein wenig verliebt gewesen. Sie nannte Sagitta eine Seelenverwandte.

Mit einem ihrer Freunde, Fabian, hatte sie ihre erste sexuelle Erfahrung. Fabian, eine Klasse höher als sie, war in der Schule anscheinend ein junger Don Juan, schien aber an Gesprächen mit Ruth über Gott und die Welt Gefallen zu finden und lächelte beharrlich zu ihren Ausführungen. Manchmal meinte sie, er wollte sich über sie lustig machen, dann wieder, daß er doch an ihren Ansichten nicht zweifle wie einst ihre Großmutter, sagte Ruth. Bei dieser Gelegenheit erfuhr Frau Rummersberg, daß es sich um die Großmutter mütterlicherseits handelte und daß diese bei ihrer Familie wohne. Auf mehr ließ Ruth sich nicht ein. In der Familie stehe seit Jahren alles still. Daher laufe ihnen das Gespräch darüber nicht davon. Es gäbe da nichts zu klären und nichts zu verändern, meinte Ruth auch diesmal wieder.

Fabian stellte gute Fragen, manchmal auch neckische oder

tückische, aber er brachte sie nie in Verlegenheit. Er wurde vielmehr zunehmend ernsthafter. Frau Rummersberg wollte wissen, ob er sie vielleicht bewunderte. Das wies Ruth zurück, so als ob es an ihr unmöglich irgend etwas zu bewundern geben könne, aber die Therapeutin war sich ziemlich sicher, daß Ruth diesem jungen Mann zu imponieren begonnen hatte.

Dann wollte Ruth wissen, wie viele Mädchen oder Frauen Fabian schon verführt hatte, Drei, war die enttäuschende Antwort, allesamt junge Mädchen. Für einen achtzehnjährigen Don Juan eigentlich bescheiden, meinte Ruth. Einige andere Mädchen hätte er vielleicht haben können, wenn er sich über die Angst hinweggesetzt hätte, in die diese Mädchen geraten waren, als er sie endgültig „zur Kasse" bat. Diese Rücksicht erlebte Ruth als beruhigend, obwohl sie behauptete, selbst nie Angst gehabt zu haben. Wenn geschlechtliche Beziehungen seit urdenklichen Zeiten für Tier und Mensch den Fortbestand der Arten ermöglicht hatten, über viele Jahrmillionen hinweg, dann müßte das von Natur aus ganz gut geregelt sein. In diesem Sinne hatte sie Vertrauen in die Schöpfung.

Die erste Liebesbegegnung, die schließlich im leeren Sommerhaus seiner Eltern stattfand, im Anschluß an eine Fete im Hause einer Mitschülerin, stellte sie allerdings nicht zufrieden. Fabian machte ihr zwar das „Kompliment", daß sie wohl längst einen anderen Freund habe, das spüre er, doch daß er ein Kondom verwendete, machte alles recht banal. Er wolle ihr kein Kind machen, erklärte er, während er wohl in Wahrheit Angst vor Ansteckung hatte. Dabei war das alles noch vor AIDS. Was für ein Kleinkrämer unter den Don Juans. – Soviel wußte Ruth über Empfängnisverhütung, daß er auch ohne Kondom mit ihr hätte schlafen können, aber ungefragt wollte sie ihm das nicht anbieten. Sie gab ihm jedoch zu verstehen, was sie von dieser Erfahrung hielt. Sie sagte: „Das muß ich nicht alle Tage haben."

Dieses Ereignis und Erlebnis, am unmittelbarsten aber vielleicht diese Äußerung hatte zur Folge, daß Fabian sich in der Schule und auf dem Schulweg sehr um sie bemühte und viel mehr mit ihr zusammensein wollte, als ihr lieb war, ihr Briefe schrieb und sie schließlich dazu brachte, daß sie noch einmal mit ihm ins

Landhaus seiner Eltern fuhr und dort einige Liebesstunden zubrachte. Fabian war nun wie verliebt, machte ihr einen Heiratsantrag und wandelte ihn – als Ruth „hell auflachte", was sich Frau Rummersberg gar nicht vorstellen konnte – in ein Treuegelöbnis. Er würde keine andere heiraten, sie könne ihn als ihren Verlobten betrachten, sie brauche sich aber deswegen nicht an ihn gebunden zu fühlen. Doch würde er warten und hoffen, daß sie, sein „einmaliges, einzigartiges Mädchen mit Köpfchen", eines Tages bei ihm Zuflucht suchen und bleiben werde. Ruth blieb skeptisch.

Später konnte sie noch einen anderen Jüngling für sich entflammen. Johann hieß er und war eigentlich schon erwachsen, sieben Jahre älter als sie, Assistent an der Universitätszahnklinik und erfüllt von der Absicht, bald eine eigene Praxis zu eröffnen und viel Geld zu verdienen. An dieser Beziehung hatte Ruth etwas mehr Spaß und Vergnügen. Er war nicht so romantisch wie Fabian, dafür aber um so fürsorglicher. Er hatte klare physiologische und architektonische Vorstellungen von Mundhöhlen, Zähnen und Kiefern, erkannte die Menschen am sichersten, wenn er ihnen wieder in den Mund schauen durfte, und verstand auch einiges von Stadtpolitik sowie von Geographie und Geologie. Von Literatur und Malerei wußte er nichts, und die einfache Religion interessierte ihn mehr als die Philosophie oder Erkenntnistheorie.

Endlich ließ Ruth einiges über ihr Familienleben verlauten, und dabei stellte sich im Laufe von einigen Sitzungen, die nun manchmal wieder so pausenreich, zögernd und stockend geraten waren wie am Anfang ihrer Psychotherapie, folgendes heraus:

Ruths Vater hatte ein erhebliches Vermögen geerbt, das es ihm gestattete, zu privatisieren und seinen Hobbys nachzugehen. Sein älterer Bruder war im Großunternehmen der Eltern, Chemiebereich, in den Nachkriegsjahren selbst tätig geworden und am Aufschwung des Unternehmens nicht unwesentlich beteiligt, sagte man. Ruths Vater sprach nicht gern darüber, und es gab kaum Kontakte mit der Familie des Bruders. Ruths Vater war stiller Teilhaber geblieben, hatte sich später einen Teil davon auszahlen lassen und aus Sicherheitsgründen in kleinere Anteile an drei anderen Unternehmen verwandelt. Ruth wußte ziemlich genau Bescheid, obwohl es sie nicht übermäßig interessierte. Ihren Vater interessierte es angeblich noch weniger.

Seine Zeit brachte der Vater mit archäologischen und musikgeschichtlichen Studien zu. Er hatte eigene Sammlungen und Archive, darunter manche antiquarische Kostbarkeit. Er ging häufig auf Studienreisen, war aber auch, wenn er sich daheim aufhielt, nicht sehr zugänglich.

Die Mutter soll vom Anfang ihrer Ehe an kränklich gewesen sein, aber als Ruth sechs Jahre alt war, wurde bei der Mutter Lymphkrebs diagnostiziert. Seither war sie mehr oder weniger bettlägerig, hatte aber die zwei oder drei Jahre, die man ihr ursprünglich noch zu leben gegeben hatte, schon um ein Mehrfaches überzogen. Ärztlich sprach man von einer Remission, eine Zeitlang sogar von einer Fehldiagnose, aber einschlägige Pathologieanzeichen waren auch jetzt noch in den Befunden feststellbar. Seit ihrem zehnten Lebensjahr war Ruth an der Pflege der Mutter beteiligt, vorher hatte die Großmutter die Mutter gepflegt. Eine Krankenschwester kam täglich zur Visite, der Hausinternist einmal in der Woche.

Die Mutter soll eine sehr schöne Frau gewesen sein. Ruth behauptete, sie sei auch heute noch eine gutaussehende und gepflegte Dame, aber sie sei fast immer müde und erschöpft. Das glaube sie der Mutter, versicherte Ruth. Wenn sie auf sei, vertrage sie Gesellschaft höchstens für eine halbe Stunde. Am Bett könne sie Besucher nicht länger als ein paar Minuten dulden, nur Ruth und die Großmutter halte sie länger aus. Der Vater komme nur selten und dann ganz kurz ans Krankenbett. Er habe die Pflege der Mutter „den Frauen" übergeben – damit waren Ruth und die Großmutter gemeint.

Roland, der Vater, sei anfangs in die Mutter verliebt gewesen, die Mutter jedoch nicht in ihn, die Großmutter hatte jedoch darauf bestanden, daß sie Roland nehme. Eine so gute Partie und ein so willfähriger Mann sei nie wieder zu haben, hatte sie der Mutter eingeschärft, und so kam es zur Ehe und nach zwei Jahren zur Geburt Ruths.

Die Großmutter hatte selbst einen zwanzig Jahre älteren ungeliebten Mann geheiratet, der gestorben war, als die Mutter gerade ihr Abitur machte. Dabei stellte sich heraus, daß sein Nachlaß viel geringer war als erwartet. Seine Familie hatte heimlich fast alles beschlagnahmt, und für den Lebensunterhalt mußte neu gesorgt werden. Dabei war die Großmutter überzeugt gewesen, daß Roland der Mutter früher oder später schon gefallen würde. An Mutters Stelle hätte sie, die Großmutter, Roland sofort genommen. Dann hätte er sich vielleicht nicht so abgesondert und in seine gelehrten Tätigkeiten zurückgezogen wie bei der Mutter. Sigrid (die Mutter Ruths) konnte sich vor allem nach ihrer Geburt nicht mehr für ihren Mann erwärmen. Nicht einmal für Ruth reichte ihre Liebe aus. Da mußte die Großmutter einspringen, besonders in den ersten beiden Lebensjahren Ruths und seit der Krankheit der Mutter.

Frau Rummersberg reimte sich zusammen, daß die Großmutter die eigentliche Erzieherin Ruths gewesen war, die Mutter höchstens etwas wie eine große Schwester. Die Mutter war jedoch das Bindeglied zum Vater, wenn schon nicht in Liebe, dann immerhin rechtmäßig, und der Lebensunterhalt blieb so gesichert. Der Großmutter traute Frau Rummersberg allerdings nicht die Weckung der geistigen und wissenschaftlichen Interessen Ruths zu, vielleicht hatte sie kaum mehr als eine Volksschulbildung genossen. Als Erweckerin zum Denken und Philosophieren kam wohl die Mutter nicht in Frage, sie war zu sehr mit ihrem eigenen Leid beschäftigt. Trotz seiner anderweitigen Absorption und Zurückhaltung in der Familie konnte es der Vater gewesen sein, neben Schule und Universität. Für daheim nur unzureichend angeregte oder angeleitete Kinder waren diese Institutionen ja unter anderem geschaffen. Doch gelingt das der Schule nur, wenn sich das Kind daheim zumindest emotional geborgen fühlen kann. Das konnte Ruth wohl am ehesten bei der Großmutter. Den Rest besorgten Ruths angeborene Begabungen. Die Lehrerinnen und Lehrer müßten sie eigentlich bemerkt haben, auch wenn Ruth so ihre Eigenarten hatte und sich nicht aufdrängte.

In dieser Hinsicht stellte sich bald heraus, daß die Großmutter auch für geistige Anregungen Ruths gesorgt hatte. Sie war im

Dorfe aufgewachsen, hatte eine mehrklassige Volksschule besucht und kleineren Kindern in der Klasse im Unterricht helfen müssen. Der Dorfpfarrer hatte sie dem Dorfschullehrer besonders ans Herz gelegt. Dafür mußte sie sich damals allerdings ganz fest dem katholischen Glauben verpflichten, und bei ihrer Eheschließung mit dem viel älteren Mann sprachen ihr später nicht nur die Mutter zu, sondern auch der Pfarrer.

Die Großmutter war noch als Witwe und während der Ehe ihrer einzigen Tochter mit dem finanziell so wohlbestellten Roland eine rüstige, einsatzfähige Frau geblieben. Roland nahm sie gern mit zu sich ins Haus. Seine eigene Mutter, eine Witwe auch sie, hielt es viel mehr mit Rolands Bruder und mit der Industrie. Sie hatte für seine wissenschaftlichen Interessen an der Vergangenheit nichts übrig.

Ruths Mutter hatte noch vor dem Ausbruch ihrer Krankheit entdeckt, daß sie zum Ausgleich für die Mühsal der Kinderbetreuung und das einsame Leben an der Seite ihres „unliebbaren" Mannes irgend etwas Besonderes brauchte. Dabei stieß sie auf die Literatur. Sie begann zu lesen und fand immer mehr Gefallen daran, und wenn ihr die deutsche Literatur nicht mehr ausreichte, griff sie zur englischen, französischen und russischen Literatur, manch zeitgenössisches englisches Werk las sie sogar im Original. Was sie nicht kaufen konnte, bezog sie aus Bibliotheken, und dabei half ihr zuerst die Großmutter, später auch Ruth.

So kam Ruth zur Literatur und stöberte in der Bibliothek zu Hause, wo nicht nur neue, sondern auch viele alte Bücher zu finden waren. Selbst die Großmutter fing an mitzulesen, aber an das hingegebene Lesen, daß man die Zeit vergaß, konnte sie sich nicht mehr gewöhnen. Auch waren ihre Augen zuletzt immer schlechter geworden. Als Ruth etwa zehn Jahre alt geworden war, begann sie, sich von ihr erzählen zu lassen, was Ruth gelesen hatte. Daraus entspann sich eine Art Arbeitsgemeinschaft für Literatur zwischen Großmutter und Enkelin.

Die Großmutter hatte Gespräche über ihre Lektüre auch mit ihrer Tochter Sigrid zu führen versucht, aber diese war entweder zu müde oder, vielleicht als Folge ihrer Müdigkeit, zu ungeduldig mit dem Auffassungsvermögen der Großmutter. Außerdem schämte sich Sigrid ein wenig für das Vergnügen, das sie in der Lektüre fand, und trachtete es zu verbergen. Wenn sie im Bett lag und Schritte hörte, legte sie ihr jeweiliges Lesebuch sofort in ihr Nachtkästchenfach. Nur wenn sie zu wissen glaubte, daß es Ruth war, tat sie sich keinen Zwang an. Sie erkannte Ruth am Schritt. Er war leiser und leichter – oder rascher? – als bei anderen Besuchern. Das hatte die Mutter Ruth erzählt.

Allmählich bekam auch die Philosophie einen Platz in der literarischen Arbeitsgemeinschaft von Großmutter und Enkelin, erstmalig als es um biblische Geschichten ging, später auch um Fragen nach dem Ursprung des Lebens, der Entstehung der Welt, um die göttliche Dreieinigkeit und die arme, kleine, dienende Jungfrau Maria. Die wußte nicht, wie ihr geschah, als sie in das Erlösungsmanöver der Menschheit hineingezogen wurde. Oder hatte sich Maria etwa alles selbst so ausgedacht? – Die Großmutter war immer wieder entsetzt über die Fragen und Ideen Ruths und verbat ihr zunächst, so zu denken, damit sie nicht aus Gottes Gnade falle. Ruth hatte dabei gespürt, daß die Großmutter ihr wohlwollte, aber über die Ratschlüsse Gottes nicht verfügen könne. Gott hielt es, wie er, nicht wie die Großmutter es wollte.

Im Laufe der Zeit kamen der Großmutter Zweifel, ob das wirklich die Meinung Gottes sein konnte, daß man nicht frei denken und den Dingen auf die Spuren kommen darf, und dann erlaubte sie Ruth bei jedem einzelnen dieser Gedanken, ihn beizubehalten und zu schauen, was dabei herauskäme. Sie war selbst neugierig geworden, und wenn auch ihre Auffassungsgabe nicht mit der Ruths mithalten konnte, ließ sie sich gern von ihr immer weiter überraschen.

Ruth behauptete, daß alles, was sie hier in den Psychotherapiestunden über die Welt und das Leben geäußert hatte, schon vor Jahren mit der Großmutter durchgesprochen worden war. Die Großmutter hätte das meiste im Prinzip verstanden und sei mit ihr einer Meinung. Gelegentlich hätte die Großmutter sogar über den Pfarrer ihrer Jugend geschimpft, der als ihr Gönner aufgetreten war und es sicher gut gemeint habe, aber dabei manchem Unsinn und manchem Aberglauben anhing. Solche

Worte stammten von Ruth, aber die Großmutter hatte meist dazu applaudiert.

Großmutter und Enkelin führten manchmal auch Gespräche über die Eltern Ruths, über Sigrid und Roland in der Nomenklatur der Großmutter, wobei sie auch besprachen, daß die Mutter eines (baldigen) Tages an ihrer Krankheit sterben werde. Dann würde sich der Vater vielleicht eine andere Frau nehmen, und das könnte schwierig für sie beide werden. Andererseits hatte die Mutter ja schon lange genug mit ihrer Krankheit gelebt, warum sollte sie sterben? Dann bestünde immer noch die Möglichkeit, daß Vater und Mutter doch noch zueinander fänden. Sie bete täglich dafür, auch jetzt, bekannte die Großmutter trotz ihrer religiösen Zweifel.

Gelegentlich habe es auch Diskussionen mit dem Vater gegeben. Er war evangelisch erzogen worden wie Ruth selbst, und auch die Mutter war zum evangelischen Glauben übergetreten. Für den Vater war Religion Privatsache, er hatte gelernt, sich auf sein eigenes Gewissen und seinen eigenen Verstand zu verlassen. Seiner Meinung nach bräuchte man für Unklarheiten oder Widersprüche in der Lehre keine allgemeingültigen Lösungen. Jeder könne seinen eigenen Weg finden oder nach Belieben die Dinge ungelöst lassen. Das gelte auch für Ruth. Sie könne denken oder auch nicht denken, was sie wolle, erklärte er. Das war Ruth zu wenig, aber sie fragte nicht mehr weiter.

Es sah aus, als ob nun alles allmählich in Gang und in Ordnung kommen könnte, zumindest für Ruth, doch dann erlitt die Großmutter einen Schlaganfall, konnte nicht mehr gehen und sprechen und starb drei Tage später. Ruth Goedecker sagte deswegen zwei Sitzungen ab, danach noch einmal eine, und als sie schließlich wieder kam, äußerte sie als erstes, daß sie nicht mehr leben wolle. Dann schwieg sie, weinte lautlos, umfaßte ihre Knie und kauerte sich auf ihrem Lehnsessel zusammen. Frau Rummersberg wartete eine ganze Weile und sagte dann leise und langsam: „Sie haben eine wichtige, verläßliche und zugängliche Person in Ihrer Familie verloren." Und da Ruth nichts antwortete, fügte sie hinzu: „Sie war Ihnen die liebste?"

Ruth nickte, ohne aufzuschauen. Frau Rummersberg wollte weiter warten, vermutete, daß Ruth wahrscheinlich trotz ihres Kummers das Begräbnis und die notwendigen rechtlichen Angelegenheiten hatte regeln müssen und daß ihr diese Tätigkeiten über den Schock des Verlustes zunächst hinweggeholfen hatten. Da blieb keine Zeit zur Besinnung. Die Äußerung Ruths, daß sie nicht mehr leben wolle, mußte nicht gleich als eine Selbstmordabsicht gedeutet werden. Es konnte ihre Erschöpfung über die Mühen der Nachsorge für einen verschiedenen Angehörigen sein, auf der die Gesellschaft besteht, gemischt vielleicht mit einem Stück Verzweiflung über die Untätigkeit der Eltern; des Vaters, weil seiner Ansicht nach nicht nur die Betreuung der Mutter immer eine „Sache der Frauen" war; der Mutter, weil sie chronisch krank und aus ihrer Abhängigkeit von der Großmutter nie ganz herausgekommen war. Die Großmutter hatte im Falle des Todes der Mutter die Angst geäußert, daß sich der Vater eine andere Frau nehmen könne und es dann ihr und Ruth nicht mehr so gut gehen würde. Wie würde es nun Mutter und Ruth gehen, wenn der Vater sich von der Mutter scheiden ließe? Die Zukunft barg reale Gefahren, die Ruth zusätzlich belasten mochten.

Dennoch konnte es zunächst vielleicht entlastender sein, Ruth über ihre Tätigkeiten im Zusammenhang mit dem tragischen Ereignis zu befragen. Darum äußerte Frau Rummersberg, immer noch leise und behutsam: „Sie haben nicht nur einen großen Verlust erlitten. Sie haben vermutlich auch viel mit der kurzen Krankheit Ihrer Großmutter, dem Begräbnis und dem Nachlaß zu tun gehabt."

Ruth nickte wieder ohne aufzusehen, rieb sich den Nacken, dann über die Stirne, richtete sich auf, lehnte sich im Sessel zurück, ließ die Arme auf die Armstützen und den Kopf zur Seite fallen, als ob sie gegen ihre Müdigkeit ankämpfte – oder gegen das Sterben? – und plötzlich den Kampf verloren hatte. Es war ein klein bißchen wie die Theaterszene eines völlig übermüdeten oder sterbenden Menschen und von Ruth anscheinend als Szene intendiert. Sie blickte nämlich kurz auf und lächelte für einen Augenblick, ehe sie sich wieder straffte, den Kopf hob,

Frau Rummersberg in die Augen blickte und zu sprechen begann.

Die Großmutter war zusammengebrochen, als sie mit der Mutter allein daheim gewesen war. Die Mutter hatte versucht, den Vater anzurufen, der in der Stadt war, und Ruth, die an einer Exkursion auf Schloß W. teilnahm, beides vergeblich. Ruth kam zuerst nach Hause, da war die Großmutter längst vom Ambulanzwagen in die Universitätsklinik gebracht worden. Als sie dort anrief und keine Auskunft über Frau Zeiß bekommen konnte – das war der Familienname der Großmutter und Mädchenname der Mutter –, fuhr sie zur Klinik und fand nach einiger Suche heraus, daß die Großmutter in die städtische Klinik gebracht worden war. In der Universitätsklinik hatte man kein freies Bett gehabt.

Die Großmutter war für eine Weile wach gewesen, konnte die Augen und Lippen bewegen, aber nicht sprechen, war rechts halbseitig gelähmt, doch nicht in akuter Lebensgefahr. In den nächsten Tagen werde sich zeigen, wie es mit ihr weitergehe. Sollte sie sich erholen, sei nicht auszuschließen, daß sie ein Pflegefall bliebe. Eine eventuelle Genesung würde lange dauern, erklärten die Ärzte.

Nun, sie war gestorben, und Ruth war allein. So empfand sie ihre Situation. Wie es der Mutter ohne die Großmutter ging, beschäftigte sie zunächst nicht. Vielleicht würde sie sich auf ihre verbliebenen Kräfte besinnen, aufstehen und zur Abwechslung einmal gesund spielen? Vielleicht würde sie dann sogar genesen? Was mit dem Vater war, darum wollte sich Ruth keine Sorgen machen. Seine Anteilnahme an der Familie konnte kaum noch geringer werden. Nur für den Unterhalt kam er bisher verläßlich auf, viel zu tun hatte er damit ohnedies nicht, das war schließlich nur eine Angelegenheit der Bank.

Ruth hatte Schlafmittel für den Fall bereit, daß sie aus dem Leben scheiden wollte. Sie wußte genau Bescheid, wieviel sie nehmen mußte, damit sie unter Umständen gerade noch gerettet werden konnte, und wieviel, damit jede Hilfe zu spät kam. Das Schlafmittel wollte sie nicht nennen. Sie hätte drei Medikamente, gab sie freiwillig zur Auskunft.

Vielleicht würde es genügen, sich irgendwo, bloß nicht zu Hause, zu verkriechen. Etwa in einer Höhle im Heiligen Land der Christen, Araber und Juden. Konnte man das? Die machthabenden Israelis ließen doch nur Juden in ihr Land. Soviel sie wußte, mußte ein Christ oder Moslem zum jüdischen Glauben übertreten und die innere Überzeugung von einem Rabbi „beglaubigt" bekommen. Das war so ungefähr das letzte, was sie nach ihrer Kritik an den christlichen Glaubenssätzen und an religiösen Überzeugungen überhaupt tun wollte. Oder sollte sie auf eine andere Universität wechseln? In der Kurstadt bleiben oder aus dem Elternhaus ausziehen? Vielleicht könnte man mit den Eltern abmachen, daß sie Ruth eine Weile in Ruhe ließen.

Frau Rummersberg hatte ihrer Patientin ein bißchen geholfen, diese Möglichkeiten zu erwägen, und Ruth war aus ihrer Erschöpfung und Resignation sozusagen für kleine Spaziergänge vorübergehend herausgekommen, aber sie sank bald wieder in ihre traurige Apathie zurück. Ehe Frau Rummersberg diese erste Stunde nach dem Tod der Großmutter beendete, versuchte sie daher eine kleine Änderung ihres therapeutischen Kontraktes zu erwägen. Sie bot Ruth an, zunächst einmal öfter als bisher zu kommen, es sei denn, sie wolle es lieber reduzieren, oder zu anderen Zeiten zu kommen. Das könne jederzeit telefonisch vereinbart werden. Auf jeden Fall gelte, so wie zuvor, daß jede vereinbarte Stunde eingehalten würde, es sei denn, sie sage ab. Ruth meinte, alles könne so bleiben wie bisher.

Frau Rummersberg erinnerte Ruth ferner an eine Vereinbarung, die sie schon am Anfang der Behandlung, aber ausdrücklich noch einmal in der dritten oder vierten Stunde getroffen hatten: Wenn sie die Behandlung beenden wolle, möge sie das in der Sitzung sagen. Wenn sie diesen Wunsch außerhalb der Sitzung oder telefonisch mitteile, solle sie noch einmal in eine Sitzung kommen, in der über die Gründe der Beendigung gesprochen und Abschied genommen werden könne. Dabei wäre es möglich, daß sie noch einige Gedanken und Hinweise mit auf ihren weiteren Weg bekäme.

Noch etwas sei damals besprochen worden, erinnerte sie Frau Rummersberg. Solange die Behandlung andauere, solle Ruth wie jeder andere Patient einer Psychotherapie wichtige Entscheidungen entweder noch aufschieben oder jedenfalls erst treffen, wenn sie sie gemeinsam in einer der Sitzungen besprochen hätten. Berufs- oder Ortswechsel, ein bedeutsames Geschäft, Verlobung, Heirat oder Scheidung, Kindesadoption wurden damals als Beispiele genannt. Auch eine Entscheidung darüber, ob man weiterleben wolle oder nicht, würde darunter fallen. Ruth konnte sich erinnern und erklärte, daß sie sich daran halten würde, „auch in der Sache Selbstmord oder Freitod, wie er freundlicher genannt werden könnte".

In den darauffolgenden Sitzungen kam noch einmal die Kindheit Ruths, aber auch die Vergangenheit der Eltern zur Sprache. Für Ruth war früh schon der Eindruck entstanden, daß sie den Eltern nicht übermäßig willkommen gewesen war. Der Vater kümmerte sich kaum um sie, die Mutter anfangs mehr, aber mit dem Beginn ihrer Krankheit war auch das zu Ende. Die Großmutter dagegen mochte Ruth sehr, liebte sie und hätte für sie wahrscheinlich auch Opfer gebracht. Hätte sie allein für Ruth sorgen müssen, dann wäre sie notfalls auch putzen gegangen, um den Lebensunterhalt für sie beide zu besorgen.

Mit der Pflege der Mutter verbrachte die Großmutter viel Zeit und sprach auch oft darüber, wie es der Mutter gerade ging und was sie brauchte. Von daher kam wohl auch Ruths innere Nötigung, sich an der Pflege der Mutter mit zu beteiligen. Manchmal beneidete Ruth die Mutter sogar um ihr Los. Auch sie wäre gelegentlich gern im Bett geblieben und hätte sich „bedienen" lassen. Damals waren ihr die ersten Gedanken gekommen, daß es schön wäre, einfach nur zu schlafen, immer weiter, in alle Ewigkeit, und was gab es dafür besseres, als tot zu sein? Ruth glaubte, selbst die Mutter wolle eigentlich lieber tot sein und bliebe nur aus Pflicht am Leben. Pflicht gegenüber wem? Ihr zuliebe, meinte Ruth und deutete auf sich, zuvor wohl auch der Großmutter zuliebe und vielleicht, ja vielleicht, um dem Vater nicht die Freude ihres Verschwindens zu bereiten... Ja, es konnte sein, daß der Vater sich die Mutter manchmal tot wünschte. Zwei- oder dreimal habe sich Ruth sogar selbst gewünscht, die Mutter wäre fort oder tot. Doch dann habe ihr die

Mutter wieder leid getan und sie sich geschämt. Vielleicht hätten Vater und Mutter sich anfangs wirklich geliebt, aber ihre Liebe war ihnen dann vergangen.

Die Mutter dürfte früher ein einsames kleines Mädchen gewesen sein wie sie selbst, vermutete Ruth. Die Großmutter habe ihr erzählt, daß sie sich vor ihrem Vater gefürchtet habe. Er war ein düsterer, strenger Mann, der beim Sitzen oft einschlief und dem man sich nur nach vorheriger Erlaubnis nähern durfte, und das auch noch auf Zehenspitzen. Immer wieder wollte er dasselbe wissen: ob sie brav sei, ob sie die Hausaufgaben mache und für Vater und Mutter bete.

Ruths Vater wuchs in einem wohlbestallten Haushalt auf, in dem selbst Vaters Tod aus heiterem Himmel keine Katastrophe auslöste. Roland, der Vater, war dreizehn, sein Bruder achtzehn Jahre alt gewesen, als dies passierte. Das deutsche Kriegsglück hatte sich bereits zu wenden begonnen. Katastrophen ganz anderen Ausmaßes begannen sich für das deutsche Volk am Himmel abzuzeichnen, nachdem man wie einst die Franzosen für Kaiser Napoleon in mythischer Begeisterung für Dämon Hitler über die europäischen Staaten hergefallen war. Napoleon brachte den Code Napoléon, an dem er angeblich Tag und Nacht gearbeitet hatte, Hitler die Botschaft der Erniedrigung aller Besiegten und ihren zwangsweisen Eintritt in die Rüstungsindustrie des deutschen Volkes. Hitler wollte ja die Welt erobern – wozu eigentlich? –, und ein paar Jahre hatte es ja für ihn so ausgesehen, als ob das möglich wäre. Welche Einfalt. Hätte er doch bloß ein bißchen die Welt bereist, statt Politiker zu werden – dann hätte er gesehen, wie groß die Welt war, viel zu groß für einen träumenden, kindischen Fanatiker.

Diese Darstellung schien Ruth vom Vater übernommen zu haben, nicht als historische Belehrung, sondern in gelegentlichen und beiläufigen Bemerkungen, die sie im Gedächtnis behielt und sich zusammenreimte. Es war nicht ausgeschlossen, daß ihr Vater sich für die Kriegshandlungen Deutschlands verantwortlich fühlte, obwohl er beim Kriegsende erst fünfzehn Jahre alt gewesen war und mit Kriegshandlungen überhaupt nichts zu tun hatte. Sein Bruder war allerdings noch zur Fliegerabwehrtruppe eingezogen worden, hatte auf alliierte Flugzeuge schießen müssen und war zuletzt für ein paar Wochen in amerikanische Gefangenschaft geraten. Dann habe man ihn und andere heimgeschickt. Wäre er in französische Kriegsgefangenschaft geraten, dann hätte das gut auch ein paar Jahre dauern können. Er studierte Chemie und begann im väterlichen Großunternehmen zu arbeiten. Er dürfte keine großen Schuldgefühle gehabt haben und war ja wohl auch nicht schuldig zu sprechen. Er wirkte in der Abwehr der Bombardierung deutscher Städte und der Zivilbevölkerung mit, und die Wirkung der Abwehr war zuletzt ganz unbedeutend geworden. Arthur, so hieß der Bruder, hatte sich der Einberufung zum Kriegsdienst schlechterdings nicht entziehen können.

Diese Angaben hatte Ruth vom Vater. Als Motiv für seine Zurückhaltung gegenüber der Verwandtschaft, mit der er nicht zusammenkommen wollte und die er nicht einmal über den Tod der Großmutter verständigen wollte, da sie „keine Verwandte" sei, gab der Vater tiefe Gesinnungsunterschiede an. Er hatte seinen Bruder fünfzehn Jahre lang nicht mehr gesehen, seine Nichte und die Neffen würde er vielleicht nicht einmal mehr wiedererkennen, wenn er ihnen auf der Straße begegnete. Lediglich mit der Mutter telefonierte er manchmal kurz, in großen Abständen. Er wollte nicht, daß Ruth und die Mutter mit seiner Verwandtschaft Kontakt pflegten. Daran, so Ruth, hätten sie sich gehalten. Die Großmutter hätte diese Kluft zwischen Brüdern bedauert und war davon überzeugt gewesen, daß zumindest die Vettern und Kusinen sich vertragen würden, wenn sie sich erst einmal näher kennenlernten, aber dazu war es nie gekommen. Sie hätte gern die jüngere Generation zusammengebracht, aber sie wagte es nicht, ihrem Schwiegersohn zuwiderzuhandeln, wußte auch nicht, was die zwei Vettern und die Kusine in ihrer Unkenntnis und verordneten Feindschaft von Ruth hielten. Ruth sollte da keine unliebsame Enttäuschung erleben.

Eine recht verkorkste Sache, dachte Frau Rummersberg, als es Ruth Wochen später schon wieder besser ging und sie bereits erwog, ein kleines Studentenappartement ganz in der Nähe der Universität zu beziehen, „um rascher an ihrer Arbeitsstelle zu sein", hatte sie der Mutter erklärt. Diese hatte ja ohnedies eine ambulante Krankenschwester zu ihren Diensten, und der Internist wachte in wöchentlichen Abständen über ihr Befinden. Sie war beweglich, und die Haushaltshilfe kochte für sie. Was brauchte man mehr, selbst als chronisch Kranke?

Ruth konnte, wenn sie wollte, ihr Studium in verhältnismäßig kurzer Zeit mit einem Magistertitel zum Abschluß bringen. Zum Lehren im Gymnasium hatte sie keine Lust; dafür wäre eine Lehramtsprüfung erforderlich gewesen, für die man wesentlich mehr hätte büffeln müssen.

Ruths Vater schien das alles nicht sonderlich zu berühren, und er stimmte Ruths Absichten unbedenklich zu. Von der Familie absetzen wollte er sich offensichtlich nicht, und von anderen Frauen, die ihn interessieren und vielleicht entführen könnten, war nichts zu erkennen. Auch die Mutter dürfte den Verlust ihrer Mutter innerlich hingenommen haben. Sie mußte sich nun im Alltag ihrer chronischen Krankheit selbst mehr bewegen, und das tat ihr gut. Auch Ruth sah das wahrscheinlich so, obwohl sie es nicht ausdrücklich kommentierte.

Und was ist in einer solchen verkorksten Sache zu erwarten und zu tun, fragte sich Frau Rummersberg im stillen, auch außerhalb der therapeutischen Sitzungen beschäftigte sie das, nun, da die fürsorglichste unter den drei erziehenden Personen um Ruth ausgefallen war? Würde Ruths akute Depression andauern oder sich vertiefen? Es sah nicht so aus. Würde die Mutter zusammenbrechen? Wohl nicht. Beide Frauen hatten mehr Kräfte und Reserven, als man ihnen nach Augenschein zugetraut hätte. Und der Vater wollte ja hauptsächlich in Ruhe gelassen werden. War er nicht sogar erleichtert? Die Großmutter konnte ihn jedenfalls nicht mehr stören.

Konnte die Familie auseinanderfallen? Würde jeder für sich allein seinen Lebensweg zu gehen suchen? Das war eine Möglichkeit. Der Vater hätte ohnedies keinen großen Unterschied gegenüber bisher bemerkt. Auch Ruth könnte es schaffen, wenn das Geld vom Vater noch eine Weile weiterfloß, zur Not könnte sie auch ohne dieses existieren. Ruth könnte arbeiten und war sozial und gesellschaftlich wohlgebettet und daher unbefangen genug, um auch vor einer einfachen oder trivialen Arbeit nicht zurückzuscheuen. Vielleicht fand sie sogar etwas in ihrem Interessengebiet. Soweit Frau Rummersberg aus Andeutungen entnommen hatte, war ihr vom Vater schon ein eigenes kleines Vermögen in ihr Nest gelegt worden. Selbst die Mutter, sicherlich ebenfalls mit einem guten Batzen Geldes ausgestattet, brachte das Leben allein zuwege, und wenn ihre Krankheit schließlich doch die Oberhand gewinnen sollte, dann könnte ihr Ruth immer noch, vielleicht sogar der Vater für eine Weile zu Hilfe eilen. All das war möglich.

Andererseits hatte Ruth ihre Lebenssituation schon zu Beginn der therapeutischen Behandlung als „stationär" beschrieben, um nicht darauf eingehen zu müssen. Vielleicht war das nicht nur innere Abwehr, sondern hatten alle Familienmitglieder diesen Eindruck seltsamen Stillstands, wollten das sogar nicht anders. Dann könnte der Ausfall einer Person dieses Bedürfnis sogar noch festigen. Damit wir alle weitermachen können wie bisher, darf sich nun, nach dem Tode der Großmutter, erst recht nichts ändern.

Nach psychologischen Überlegungen würde das allerdings bedeuten, daß die Großmutter ihnen doch fehlte und einer der Verbliebenen ihre Rolle in der Familie übernehmen müsse. Wer? Nach allem, was Frau Rummersberg erfahren hatte und sich zusammenreimen konnte, kam dafür eigentlich nur Ruth in Frage. Aber sollte sie das? Und wollte sie das? Großmutterstelle an ihren Eltern vertreten?

Konnte Ruth das überhaupt? Je mehr Frau Rummersberg darüber nachdachte, desto mehr bejahte sie die Frage. Aber wenn ihr wirklich diese Rolle zugedacht war, dann wäre es besser, Ruth würde sich damit noch eine Weile gedulden, als Möglichkeit könnte sie das jedoch jetzt schon ansprechen. Die Eltern würden von ihr elterliche Dienste fordern – sie hatten das sogar schon getan. So oblag Ruth zum Beispiel die Abwicklung der Begräbnis- und Nachlaßformalitäten, all das, wo Sachliches oder Persönliches zu erledigen anstand. Ruth sprang notgedrungen ein, und wenn sie darüber in der therapeutischen Sitzung sprach, konnte man die Erwartungen ihrer Eltern deuten, und entsprechend auch die Rolle, welche sie ihnen gegenüber einnahm. Und dann konnte man sich fragen, ob Ruth das wirklich wolle. Denn nötigen bräuchte sie sich von ihren Eltern nicht mehr zu lassen. Sie waren beide alt genug, selbst nach dem Rechten zu sehen.

Dagegen konnte Ruth in eigener Sache etwa die Kontakte mit Kusine und Vettern aufzunehmen versuchen, mit der Kusine vielleicht zuerst, von Frau zu Frau, wenn sie wollte. Frau Rummersberg meinte, daß es für Ruth gut wäre, wenn sie das versuchte, gleichgültig, wie es ausging. Ruth wußte dann wenigstens, woran sie war. So etwas wäre ein Dienst, den sie letztendlich auch ihren Eltern ungebeten leisten konnte, noch eher als anderes, den Wunsch des Vaters übergehend.

Selbst eine Aussöhnung der beiden Brüder als Folge wäre nicht ausgeschlossen. Wenn die Jungen könnten, würden sich die Alten belehren lassen und einlenken. Bruder Arthur und die Mutter der verstimmten Starrköpfe einerseits, Ruths Vater Roland andererseits, und die Frauen der beiden Brüder, die im Grunde ja nichts gegeneinander hatten. Vielleicht glaubte Sigrid sogar, krank sein zu müssen, nur um die Feindschaft der Brüder zu mildern? Eine Sippe war immer stärker als der einzelne, selbst die Angeheirateten zählten dazu, besonders wenn sie Kinder hatten. Auch versöhnt bräuchten die einzelnen nicht am gleichen Strang zu ziehen, eigene Wege konnten erhalten bleiben.

Vielleicht sollte Ruth die Frau ihres Onkels Arthur zuerst ansprechen, zumindest dann, wenn Ruths Kusine nicht mitmachte. Selbst Ruths Großmutter väterlicherseits kam dafür in Frage, womöglich noch vor den anderen Frauen. Ruth als ihr Enkelkind gehörte ja halb zur Sippe. Wenn die Mutter der verfeindeten Brüder wider Erwarten mehr zum Konflikt ihrer Söhne beigetragen haben sollte als deren verstorbener Vater oder die beiden Söhne selbst, dann konnten Ruth und ihre Kusine immer noch gemeinsam bei ihrer Großmutter vorstellig werden. Unter Umständen waren da drei Frauen-Generationen mobilisierbar, einen Bruderzwist zu schlichten.

Ja, Möglichkeiten gab es genug, und in Anbetracht von Ruths Intelligenz und Feinfühligkeit könnten diese schon länger, schon seit ihrer Kindheit in ihr gelegen haben. Sie bräuchten vielleicht nur angetippt zu werden. Frau Rummersberg war zuversichtlich, daß realistische Möglichkeiten zur „Heilung" Ruths in Form von Aussöhnungsversuchen innerhalb der Familie bestanden. Ob Ruth rasch oder langsamer ihr Studium zum Abschluß brachte, ob sie einen Beruf ergriff und welchen, ob sie einen Liebhaber fand, dies schien demgegenüber weniger bedeutend. Wenn die Klärung innerhalb der Familie gelang, selbst mit nur teilweisen Erfolgen, war alles andere leichter. Die Prognose schien günstig.

Wie zur Bestätigung solcher Zuversicht händigte Ruth am Ende der übernächsten Stunde ihrer Therapeutin drei Päckchen aus: die dreierlei Schlaftabletten, von denen sie gesprochen hatte. Eines der Päckchen enthielt genug Tabletten, um einen Erwachsenen umzubringen, wenn er sie alle auf einmal schluckte. Frau Rummersberg nahm sie entgegen und meinte: „Ich werde sie aufbewahren, mindestens bis zu ihrem Ablaufdatum. So lange bleiben sie zu Ihrer Verfügung."

Ruth konnte sich noch Schlafmittel zurückbehalten haben. Sie konnte sich die Dinge auch wieder beschaffen. Einmal hatte sie es ja bereits getan. Doch Vertrauen war wichtiger als detektivische Klarheit. Und ein ausdrücklicher Pakt gegen den Freitod schien Frau Rummersberg nicht notwendig...

Aus einer Lehranalyse oder Der verstellbare Krankenstuhl

Frau Linda Wohlgemut erwartete ihren „Starpatienten", wie ihn ein anderer Lehranalytiker in einem kollegialen Gespräch einmal genannt hatte. Der Patient hieß Xaver Tunichtgut, war in der Facharztausbildung für Psychiatrie, intelligent, gut aussehend, und ebenso charmant und ungezwungen im Umgang mit Autoritäten wie mit einfachen Menschen. Er stammte aus einer wohlhabenden Familie, und er „könnte an jedem Finger eine Frau haben, wenn er es wollte", hatte ein Kollege mit ein wenig gespieltem Neid in der Stimme behauptet. Nach Linda Wohlgemuts bisherigen Erfahrungen mit Xaver Tunichtgut schien dieser jedoch von solchen Möglichkeiten kaum Gebrauch zu machen. Sein Familienname, der auf manchen seiner Dokumente sogar ein „von" enthielt, paßte so gar nicht auf seine Persönlichkeit. Mag sein, daß jener Kollege eine Patientin hatte, die Xaver Tunichtgut kannte und statt von ihrem Analytiker von Xaver schwärmte. Vielleicht war der ungefragte Kommentator tatsächlich eifersüchtig und sein gespielter Neid echt.

Frau Wohlgemut jedenfalls sah in Xaver zwar keinen Star, aber sie mochte ihn. Er war einer der wenigen Lehranalysanden, die allem Anschein nach keine wirklichen Probleme mit dem Leben und der Liebe hatten. Auch war er kein latenter Homosexueller, wie ein anderer Kollege einmal vermutet hatte. Xaver hatte in seiner Adoleszenz eine längere Beziehung mit einer Schulkameradin unterhalten, die schließlich in Freundschaft auseinanderging. Die Freundin hatte einen anderen Mann gefunden, einen jungen Lehrer aus einer Schule am anderen Ende der Stadt, und er selbst, Xaver, hatte damals gerade die jüngere seiner beiden Schwestern zu trösten, die einen Schiunfall erlitten und eine Narbe an der Schläfe zurückbehalten hatte. Sie machte sich unberechtigte Sorgen um ihre Schönheit, später jedoch war die

Narbe zu einer kleinen hellen Linie geworden, die man kaum bemerkte, selbst sensible Finger konnten sie kaum fühlen. Frau Wohlgemut hatte bei der Erörterung dieser Erinnerungen wohlwollend gedeutet, jener Schwester, Antje, wäre es wohl mehr um Xavers Zuwendung gegangen, von der sie bis dahin vielleicht zu wenig bekommen hätte.

Tatsächlich hatte Xaver zu seiner zwei Jahre älteren Schwester eine engere Beziehung gehabt als zur vier Jahre jüngeren, und Antje hatte sich von der Zweisamkeit der beiden „großen" Geschwister oft ausgeschlossen gefühlt, war manchmal traurig darüber gewesen, hatte sich jedoch mit ihrem Los schließlich abgefunden. Antje erregte erst wieder Aufmerksamkeit, als sie Xaver, der einen Kopf größer als seine ältere Schwester Zilli (von Cäcilia) geworden war, fast an Körpergröße nachgekommen war. Andere Mädchen hatten Antje bereits als „zu groß für ein Mädchen" erklärt, aber für Xaver war sie genau richtig, so erlebte es Antje jedenfalls. Sie schien schon immer verliebt in ihren großen Bruder gewesen zu sein, hatte jedoch das Gefühl gehabt, daß Zilli Xaver völlig in Beschlag genommen habe. Nun war das etwas anders geworden.

All das wußte Linda Wohlgemut aus Xavers Äußerungen, wie auch Details von seiner zweiten Liebschaft, einer wohl turbulenteren und leidenschaftlicheren Beziehung als die erste. Das waren bereits Universitätszeiten. Da werden mehr und heterogene Persönlichkeiten vom Schicksal zusammengebracht, und die Stimmung gegen die Alten, Eltern und Lehrer, wird heftiger. Das war zwar bei Xaver nicht so, wohl aber bei seiner Freundin. Ihre Eltern waren geschieden; sie hatte noch ein Hühnchen mit ihrem Vater zu rupfen, dem sie die Schuld an allem gab, und in der Folge auch gleich mit Xaver. Sie liebte ihn zwar leidenschaftlich, aber sie haßte ihn auch manchmal für seine Ausgeglichenheit und Ruhe, wollte ihn dann betrügen, tat es einmal und war über seine Geduld und sein verzeihendes Verständnis erst recht erzürnt. Ihr Vater hätte sie früher, als er noch zur Familie gehörte, dafür verprügelt. Dennoch hatten sie und Xaver gute Erfahrungen auch im Intimbereich miteinander. Dabei staunte Linda Wohlgemut über Xavers Fähigkeit – sozusagen zwischen den Zeilen seiner Ausführungen erkennbar – wochen- und mitunter monatelang sexuell abstinent sein zu können, wenn er keine Freundin hatte oder wenn die Freundin nicht wollte, und zu anderen Zeiten wiederum intensive, lange, dicht aufeinanderfolgende sexuelle Kontakte zu haben, je nach Bedarf und Laune seiner Angebeteten.

So einen Liebhaber hätten viele Frauen gern gehabt, aber diese Exemplare sind dünn gesät. Gar nicht beliebt ist ein Mann, der seine sexuellen Bedürfnisse zu bestimmten Zeiten „herunterspulen" muß und dazu nur eben mal einer Frau bedarf – im traurigsten Fall gleichgültig welche, wenn überhaupt eine Frau... Als Frau Wohlgemut im psychotherapeutischen Ambulatorium der Stadt gearbeitet hatte und sich gelegentlich mit Frauen im Frauenhaus befaßte, hatte sie dazu viel von ihnen erfahren. Die Männer ihrer Wahl hatten sie geschlagen, sexuell gequält oder die Kinder mißbraucht. Manche von diesen armen Geschöpfen trauerten trotz der Mißhandlungen ihren Quälern auch noch nach, manche kehrten gar zu ihnen zurück, obwohl sie wußten, daß sie dort dasselbe erwartete wie vor ihrer Flucht oder Errettung. Mitunter hatte die Polizei beziehungsweise das Jugendamt sie befreien müssen. Nachbarn hatten es nicht mehr mit ansehen und anhören können und gemeldet.

Linda wußte über die Wünsche der Frauen auch aus eigener Erfahrung Bescheid. Sie hatte einen Mann, der all das konnte, was einer Frau guttat: Warten, unaufdringlich werben, reden, zuhören, behutsam vorbereiten und zärtlich handeln. Ihr innerer Zustand, ihre Gefühle und Gedanken, ihre Wünsche, auch manchmal kindische, waren ihm wichtig. Zu anderen Zeiten wieder war er vom Beruf oder von Hobbys so eingespannt, oder von Freunden und Trinkgenossen, daß mit ihm nicht gerechnet werden konnte. Wenn er betrunken war, was gelegentlich vorkam, schlief er im Gästezimmer. Zu solchen Zeiten ging man sich am besten aus dem Weg.

Nicht wenigen Männern sind zwei so deutlich sich voneinander abhebende Gesamtzustände eigen, manche vereinen sogar mehrere in sich, aber Xaver schien immer nur in einem Zustand zu sein. Er war stets fröhlich, freundlich, aufmerksam und wohlwollend zu den Menschen, mit denen er zu tun hatte, ob alt oder jung, selbst zu Tieren und Pflanzen, auch Gebrauchsgegenstände und Bücher behandelte er zuvorkommend. Er kritzelte nichts an die Seitenränder der Bücher und bog keine Ecken ein, wie sie selbst das tat und ihm freiwillig lieber nicht eingestanden hätte. Doch das ging ja einen Analysanden ohnedies nichts an.

Vielleicht hatten seine beiden Schwestern auf Xaver abgefärbt, vielleicht war er auch von ihnen eingeengt worden. Allerdings ließ er keinerlei Anzeichen innerer Beengung erkennen. Sicher konnte auch er in Mißmut und Zorn geraten oder verzagt sein, das war Linda Wohlgemut klar, aber sie hatte es in seinen Erzählungen aus der Vergangenheit in den therapeutischen Sitzungen nie erfahren. Möglicherweise war das eine Auswirkung seiner glücklichen Kindheit. Ja, alles, was ein Mensch für ein gedeihliches Leben brauchte, war wohl eine glückliche Kindheit. Wieso war das so schwer zu haben und so selten? Was machen wir Menschen mit all unserer hochgetriebenen Zivilisation nur falsch?

Dann läutete es, und Xaver Tunichtgut kam. Sie reichte ihm die Hand, und er traf Anstalten, sich auf die Couch zu legen, die schon von den Rücken der vielen Patienten Dellen trug. So schien es Xaver jedenfalls. Manchmal, wenn die Pause zwischen den aufeinanderfolgenden Patienten besonders kurz geraten war, konnte man noch die Körperwärme des Vorgängers auf der Couch spüren. An zwei seiner drei Wochenstunden war das eine junge Frau, ein schüchternes, liebenswürdiges und ein wenig mickerig wirkendes Geschöpf. Sie wog keine fünfzig Kilo und hatte ein hübsches Gesicht, aber ihr ängstlicher Gesichtsausdruck verwischte das. In der dritten Wochenstunde dagegen war sein Vorgänger ein Mann von italienischem Aussehen, aber deutscher Muttersprache, der Reste seiner Körperwärme zurückließ, und diese mochte Xaver nicht so gern wie jene der jungen, zarten Frau. Gelegentlich hatte er in diesem Falle versucht, Frau Wohlgemut in ein Gespräch über einen zukünftigen Termin, den eventuellen Ausfall einer Sitzung oder über vorgesehene Urlaubszeiten zu verwickeln. Während sie verhandelten, saß er am Rande der Couch. Hinter dem Kopfende hatte Frau Wohlgemut ihren Sitz quer zur Couch und blickte normalerweise auf den liegenden Patienten über ihre rechte Schulter herab. Eigentlich ein merkwürdiges zwischenmenschliches Arrangement, dachte er flüchtig. Konnte da überhaupt etwas Gescheites herauskommen? Na ja, sie mußte es ja wissen.

Jedenfalls, während er kurzfristig auf der Couch saß und nun, groß wie er war, über seine linke Schulter auf seine Lehranalytikerin fast herabblickte, konnte die vom Vorgänger übriggebliebene Körperwärme sich verflüchtigen. Das Kissen, auf dem der Kopf des Patienten oder der Patientin ruhte, wurde von Frau Wohlgemut bei jedem Patientenwechsel umgedreht und ein neues Papiertuch darüber gebreitet. Freud hatte für seine Patienten zu seiner Zeit lediglich das Kissen umgedreht, und auch dafür sei der Anstoß, so hieß es, von einer Patientin gekommen. Papiertücher gab es damals noch nicht.

Frau Wohlgemut machte in der Regel ausführliche Pausen zwischen den Patienten, und zu solchen verzögernden Auseinandersetzungen kam es nur, wenn sich Patient und Psychoanalytikerin nicht rechtzeitig hatten voneinander trennen können. Letzteres war auch Xaver schon einmal passiert, damals, als er ausführlicher von seiner zweiten Freundin, der temperamentvollen Leona, gesprochen hatte und Frau Wohlgemut an der Alltagspraxis ihrer Liebesbeziehung anscheinend ein gesteigertes Interesse gezeigt hatte. Bereitwillig hatte er erzählt, aber Frau Wohlgemut hatte immer noch mehr wissen wollen. Es war jene Zeit, als er Leonas aufgrund ihrer Stimmungsschwankungen erstmalig ein klein bißchen überdrüssig geworden war und mehr auf Abstand gehen wollte. Wenn irgend möglich, wollte er ihr dabei jedoch nicht weh tun. Er war jederzeit bereit, sie wieder vorbehaltlos in die Arme zu nehmen, sobald ihre launischen Willensspiele sich beruhigten und ihre Absichten klarer wurden. Im Bett hatten sie auch zu solchen Zeiten keinerlei Schwierigkeiten miteinander gehabt, aber die Intervalle waren unregelmäßiger geworden. Leona bestimmte, er ging immer auf sie ein, und dennoch schien sie darunter zu leiden. Er hielt es aus.

In der letzten Zeit war ihm in der Inneren Abteilung eine junge Krankenschwester über den Weg gelaufen, mit der er im Auftrag seiner psychiatrischen Klinik Kontakt zu halten hatte. Sie hieß Bärbel Schlecht, eine Unschuld aus der Kleinstadt, warmherzig, staunend und des öfteren auf kindliche Weise amüsiert. Sie schien Xaver aus der Ferne zu bewundern. Zu seiner eigenen Überraschung merkte er, daß sie seiner Schwester Antje ähnlich sah, und zu allem Überfluß auch noch seiner Analytikerin Linda Wohlgemut. Wenn aber jemand zwei anderen Personen gleicht, dann müßten doch auch diese anderen beiden Personen einander gleichen. Anders gesagt, seine Schwester Antje und seine Lehranalytikerin Linda sahen einander ähnlich, er hatte es lediglich bis jetzt nicht bemerkt.

Linda Wohlgemut war allerdings kleiner als Antje, kleiner noch als seine ältere Schwester Zilli, aber Linda hatte für ihn die Rolle einer Mutter oder einer älteren Schwester eingenommen, halb Mutter und halb Schwester vielleicht, wie es auch ihrem mutmaßlichen Alter entsprechen würde. Er schätzte sie zehn, fünfzehn Jahre älter als er, sie wirkte jedoch jünger.

Wieso hatte er diese Ähnlichkeit Lindas mit Antje nicht früher bemerkt? Weil er innere Widerstände gegen seine Liebe zu Antje hatte? Das hätte Linda ihm vielleicht prophezeit, wenn er sie gefragt hätte. Aber warum sollten solche Widerstände in ihm entstanden sein? Weil ihm seine Liebeswünsche von den Eltern verboten worden waren, hätte sie geantwortet. Aber er konnte sich an nichts erinnern, was er je von Antje gewünscht und nicht bekommen habe. Dann hätte er sich also etwas von der großen Schwester oder von der Mutter gewünscht, was er nicht bekommen konnte...?

Nun ja. Ob solche Argumente nicht trivial waren? Vielleicht konnte sie ihm das eines Tages noch erklären, aber im Augenblick meinte Xaver, eine viel einfachere Erklärung dafür zu haben. Er hatte die Ähnlichkeit Lindas mit Antje bisher nicht bemerkt, weil er Linda nicht hatte ansehen dürfen. Weil er von ihr abgekehrt liegen und vor sich hinschauen sollte.

Um dieses Argument zu prüfen, wollte es Xaver diesmal anders halten, und so legte er sich nicht wie bisher mit dem Rücken auf die Couch, wie es wohl auch alle anderen Patienten konventionsgemäß taten, sondern auf den Bauch. Er stützte seine Arme auf die Ellenbogen und den Kopf auf seine Hände, blickte ihr ins Gesicht und fragte: „Sie gestatten?"

„Was?" fragte Linda Wohlgemut.

„Daß ich mich diesmal so hinlege. Damit ich Sie besser sehen kann."

„Wenn Sie auf dem Rücken liegen, können Sie mich nicht sehen?"

„Nur kurzfristig und mühsam, und dabei muß ich mich verrenken. Kein Vergleich mit dem, was ich jetzt habe."

„Auf die Dauer ist das keine bequeme Lage. Auf dem Rücken liegt man besser", meinte Linda Wohlgemut freundlich.

„Und warum soll man besser liegen?"

„Weil Sie sich mehr entspannen können, Ihren Gefühlen und Gedanken freien Lauf lassen können, oder?"

„Warum muß man überhaupt liegen?" fragte Xaver lachend.

„Warum wohl?" fragte Linda nach einer kleinen Pause.

„Dazu würde ich gern Ihre Meinung hören. Sie verlangen ja diese Lage, haben wohl den Auftrag Ihres Vereins, das so zu wünschen. Ich würde lieber Ihnen gegenübersitzen, manchmal aufstehen und umhergehen oder neben Ihnen hergehen. Die alten Griechen gingen gern in Schattenhainen spazieren, wenn sie über Gott und die Welt und sich selber sprachen."

„In all diesen Fällen wären wir viel zu stark von Ihrer Analyse abgelenkt, als so auf der Couch, in einem ruhigen Raum."

„Ich nicht", lachte Xaver.

„Dann vielleicht ich", antwortete Frau Wohlgemut, immer noch freundlich, aber ihr Gesichtsausdruck war ein wenig ratlos.

„Ich bleibe ja hier und auf der Couch", erläuterte Xaver, „aber ich möchte Sie gern sehen, während ich Ihnen von mir erzähle und meinen Gedanken und Gefühlen freien Lauf lasse."

„Wollen Sie sich dann nicht lieber den Lehnstuhl nehmen und sich mir gegenübersetzen?" Sie wies auf ein Pendant zu ihrem Lehnstuhl hin, drüben an der Zimmerwand.

„Noch lieber würde ich so liegen bleiben und Sie ansehen dürfen. Das weicht weniger von Ihrer Vorschrift ab, als wenn ich Ihnen gegenübersitze."

Linda Wohlgemut schwieg dazu, aber sie nickte und machte

eine einladende Geste. Danach war eine Weile Stille. Xaver ließ seine Blicke schweifen, sah schließlich vor sich hin, hatte nun die Beine von Linda im Blickfeld und sagte schließlich:

„Auch wenn der Patient auf dem Rücken liegt, darf er sich doch wohl umdrehen und die Analytikerin anblicken. Oder darf er das eigentlich nicht?"

„Doch", erwiderte Linda.

„Wenn Ihr Behandlungszimmer nicht genug Raum böte, daß Sie am Kopfende der Couch sitzen können, dann würden Sie wohl auch an der Seite sitzen müssen, so daß Ihr Analysand Sie seitlich im Gesichtsfeld hat. Zufällig weiß ich, daß Dr. Schmirgel zwar am Kopfende der Couch, aber neben seinen Analysanden sitzt. Ist das erlaubt?"

„Gewiß", entgegnete Frau Wohlgemut, „aber für manche Analysanden ist eine solche stärkere Exposition des Psychoanalytikers für den Verlauf der Psychoanalyse nicht so günstig."

„Ich könnte fragen: Für welche Analysanden denn? Wie viele sind das im Verhältnis zur Gesamtheit? Doch ich möchte Sie nicht in Verlegenheit bringen. Meines Wissens sind Psychoanalytiker ohnedies schwach, wenn es um Details geht. Tatsächliches Verhalten und Häufigkeitsangaben meiden sie, wo sie nur können. Doch wenn der Psychoanalytiker sinnlich, was die Wahrnehmung des Analysanden betrifft, sowenig wie möglich exponiert sein soll, wie wäre es dann damit, den Analytiker im Dunkel zu belassen oder ihn in einer separaten Kabine unterzubringen? Wenn er unbedingt den Analysanden sehen muß, selbst aber nicht gesehen werden will, so kann man das ja heutzutage technisch einrichten."

„Das wäre aber zu umständlich und auch nicht nötig. Der Psychoanalytiker darf natürlich gesehen werden, aber je weniger der Analysand davon Gebrauch macht, desto besser ist es im allgemeinen für den therapeutischen Fortschritt und Verlauf."

„Ich habe zu Hause einen gepolsterten Krankenstuhl, der auf Rollen ruht. Er kann leicht geschoben und gedreht werden. Außerdem kann man ihm das Kopfende von der Waagrechten bis zur Senkrechten verstellen und das Fußende von der Liegeebene bis zum Boden senken, also herunterklappen. Dadurch ist jede

Kombination, ob im Sitzen oder Liegen, ob mit herabhängenden oder aufgestellten oder ruhenden Beinen möglich. Wäre das nicht ein würdiges Experimentiergerät? Sie oder ich oder einvernehmlich wir beide könnten meine Liegelage variieren. Ich könnte aufrecht sitzen oder mich schräg zurücklehnen oder liegen, und der Krankenstuhl als ganzes könnte beliebig gedreht werden, so daß ich von Ihnen abgewandt oder Ihnen leicht zugewandt oder ganz und gar Ihnen zugewandt bin, wie der Vollmond. Was halten Sie davon?"

„Was wollen Sie denn damit demonstrieren?"

„Welcher Grad des Anblicks seines Psychotherapeuten dem Klienten jeweils am angenehmsten wäre und welche Liegelage er möchte, oder sie."

„Meinen Sie mich?" fragte Frau Wohlgemut.

„Nein, der Klient oder die Klientin. Aber auch der Therapeut kann natürlich mitreden und mitbeobachten, kann die Beziehungen zu bestimmten Gesprächsthemen oder Konflikten verfolgen, ja sogar die Wirkungen der therapeutischen Interventionen einzuschätzen versuchen..."

„Das wäre aber recht umständlich einzurichten und würde schon dadurch den Verlauf der Psychotherapie beeinträchtigen."

„Nein, das wäre ganz leicht einzurichten. Der Krankenstuhl, den ich zu Hause habe, kann vom liegenden oder sitzenden Patienten selbst verstellt werden. Außerdem kann er mit den Beinen auch aus der horizontalen Lage jederzeit zum Boden hinunterlangen und den Stuhl bewegen und drehen. Seine Liegelage und sein Blickfeld sind beliebig veränderbar."

„Heißt das, Sie möchten Ihren Krankenstuhl zu mir in die Praxis bringen?"

„Er ist zwar zusammenklappbar und leicht zu transportieren, aber das habe ich nicht gemeint. Ich möchte niemand inkommodieren, und ich möchte auch keinen Ihrer Patienten in Versuchung bringen. Ich meine das alles mehr prinzipiell. Mir genügt hier, was Sie zu bieten haben. Ich probiere aber gern die Möglichkeiten eines Angebotes aus. Im Alltag staunt man manchmal, welche Möglichkeiten klar zutage liegen und dennoch nicht erkannt werden."

„Ihre Drehung von der Rückenlage in die Bauchlage wäre eine solche Probe?"

„Ja, wenn ich Sie damit nicht unglücklich mache."

„Das tun Sie nicht, aber ich gebe zu, daß mir diesen Vorschlag ein Analysand zum ersten Mal macht."

„Dann ist es auch für Sie eine Probe, und der Volksmund meint, Probieren geht über Studieren."

Linda Wohlgemut nickte, blickte Xaver an und nach einer Weile an ihm vorbei. Dabei drehte sie auch den Kopf zur Seite und zeigte ihm ihr Profil, das rechte Ohr ihm zugewandt, als ob sie nun besonders gut hören wollte, was er zu sagen hätte.

Ihm wurde plötzlich doch ein wenig unbehaglich. Mutete er ihr zuviel zu? Würde ihr eine logische Erklärung vielleicht helfen? So sagte er schließlich: „Hier sollen doch Patienten sagen, was ihnen einfällt, was sie denken und fühlen, was sie sich wünschen und erhoffen, auch vom Psychotherapeuten in der sogenannten Übertragung. Mein Einfall war, daß ich Ihre Kommentare und Deutungen unter Umständen besser verstehen könnte, wenn ich Sie von Angesicht zu Angesicht sehe."

„Verstehen Sie sie nicht gut genug?"

„Doch, aber mir könnte ja etwas an einer Frage oder an einer Bedeutung entgangen sein, das mir Ihr Gesichtsausdruck oder eine Geste vermitteln würde. Ich könnte mir auch vorstellen, daß meine Einfälle manchmal anders liefen, wenn ich Ihre Gefühlsreaktionen erkennen könnte. Oder meinen Sie, daß aufgrund der ‚Stoa', der sogenannten ‚Abstinenz', zu der Sie sich verpflichtet fühlen, nichts davon verraten werden dürfe?"

„Was meinen Sie?" fragte Linda Wohlgemut fast zaghaft.

„Ich meine, ich würde mehr erfahren. Warum ich das meine? Weil ich glaube, daß ich beispielsweise aus Ihrem Anblick – etwa beim Abschied nach einer Sitzung – schon mehr erfahren habe. Manchmal sind Sie zufrieden mit mir, manchmal weniger. Gelegentlich bemerke ich Skepsis, mitunter Sorge, doch im großen und ganzen meine ich, daß Sie mir gewogen und mit mir zufrieden sind. Sind Sie das manchmal?"

„Ja."

„Oft?"

„Ja."

„Und das darf ich wissen?"

„Ja. Sonst hätte ich es Ihnen wahrscheinlich nicht gesagt."

Nun war Xaver ein paar Sekunden lang perplex, aber dann meinte er: „Das wäre doch ein Beleg dafür, daß die Begegnung mit wechselseitigem Anblick gewisse Vorzüge hätte."

„Ja. Gut", antwortete Linda Wohlgemut. „Ich glaube, wir sind im Einvernehmen", und nach einer kleinen Pause, in der Xaver ihre Zustimmung zu genießen schien, fragte sie: „Warum sprachen Sie vorhin übrigens von der sogenannten Abstinenz des Therapeuten und von der sogenannten Übertragung? Warum sogenannt?"

„Weil diese Begriffe im Alltag und auch in anderen Fachwissenschaften zum Teil andere Bedeutungen haben."

„Welche denn?"

„Übertragung kann zum Beispiel Eigentumsübergang bedeuten oder Übergabe von Autorität und Verantwortung. Außerdem sind sich die Psychoanalytiker nicht einig, ob mit ihrer Übertragung ein Phänomen gemeint ist, das es nur in der Psychotherapie oder gar nur in der Psychoanalyse gibt oder ob es sich um ein ganz allgemeines Phänomen handelt, das auch im Alltag vorkommt. Das psychotherapeutische Phänomen ist nur ein Sonderfall des allgemeinen Phänomens. Es bezieht seine Eigenart aus der einseitigen Personenbeziehung in der Psychotherapie, in der der Klient alles und der Therapeut nichts über sich selbst erzählen soll. Ähnliches könnte man für den Begriff der Abstinenz geltend machen."

„Könnte man sagen, daß Übertragung und Abstinenz Fachausdrücke sind?" fragte Frau Wohlgemut.

„Selbstverständlich kann man das sagen. Sie sind allerdings recht ungenau definiert. Wenn man Psychoanalytikern in Falldarstellungen zuhört, meinen sie mit Übertragung eine emotionale Zuwendung des Patienten zum Psychotherapeuten überhaupt, also zum Beispiel Wärme, Liebe, Verliebtheit, Furcht oder Haß, aber auch emotionale Reaktionen auf die Person des Psychotherapeuten, zu denen ihnen jener keinen unmittelbaren

Anlaß gegeben hat. Ein Patient könnte etwa glauben, der Therapeut ärgere sich oder könne ihn nicht leiden, argwöhnen, man könne dem Therapeuten nicht voll vertrauen. Ein andermal ist mit Übertragung jene Person aus dem Leben des Patienten gemeint – zum Beispiel Mutter, Vater oder Geschwister, Großmutter oder ein alter Freund –, mit welcher der Patient den Psychotherapeuten emotional in der zwischenmenschlichen Beziehung ‚verwechseln‘ mag. Der Patient erlebt den Therapeuten und verhält sich zu ihm so wie zu seiner Mutter, dem Vater oder der Schwester. Andererseits können damit auch jene Phantasien gemeint sein, die der Patient zur Person und Lebenssituation des Psychotherapeuten entwickelt hat, etwa daß er mit einer ihn ausnützenden Frau verheiratet ist, mißratene Söhne hat, daß seine Frau keine Kinder bekommen könne, daß er politisch ganz links oder ganz rechts stünde ... Solche Phantasien können vielleicht auf Indizien fußen, die dem Patienten zufällig bekanntgeworden oder aufgefallen sind, oder es handelt sich um eigenständige Vorstellungen des Patienten.

Das Bedauerliche in solchen psychoanalytischen Falldarstellungen ist, daß die Berichterstatter nicht sagen, welchen dieser Aspekte des Begriffs Übertragung sie im Auge haben. Oft lassen sie alle Aspekte ineinanderschwimmen, als ob sie eine Klarheit gar nicht anstreben. Wenn dann jemand daran Anstoß nimmt, deuten sie lieber dessen mögliche Motive, als daß sie sich die Kritik zu Herzen nehmen.“

Xaver überlegte nach dieser längeren Rede, ob er auch gleich noch etwas zum Begriff der Abstinenz hinzufügen solle, als ihn Frau Wohlgemut mit der Bemerkung überraschte: „Ich stimme Ihnen zu. Ich sehe das so ähnlich wie Sie.“

„Dann brauche ich Ihnen über den Begriff der Abstinenz gar nichts mehr zu sagen“, erwiderte Xaver erfreut.

„Sie brauchen nicht, aber Sie können, wenn Sie wollen“, entgegnete Frau Wohlgemut, und nach einer Pause, in der Xaver sich überlegte, ob es nicht schon genug des Theoretisierens sei – er glaubte zu wissen, daß der Gebrauch von Fachausdrücken in der Psychotherapie und Psychoanalyse, selbst in der Lehranalyse, unangebracht sei und von der eigentlichen therapeutischen

Arbeit ablenke –, faßte er doch auch noch seine Meinung über den Begriff der Abstinenz zusammen. Er sagte:

„Die Abstinenz des Psychotherapeuten reicht von der Versagung aller Mitteilungen des Psychotherapeuten über seine eigene Person, seine Lebens- und Berufssituation und über die Vermeidung persönlicher Kontakte außerhalb der Psychotherapie bis zur Vermeidung geschäftlicher, freundschaftlicher und erst recht intimer Beziehungen mit Patienten. Die emotionale Anteilnahme an der Person und den Anliegen der Patienten ist dem Psychotherapeuten erlaubt, denn sie ist für das psychotherapeutische Verständnis, die therapeutischen Interventionen und Einflußnahmen notwendig. Doch darf diese emotionale Zuwendung nicht von Wünschen, Hoffnungen oder Befürchtungen geleitet werden, welche der Patient im Psychotherapeuten wachruft oder die dieser vielleicht immer schon gehegt hat. Der Psychotherapeut darf für sich nichts von seinen Patienten wollen und muß seine Neutralität wahren. Daß er ein Honorar verlangt, ist Teil des Geschäftskontraktes, eine Formalität des psychotherapeutischen Arbeitsbündnisses. Auch hier sind Psychotherapeuten und Psychoanalytiker im Detail oft sehr unterschiedlicher Auffassungen und geben sich selbst mitunter merkwürdige und weitreichende Lizenzen. Manche lassen sich beispielsweise auch durch Krankheit des Patienten ausgefallene Sitzungen bezahlen. Von gelegentlichen Abstinenzverletzungen waren nicht einmal die Väter der Psychotherapie und Psychoanalyse ausgenommen, und auch die Mütter der Psychoanalyse haben da ein wenig auf dem Kerbholz. Allerdings standen sie zunächst ganz im Schatten der Väter, obwohl den Frauen Psychotherapie von Natur aus mehr liegen mag als Männern. Darum habe ich mir ja auch eine weibliche Lehranalytikerin gewählt..."

Während er das sagte, hatte Xaver allmählich seine körperliche Position geändert. Die Hände, die seinen Kopf gestützt hatten, waren ihm eingeschlafen. Zuletzt hatte er die rechte Schulter gehoben, die linke gesenkt und den Kopf zur rechten Seite gedreht, so daß er Frau Wohlgemut nicht mehr anblicken konnte. Sein linker Arm lag unter seinem Kopf, die Bauchlage hatte er beibehalten.

Frau Wohlgemut nahm Xavers veränderte Lage mit einem stillen Lächeln zur Kenntnis, das er nicht sehen konnte. Nach kurzem Schweigen, das es dem Analysanden gestatten sollte, seine neue Körperlage zu empfinden und eventuell noch einmal abzuändern – doch das tat er nicht –, sagte sie: „Ihren Ausführungen über die psychotherapeutische Abstinenz stimme ich zu. Sie haben das klar dargelegt."

Wieder schwieg sie, und da er offenbar im Augenblick nichts zu sagen hatte, fragte sie: „Wieso haben Sie gerade heute in Ihrer Psychoanalyse die Liegelage, wie sie es genannt haben, aufgegriffen? Haben Sie dazu eine Meinung? Fällt Ihnen etwas ein?"

Xaver fiel seine Bärbel Schlecht ein, die junge Krankenschwester an seinem Arbeitsplatz, die ihn gelegentlich beschäftigte. Was für ein niedliches Ding, dachte er jetzt, aber will denn ein Mädchen oder eine junge Frau ein „niedliches Ding" sein? Und wollte er ein niedliches Ding als Gefährtin haben? Er glaubte, die Frage verneinen zu müssen, aber plötzlich hörte er sich sagen: „Warum denn nicht?"

„Ja?" fragte Linda Wohlgemut. „Wie meinen Sie das?"

Und nun holte Xaver Tunichtgut aus. Er sprach über seine jüngere Schwester Antje, die bei näherer Betrachtung ebenfalls ein niedliches Ding war, aber das hatte er erst zu registrieren begonnen, als sie so groß – und größer – wie seine große Schwester Zilli geworden war. Konnte jemand Großes niedlich sein? Ja, war seine Antwort, und Antje war es eigentlich immer schon gewesen. „Ding", das war etwas Verkleinerndes, Kindhaftes, Puppenhaft-Hübsches, und „niedlich" war nicht nur optisch gemeint, das auch, sondern es bezog sich auf den Charakter. Antje war treuherzig, anhänglich, anlehnungsbedürftig, suchte Anerkennung und Bestätigung für das, was sie tat, und manchmal verstand sie selbst erst, was sie getan hatte, wenn sie dafür irgendeine Anerkennung bekam. Xaver war das lange Zeit entgangen, dennoch hatte er Antje genug von dem angedeihen lassen, was sie unbewußt von ihm wollte. Sie war ganz von ihm eingenommen und gab viel auf das, was er sagte und riet.

Zilli war im Vergleich dazu eine Person, die völlig unbekümmert um Absichten und Erkenntnisse anderer Menschen immer wußte, was sie wollte. Sie übte über Xaver eine gewisse Kontrolle aus, nicht so sehr auf ihren eigenen Vorteil bedacht als fürsorglich und altruistisch. Xaver war sich sicher, daß sie ihm eigentlich immer wohlgesonnen war, selbst wenn es manchmal nicht von Anfang an so aussah. Er seinerseits spürte für Zilli fast etwas wie Verehrung, mehr noch für seine Mutter und ein bißchen auch für die kleine Antje, nicht ohne Gefühle der Rührung. Er verehrte die Weiblichkeit und schätzte intimeren Zugang zueinander, wie ihn Frauen haben, von dem er meinte, daß er selbst nicht darüber verfüge, aber er wollte doch gern da mit einbezogen sein.

So geschah es auch, und er teilte mitunter auch die tiefsten Geheimnisse seiner Schwestern. Zilli vertraute ihm ihre erste Verliebtheit an, als sie zwölf Jahre alt war und ein neuer Junge in ihre Klasse kam. Xaver wurde verpflichtet, darüber absolutes Stillschweigen zu bewahren, und das tat er auch, er konnte nicht anders. Versprechen, die er seinen Schwestern gegeben hatte, waren ihm heilig. Sogar von Zillis erster Menstruation erfuhr er vielleicht noch vor der Mutter.

„Haben Ihre Schwestern Sie manchmal auch sexuell angeregt oder erregt?" fragte Frau Wohlgemut.

„Beides. Manchmal. Gewiß", war Xavers Antwort. „In der Badewanne, beim Schwimmen im Freien, beim Umkleiden oder Entkleiden anläßlich solcher Gelegenheiten. Doch", antwortete er nachdenklich. Gelegentlich hätten sie sich alle drei nackt im Garten herumgetrieben, in den Büschen versteckt und „Paradies" gespielt.

„Aber es wurde nicht viel daraus?" erkundete Frau Wohlgemut behutsam.

„Was hätte daraus werden sollen? Kindlicher Geschlechtsverkehr unter Geschwistern? Ich glaube, darauf waren wir alle gar nicht angelegt. Ich schämte mich, wenn ich merkte, daß mein Glied erigiert war, verbarg es, entfernte mich oder schlug mich in die Büsche. Wie glücklich sind da die kleinen Mädchen, bei denen nicht gleich eine ‚sexuelle Wetterfahne' ihre Stimmung schon auf Distanz verrät!"

„Haben Sie nie damit prahlen wollen?"

„Womit?"

„Mit dem erigierten Glied?"

„Beim Geschlechtsverkehr", erwiderte Xaver nach kurzem Nachdenken, „den beide sich wünschen und den sie ja in der Regel ungestört, ohne Zeugenschaft genießen wollen, ist es gut und wohl unentbehrlich, daß der Mann eine Erektion hat. Doch sollte die Frau ebenfalls in Stimmung und geneigt sein zu empfangen. Der Austausch ist am schönsten im taktilen Kontakt. Dabei kann es auch dunkel sein, viele wollen das sogar, manche wollen es immer dunkel haben. Aber mit einem erigierten Glied herumspazieren und es zur Schau stellen, das finde ich abstoßend. Mich wundert nicht, daß Frauen für männliche Exhibitionisten nichts übrig haben. Nein, ich finde das weibliche Genitale viel schöner als das männliche, egal ob das männliche Genitale liegt, hängt oder emporragt."

„Wirklich?"

„Absolut. Jawohl. Auch ist der Körper der Frau unvergleichlich schöner als der männliche. Deswegen sind wohl auch Darstellungen nackter oder teilweise entblößter Frauen viel häufiger zu sehen als Darstellungen des männlichen nackten Körpers. Ob Frauen das so wollen, daß der weibliche Körper in der Öffentlichkeit hoch ,im Kurs' steht, ist eine andere Sache. Die Frauen befürchten, daß Männern damit der Zugang zu ihrem wahren Wesen weder angeregt noch erleichtert, sondern letztlich eher erschwert wird. Diese Abbildungen fördern die Pornographie, die wurzellosen Phantasien der Männer und ihre Selbstbefriedigung. Sie entmutigen Männer, um die Frau zu werben, lassen ihr Interesse an der weiblichen Persönlichkeit erlahmen. Frauen wollen nicht gedrängt, nicht genötigt, nicht gezwungen und nicht erpreßt werden, aber manche Männer scheinen es nicht anders zu wollen oder zu können. Wenn möglich, machen Frauen um solche Männer lieber einen Bogen."

„Viele Frauen würden sich über Ihre Äußerungen freuen", meinte Linda Wohlgemut. „Sie sprechen wie ein Advokat ihres Glücks. Die Frauen, mit denen Sie in engeren Beziehungen stehen, scheinen es gut zu haben und zufrieden zu sein. Auch Sie sind wohl zufrieden mit Ihren Frauen. Hat es Zeiten gegeben, in denen Sie sich von Frauen vernachlässigt oder verlassen gefühlt haben?"

„Mit zwei Schwestern wäre das schwer. Wenn die eine nicht da ist, ist die andere da und freut sich darüber. Ich glaube, ich war immer der Hahn im Korb. Sie haben mich teilen müssen. Ich konnte beide haben und von einer zur anderen gehen."

„Oder kann es sein, daß Sie manchmal mehr Liebe und Anteilnahme von Ihrer Mutter ersehnt haben? Vom Vater vielleicht?"

„Mutter und Vater gehörten zusammen. Das war uns Kindern klar. Sie hatten eine ruhige Beziehung zueinander und zu uns. Da brauchte es nicht vieler Worte. Ich kann mich nicht erinnern, von meinem Vater oder von meiner Mutter jemals etwas nicht bekommen zu haben, das ich haben wollte. Ich glaube, ich wollte auch nicht viel oder jedenfalls nichts Besonderes. Spielsachen oder Sportgeräte wie Fahrräder, Schi oder Tennisrackets waren da oder kamen zu Weihnachten oder wurden bei günstigen Gelegenheiten gekauft."

„Eifersucht unter den Kindern um die Gunst der Mutter oder des Vaters gab es nicht?"

„Im Scherz, ja. Zilli und Antje kämpften als Kinder darum, wer am Sonntag morgens im Ehebett in der Mitte zwischen Vater und Mutter liegen durfte. Die andere mußte am Bettrand neben dem Vater liegen. Mir wurde der Platz am Bettrand der Mutter zugewiesen."

„Sie selbst durften nie in der Mitte liegen?"

„Doch, ein- oder zweimal. Ich nahm das nicht so ernst. Zilli und Antje kicherten viel und machten ein Theater daraus. Wenn sie dann auf ihren Plätzen lagen und keine Fragen mehr hatten und die Eltern ihnen nichts erzählten, dann malten sie sich aus, was sie tun würden, wenn sie mit Vater verheiratet wären, manchmal auch, wen sie heiraten möchten und was der Vater dazu sagen würde. Später kam dann mehr das Interesse für Nachbarschaft oder Verwandtschaft, für andere Kinder und ihre Eltern, zuletzt für Sport und sogar Politik zur Sprache."

„Und Sie wollten nie mit der Mutter verheiratet sein?"

„Ich sah ein, daß ich zu klein war und daß ich eher eine meiner Schwestern – besser noch: eine Freundin meiner Schwestern oder jemand, den ich jetzt noch gar nicht kannte – heiraten würde. Familienmitglieder heiraten einander nicht. Vater und Mutter kamen ja auch von verschiedenen Familien und hatten einander als Kinder nicht gekannt. Das leuchtete uns ein."

Frau Wohlgemut hatte den Eindruck, daß Xaver entweder wirklich nichts zu verbergen hatte oder daß er einfach noch nicht so weit war, daß er sich darauf einlassen wollte. Das war ihm vorerst gegönnt. Aber warum wollte er in der therapeutischen Beziehung gerade jetzt eine so drastische Veränderung der „Sitzordnung" propagieren? So griff sie noch einmal die Frage auf, wieso Xaver ausgerechnet heute sein Experiment mit der Bauchlage gestartet hatte und was er mit seiner Äußerung „Warum denn nicht?" konkret gemeint habe.

Nun gestand Xaver, daß er an Bärbel Schlecht gedacht hatte und es für möglich hielt, daß er in sie verliebt war. Aber kann man sich denn als Arzt mit einer Krankenschwester einlassen, noch dazu mit einer acht Jahre jüngeren naiven, fröhlichen Person am gleichen Arbeitsplatz. Darauf hätte sich seine Äußerung bezogen. Und mit der Bauchlage des Patienten in der Psychoanalyse hing das vielleicht insofern zusammen, weil er heute beim Anblick von Frau Wohlgemut ihre große Ähnlichkeit mit seiner Schwester Antje und zugleich mit Bärbel Schlecht erstmalig bemerkt hatte.

„Würde das heißen, daß Sie in dieser Sitzung mich anschauen können wollten, um dabei herauszufinden, ob Sie mit Bärbel Schlecht Kontakt aufnehmen sollen oder nicht?"

„Das klingt ein bißchen an den Haaren herbeigezogen", antwortete Xaver, „aber es stimmt." Und dann klügelten die beiden miteinander aus, daß Xaver sich ursprünglich ganz an Zilli ausgerichtet hatte und dies durch seine Beziehung zur Therapeutin noch gefördert wurde. In ihr sähe er manchmal etwas wie seine Mutter, manchmal eine ältere Schwester. Im Laufe der bisherigen Psychoanalyse könnten ihm aber Mutter, Zilli und die Therapeutin mitunter als zu bedrückend erschienen sein. Im Vergleich zu anderen Männern hätten ihm alle drei wohl zu viel Ehrfurcht vor den Frauen eingeflößt. So viel Ehrfurcht verdienten sie gar nicht, das tat den Frauen selbst nicht gut – das könnte er unbewußt beschlossen haben. Gäbe es denn irgendwo einen Menschen, der gelegentlich auch unbekümmert und verantwortungslos sein wolle? Jemand, um den Xaver sich kümmern und für den er Verantwortung übernehmen könne? Ein Mädchen oder eine Frau, die ihn bräuchte, nicht er sie?

Dabei stellte sich heraus, daß Xavers Mutter die ältere Schwester zweier Brüder war, sie selbst, Linda Wohlgemut, die ältere Schwester eines Bruders, das teilte sie ihm ungefragt mit. Xaver gab zu, daß er getreu den Erwartungen seiner Psychoanalytikerin nicht danach gefragt hätte, aber auch dazu könne er jetzt nur ausrufen: „Warum denn eigentlich nicht?" Jedenfalls fiel Linda Wohlgemut, so meinte Xaver, mit der Preisgabe eines sachlichen Details ihrer Kindheit kein Zacken aus der Krone.

Auch über die Väter in der Familie unterhielten sie sich kurz, insbesondere über seinen Vater und den Vater seiner Mutter. Sein Vater hatte eine jüngere Schwester, aber in Xavers Erinnerung gab es, wenn er nachdachte, auch noch eine ältere Schwester, die als Kind an Diphtherie starb. Der Vater dürfte damals erst ein oder zwei Jahre alt gewesen sein. Darüber wollte Xaver ihn bei Gelegenheit näher befragen. Xaver wußte das nur von Zilli, und ihr hatten es die Eltern seines Vaters einmal erzählt. Die Großmutter hätte dabei geweint, und der Großvater sei sehr ernst gewesen. Zilli glaubte damals, daß man die Großeltern nicht weiter dazu befragen dürfe, man erspare ihnen besser dieses Leid. Beide Großeltern väterlicherseits waren längst verstorben, aber der Vater konnte ja noch Auskunft geben, ihm würde das nicht mehr so weh tun. Das meinte auch Frau Wohlgemut.

Der Vater seiner Mutter war der einzige Sohn einer Industriellenfamilie gewesen. Von ihm kam ihr Vermögen, das sie mit in die Ehe brachte. Ihr Vater hatte seine Tochter reichlicher als die beiden Söhne bedacht. Er liebte sie sehr, auch heute noch. Er lebte in einem nahen, vornehmen Altenheim, in dem ihn die Mutter Xavers oft und der Rest der Familie gelegentlich besuchte. Seine Frau, Xavers Großmutter mütterlicherseits, war vor drei Jahren gestorben.

Frauen dürften zwar in Xavers Familie tonangebend gewesen sein, doch gab es auch Vorbilder für väterliche und brüderliche

Männer: einer war der Vater selbst in der Beziehung zu seiner jüngeren Schwester. Die ältere, früh verstorbene Schwester war für ihn nur eine sehr kurze Erfahrung gewesen, mehr Legende als Wirklichkeit. – Der zweite war der Großvater mütterlicherseits in der Beziehung zu Xavers Mutter, der materiell großzügig für seine Tochter gesorgt hatte.

Die Rolle des älteren Bruders hatte Xaver vielleicht immer schon auch selbst praktizieren wollen, dazu aber hatten ihm weder Zilli noch seine Mutter noch die Analytikerin genügend Anlaß gegeben, es bedurfte sozusagen eines Wechsels des Personentyps, um sich damit auch durchzusetzen. Seine stärkeren Gefühle für seine Schwester Antje und seine Verliebtheit in Bärbel Schlecht seien ein neuer Anfang. Er wolle es zumindest versuchen – wo er schließlich bleiben werde, wisse er noch nicht, vielleicht doch beim neuen Typ Frau? Denn ein gewisser Bruch mit dem alten Typ sei möglicherweise erforderlich, und das versuche er zuerst bei ihr, faßte Frau Wohlgemut zusammen. Auch sie werde sich mit weniger Gewogenheit und Gehorsam begnügen müssen. Ebenso Zilli, die Mutter und Leona, die temperamentvolle Freundin, deren er in der letzten Zeit müde geworden war. Neue Chancen hätten bei ihm seine Schwester Antje, Bärbel Schlecht und vielleicht noch jemand anderes, den er hier gar nicht erwähnt hatte.

Xaver fiel dazu die ängstliche Patientin Frau Wohlgemuts ein, die an zwei der drei wöchentlichen psychoanalytischen Sitzungen seine Vorgängerin war, aber er sagte nichts. Einen Augenblick lang hatte er seine Psychoanalytikerin sogar im Verdacht, daß sie ihre Termine mit den Patienten so legte, daß manche einander im Wartezimmer begegnen mußten. Vielleicht redeten sie dann miteinander und entspann sich etwas zwischen ihnen, dachte sie allenfalls. Man stelle sich vor, eine Patientenbeziehung unter der Vorsorge und Ägide ihrer gemeinsamen Therapeutin. Wollte Frau Wohlgemut Schicksal spielen und diesem zaghaften Mädchen einen lustigen und aussichtsreichen Verehrer verschaffen? Er hatte eigentlich nichts dagegen, sie schien ein liebes Geschöpf zu sein. Sie wußte noch nicht einmal, wieviel „Niedlichkeit" sie in sich hatte. Bärbel auch nicht, aber bei Bärbel war sie in voller Blüte, bei der Patientin – er wußte nicht einmal, wie sie hieß – war die Niedlichkeit noch keimhaft, mußte erst geweckt werden, und das war vielleicht gar nicht leicht.

Damit beendete Frau Wohlgemut die Sitzung, und Xaver Tunichtgut verabschiedete sich. Sie blieb noch eine Weile sitzen, machte einige Notizen und spürte einen leisen, kühlen Hauch im Raum wehen. Einen Hauch von Traurigkeit? Physikalisch fehlte immerhin Xavers Körperwärme. War er auf Abwegen? Würde sie ihn an Antje oder Bärbel verlieren?

Selbstverständlich hatte sie kein Anrecht auf irgendeine persönliche Hoffnung gegenüber Xaver Tunichtgut, sei es auch nur eine spätere, kollegiale Fortsetzung ihrer Bekanntschaft. Aber immerhin, bei zwei Träumen hatte sie sich in den letzten Wochen ertappt, in denen Xaver vorgekommen war, sublim und dezent, aber dennoch. Von anderen Patienten oder Patientinnen hatte sie bisher nie geträumt, nicht in vierzehn Jahren Praxis. Doch, fiel ihr jetzt ein, gelegentlich, wenn sie Angst um Patienten oder vor Patienten gehabt hatte. Patientinnen waren es gewesen, genauer gesagt. Drei oder vier in vierzehn Jahren.

Nein, die psychotherapeutische Arbeit ging ihr gut von der Hand, und das meiste, das sie sich davon an therapeutischem Fortschritt erhofft hatte, war früher oder später auch eingetreten. Oft viel später, soweit sie nach Beendigung der therapeutischen Behandlungen auch Rückmeldungen bekam.

Mit anderen Worten, sie geriet in ihrer psychotherapeutischen Arbeit wirklich nicht in amouröse Versuchungen, aber wäre es für manche Psychoanalytiker nicht besser, wenn sie gar nicht mehr in Versuchungen geraten könnten? Sollten sie nicht vielleicht sicherheitshalber schon das Alter von Eltern oder Großeltern ihrer Patienten erreicht haben? Oder endete im „Greisenalter" auch die fürsorgliche, die selbstlose Menschenliebe? Nein.

Kindliche Salondelikte?

Frau Melodie Markung hatte ihren zwölfjährigen Sohn Egon für eine Kindertherapiesitzung angemeldet. Egon sei in der Schule schlechter geworden, habe Freunde verloren, treibe sich teilweise allein herum und bringe Gegenstände nach Hause, von denen er behauptet, sie gefunden zu haben. Zu Hause sei er schweigsam. Irgend etwas scheine ihn zu bedrücken, aber er spreche nicht darüber.

Dr. Gustav Heiterkeit leitete eine kinder- und familientherapeutische Praxis in einer kleineren Großstadt an der Weser, in der sich Vertreter der hochkalibrigen Industrie, insbesondere Elektronik, angesiedelt hatten. Die Vereinbarung eines Termins für Egon Markung war Dr. Heiterkeits Sekretärin, Charlotte Muth, überlassen, sie hatte auch das Gespräch entgegengenommen und die Angaben der Mutter notiert.

Frau Muth war instruiert, Kinder und Eltern gemeinsam zum Erstgespräch einzuladen und, wenn der sogenannte „identifizierte Patient" in der Familie ein Kind war, mindestens einen Elternteil dazu zu bewegen mitzukommen. Am liebsten war es Dr. Heiterkeit, wenn die ganze Familie kam, selbst dann, wenn sich im Verlauf der Psychotherapie die Teilnehmerzahl verringern sollte. Manchmal blieben tatsächlich nur das Kind oder der Jugendliche übrig, mitunter auch die Eltern. Denn es erschien Dr. Heiterkeit für das Wohl der betroffenen Kinder wichtiger, daß die Eltern ihre Beziehung zueinander betrachteten und zu ändern versuchten.

Frau Markung hatte allerdings am Telefon behauptet, zu Hause sei alles in Ordnung, das Problem liege bei Egon allein. Ja, sie sei nicht einmal sicher, ob sie selbst Egon vorbeibringen könne, denn sie sei sehr beschäftigt. Notfalls würde ihn die Schwiegermutter bringen.

Hätte Dr. Heiterkeit noch an der städtischen Familienberatungsstelle gearbeitet, hätte er die Sekretärin angewiesen, darauf zu bestehen, daß die ganze Familie käme. Kein Familienmitglied sollte sagen können, daß es nicht von Anfang an eingeladen und einbezogen war. Wenn sie später beschlossen wegzubleiben, so war das ihre Sache. Damals hielt er diesen leichten Druck beim Zustandekommen der Beratung für vertretbarer als jetzt in seiner privaten Praxis. Der Grund dafür: An der städtischen Familienberatungsstelle waren Beratung und Behandlung für die Bürger der Stadt kostenlos. In seiner Privatpraxis hingegen hatte Dr. Heiterkeit die Erfahrung gemacht, daß einzelne Familienmitglieder auch später noch in die Behandlung nachgeholt werden konnten. Die inzwischen gewonnenen Einsichten der Teilnehmer konnten dabei hilfreich sein.

Insofern hatte er, was Familie Markung betraf, noch keineswegs akzeptiert, daß nur das Kind in die Behandlung kam. Wenn man nach einer oder einigen Sitzungen die Eltern oder die ganze Familie, also auch die Geschwister, oder eben mindestens einen Elternteil dazubat, so konnte es der Therapeut aus der bisherigen Situation belegen und begründen. Im Verlauf seiner sechsjährigen Praxis hatte er es nicht erlebt, daß nicht wenigstens ein Elternteil in einem solchen Fall bereit gewesen war zu kommen. Anderenfalls hätte er von seinem Recht Gebrauch gemacht, sie dringend einzuladen.

Die Geschäfte gingen recht gut. Medizinische Praxen, Kliniken und auch seine frühere Arbeitsstelle vermittelten ihm Klienten. Andere kamen auf private Empfehlung oder weil sie seine Adresse ausfindig gemacht hatten. Erst kamen die Patienten auf seine mehrwöchige Warteliste, doch Egon wurde von der Sekretärin schon nach vierzehn Tagen bestellt, da eine andere Behandlung krankheitshalber um vier Wochen verschoben worden war: das Kind der Familie hatte Scharlach bekommen.

Egon wurde von der Mutter vorzeitig im Wartezimmer abgeliefert. Sie hatte zwar Zeit gefunden, ihn herzubringen, aber warten konnte sie nicht. Nach Hause fahren sollte Egon allein mit Straßenbahn und Bus, hinterließ sie bei der Sekretärin, Frau Muth. Zum Abschied winkte sie Egon nur flüchtig zu. „Armer, hübscher Junge", dachte Frau Muth bei sich. „Viel Zärtlichkeit bekommt er nicht von ihr."

Etwas später holte Dr. Heiterkeit den „jungen Mann" aus dem Wartezimmer, in dem Egon eines der Magazine zu lesen begonnen hatte. Gemeinsam betraten sie den Therapieraum, der die Größe eines sehr geräumigen Wohnzimmers hatte. Bequeme, leichte und bewegliche Stühle mit Armstützen waren um einen niederen Tisch gruppiert. Dorthin steuerte Dr. Heiterkeit und lud Egon Markung ein, Platz zu nehmen, und zwar so, daß er die andere Hälfte des Raumes im Blickfeld hatte. Dort befand sich auf hellen Regalen allerlei Spielzeug, Puppen, Plüschtiere und etliche Kinderbücher. Davor lud eine niedrige Sitzgarnitur die Kinder ein, Platz zu nehmen, größere wie kleinere. Die Stühle, die aufgestapelt werden konnten, standen um den Kindertisch. Daneben erblickte Egon einen Puppenkinderwagen, ein Kinderauto und einen Lastwagen, groß genug, daß er darauf sitzen und ihn lenken konnte, und ein zweites Kind hätte noch auf der Ladefläche Platz gefunden. Daneben stand ein kleiner Arbeitstisch mit Werkzeug. An einer Wand befand sich eine kleine Sprossenwand, und in der Ecke lehnte ein aufklappbares Puppentheater. Eine aufziehbare Faltwand konnte den Raum im Bedarfsfalle unterteilen.

Egon Markung schien das alles zu überblicken, ehe er Platz nahm, dann schweifte sein Blick noch einmal über den Raum. Schließlich sah er Dr. Heiterkeit an, der sich ihm gegenüber niedergelassen hatte. Der gab ihm einen freundlichen Blick zurück und fragte nach einer kleinen Pause: „Was gibt es, Egon? Warum hat man dich zu mir gebracht?"

Egon zog die Schultern hoch und neigte den Kopf zur Seite, offenbar um zu bekunden, daß er das nicht oder nicht genau wüßte. Nach einer Weile sagte er: „Weil ich in der Schule schlechte Noten bekomme."

„Waren sie früher besser?"

Egon nickte.

„Wo hast du dich denn verschlechtert?"

„In Deutsch und Geschichte."

„Eigentlich keine besonders schwierigen Fächer. Oder?"

„Nein."

„Was sind denn dann schwierige Fächer?"

„Mathematik und Englisch."

„Dort haben sich deine Noten nicht verschlechtert?"

„Etwas, aber nicht besorgniserregend", antwortete Egon mit einem ersten Lächeln, und es klang, als ob er jemanden imitiere.

„Gibt es noch andere Gründe, warum man möchte, daß du dich mit jemandem aussprichst und dich vielleicht beraten läßt?"

„Ich weiß keine."

„Und wenn du gründlich darüber nachdenkst? Wenn du dir vorzustellen versuchst, was deine Eltern für Gründe haben könnten, dich zu mir zu schicken?"

„Vielleicht weil ich Sachen nach Hause bringe." Egon hob die Schultern, als sei er im Zweifel.

„Was für Sachen sind denn das?" fragte Dr. Heiterkeit freundlich.

„Ein Buch. Eine Tonbandkassette. Eine Uhr. Ein Taschenmesser..."

„Lauter nützliche Dinge. Hattest du so etwas schon besessen? Deine Armbanduhr zum Beispiel, ist das etwas, was du nach Hause gebracht hast?"

„Nein, die ist von meinem Vater."

„Kaufst du die Sachen, oder sind das gefundene Gegenstände?"

„Ja", antwortete Egon rasch und so kurz, als ob es dazu nichts mehr zu sagen gäbe.

Vielleicht hat er diese Gegenstände gestohlen, dachte Dr. Heiterkeit. Wenn das Thema wichtig war, würde es wieder auftauchen. Die Armbanduhr jedoch, dieses Geschenk seines Vaters, darüber konnte man reden, auch der Vater war nun in der Therapie ansprechbar geworden.

Von Hinweisen auf Erscheinung oder Verhalten des Klienten – auf ein neues Kleid etwa, eine ungewöhnliche Frisur oder ein häufiges Händereiben – nahm Dr. Heiterkeit in der Regel Abstand. Erst wenn der Klient selbst darauf Bezug genommen hatte, wie jetzt, griff er das Thema auf. Denn der Klient, ob Kind oder Erwachsener, Mann oder Frau, war hier König – er bestimmte den Ton und die Themen. Selbst wenn er versehentlich etwas angesprochen hatte, was er gar nicht sagen wollte, dann erlaubte sich Dr. Heiterkeit, das auch im Gespräch zu verfolgen. Er hielt es wie viele andere Therapeuten, gleichgültig, ob sie mit Einzelpersonen oder mit Gruppen zu tun hatten. Das versehentlich Eingebrachte hatte einen ebenso zentralen Stellenwert wie all das, was der Klient mit Absicht, nach sorgfältiger Vorbereitung, zu erzählen bereit war.

Nur wenn ein Klient eine schriftliche Aufzeichnung brachte, damit er sie hier oder daheim lese, bat Dr. Heiterkeit, es ihm doch besser zu erzählen – lesen könne er es dann immer noch. Und wenn der Klient es dann tatsächlich mit eigenen Worten berichtete, erübrigte sich meist die Lektüre. Der Therapeut mußte nicht noch in der Freizeit Fleißaufgaben machen. Und ein solches Schriftstück in der Behandlungssitzung zu lesen, während der Klient wartete und dem Therapeuten zusah, das kam aus mehreren Gründen nicht in Frage. Eher noch konnte er den Klienten vorlesen lassen oder es eventuell – bei schüchternen oder sehr zaghaften Klienten – selbst laut vorlesen, in Etappen, mit Unterbrechungen und Pausen. Schließlich sollten Therapeut und Klient ja laufend im Kontakt miteinander sein. Beide sollten stets genau darüber Bescheid wissen, wovon gerade die Rede war.

Jedenfalls erlaubte sich Dr. Heiterkeit nun weiterzufragen. „Wann hast du denn diese Uhr von deinem Vater bekommen?" (Denn all die ausgeführten Überlegungen waren in Windeseile, automatisch und fast unbewußt abgelaufen).

„Zu Weihnachten", antwortete Egon.

„Ah, ein Weihnachtsgeschenk. Kannst du dich noch an diese Weihnachten erinnern?"

„Meine Großeltern waren zu Besuch. Meine Mutter hatte viel zu tun. Vera hat ihr geholfen."

„Wer ist Vera?"

„Unsere Haushaltshilfe."

„Weihnachten ist in vielen Haushalten ein Familienfest, ein Fest der Freude und der Geschenke", sagte Dr. Heiterkeit. „Ist das bei euch auch so?"

Egon wiegte den Kopf nach links und rechts, sagte aber nichts.

„Ist das etwa kein Fest der Freude?" versuchte Dr. Heiterkeit zu erraten. Eltern und Großeltern – welche wohl? die väterlichen? – waren zugegen gewesen, und Geschenke hatte es auch gegeben, zum Beispiel diese Armbanduhr. Gute Absichten waren zumindest nicht auszuschließen.

Egon nickte und sagte: „Aber meine Eltern sind nicht zufrieden miteinander."

„Woran erkennst du das?"

„Sie reden nicht miteinander."

„Und zu Weihnachten?"

„Nur wenn die Großeltern da sind oder Bekannte kommen, dann reden sie. Sonst nicht."

„Kommen oft Bekannte?"

„Jetzt nicht mehr."

„Sind deine Eltern böse aufeinander?"

„Ich weiß nicht."

„Aber früher einmal haben sie miteinander geredet?" Und nachdem Egon wieder genickt hatte, fuhr Dr. Heiterkeit fort: „Wann war das denn ungefähr, als deine Eltern noch miteinander geredet haben?"

„Sie reden auch jetzt noch manchmal, über Essen und Einkaufen, über Vera, über mich. Sie reden überhaupt wenig. Meistens schweigen sie."

„Kennst du Eltern, die mehr reden?"

„Die Eltern von Torro."

„Torro ist ein Freund? Kennst du seine Eltern von Besuchen?"

Egon wiegte wieder seinen Kopf nach links und rechts. Kein Kopfschütteln wie bei einem Nein, eher der Ausdruck eines Bedenkens, eines Zweifels.

„Bist du dir vielleicht nicht sicher, ob Torro noch dein Freund ist?" Jetzt nickte Egon. „Aber als du noch manchmal zu Besuch bei Torro warst, da haben seine Eltern viel mehr miteinander gesprochen als deine?"

Egon nickte erneut.

„Und sie waren freundlicher zueinander als deine Eltern? Und sie haben auch zu dir und Torro mehr gesprochen als deine Eltern zu dir? War Torro manchmal bei dir zu Besuch?"

Egon hatte noch mehrere Male zustimmend genickt. Zuletzt antwortete er: „Torro hat mich manchmal besucht, aber da war nur mein Vater daheim. Meine Mutter ist viel unterwegs."

„Dann hat eben nur dein Vater mit euch gesprochen. Hat er das?"

„Ja. Und beim Basteln hat er uns geholfen."

Es stellte sich heraus, daß die Markungs in einem Einfamilienhaus wohnten und daß der Vater, ein Diplomingenieur der Elektrotechnik, im Keller des Hauses seine Werkstatt hatte. Es war noch die Zeit vor dem ersten „personal computer". Große und noch recht langsame Rechenmaschinen beherrschten den Markt. Um sie zu bedienen, mußte man Fortran oder eine andere Programmiersprache lernen. Den Prototyp eines elektronischen Rechners hatte der Vater seinerzeit selbst gebastelt. Er stand wie ein kleines Denkmal im Keller und funktionierte noch. Sonst gab es da kleine Radios und alte Fernsehgeräte, Lautsprecher, Schalttafeln, kleine Elektromotoren, Elektrobohrer und -sägen, elektrische Heizkörper, eine Mähmaschine mit Akkumulator, zwei ausgediente Kühlschränke, alte Klingelsysteme und eine Einbruchsalarmanlage. Egon wußte über alles gut Bescheid, arbeitete manchmal mit dem Vater zusammen an einer kleinen technischen Anlage oder einem Gerät und imponierte Schulkameraden wie Torro mit dem, was er da unten im Keller hatte, was er wußte und konnte. Ob manche der im Keller abgelagerten kleineren Geräte von Egon gefunden oder sonstwie beschafft worden waren, das zu erfragen merkte sich Dr. Heiterkeit zur gelegentlichen Erkundung vor.

Die Großeltern, welche Egon im Zusammenhang mit dem Weihnachtsfest genannt hatte, waren die Eltern seines Vaters; mütterlicherseits gab es nur eine Großmutter. Seine Mutter hätte keinen Vater, behauptete Egon. Seine Großmutter lebte in D., und sie kam nur selten zu Besuch, aber seine Mutter war oft bei ihr. Sie hatte irgend etwas mit Kunst zu tun, war aber selbst keine Künstlerin. Egon vermutete, daß es ihr um Malerei ging, aber sicher war er sich dessen nicht. Mit Musik hatte sie auch irgend etwas zu tun, jedoch nicht als Musikerin. Nein, Konzerte oder Ausstellungen organisiere sie nicht, meinte Egon auf Anfrage, wohl eher mit Wohlfahrt oder Wohltätigkeit...

Das erinnerte Dr. Heiterkeit an karitative Ambitionen mancher Damen in gehobenen Gesellschaftsschichten, die nicht auf Gelderwerb angewiesen sind, weil ihre Männer hochgestellte oder gutverdienende Persönlichkeiten sind, weil sie vielleicht selbst keinen richtigen Beruf erlernt haben oder ihnen der erlernte Beruf nicht gefällt. Dann taten sie etwas für Waisenkinder, kranke Menschen, Flüchtlinge, Tiere oder die Umwelt, manches davon sinnvoll. Doch Dr. Heiterkeit verwarf diesen Gedanken gleich wieder. Wenn er sich daran erinnerte, was ihm Charlotte Muth berichtet hatte, wie Frau Markung mit ihrem Sohn umgegangen war – erst heute wieder, als sie Egon in der Praxis ablieferte –, und nach all dem, was er selbst an Egon beobachtet hatte, befürchtete er eher, daß Egon im Herzen seiner Mutter nicht den ersten Platz einnahm, ebensowenig wie ihr Mann. Entweder war sie mehr in sich selbst verliebt und nur auf ihre eigenen Bedürfnisse ausgerichtet, oder es war jemand Drittes, den sie liebte. Sie war keine schwache Person, sonst hätte er eventuell auf Haltlosigkeit oder Verführbarkeit durch beliebige Männer getippt. Nein, sie wußte, was sie wollte, wenn es um ihr Vergnügen ging, und sie setzte es, wenn nötig ohne Rücksicht auf Verluste, gegen die Interessen ihres Sohnes und ihres Mannes durch.

Dr. Heiterkeit gestattete sich das Entstehen solcher vorläufiger Bilder von der Persönlichkeit seiner Klienten und deren Bezugspersonen schon in den Anfängen der Gespräche. Zwar war die Evidenz dafür oft noch gering, und es konnte ihm passieren, daß weitere Mitteilungen der Klienten auf einmal alles in einem ganz anderen Licht erscheinen ließen. Dann mußte er seine diskrepanten Bilder eben revidieren. Dann war eine mißmutige und habsüchtige Person plötzlich gar nicht mehr so egoistisch, Haß entpuppte sich als schmerzhafte Liebe, oder eine scheinbar unwiderstehliche Leidenschaft war überraschend gebrochen oder leer.

Solche Diskrepanzen waren ihm allerdings in den letzten Jahren immer seltener untergekommen. Schon in den Anfängen seiner therapeutischen Tätigkeit glaubte er bemerkt zu haben, daß seine allerersten oder frühen Eindrücke meistens stimmten, und jene Segmente, die aus flüchtigen und zunächst kümmerlichen empirischen Belegen vor seinem inneren Auge aufstiegen, fügten sich in das wachsende Gesamtbild. Nur manchmal mußten sie ein wenig abgeändert oder umplaziert werden.

Für heute wollte Dr. Heiterkeit allerdings den sympathischen und im Grunde offenherzigen, obschon vorsichtigen Egon nicht mit seiner Mutter überstrapazieren. Das nächste Mal würde er vielleicht mehr über sie erzählen. Heute wechselte das Gespräch auf Egons Schulkameraden über. Mit einigen war er befreundet gewesen, und es sah nach seinen Erzählungen nicht so aus, als ob diese ihn zu meiden begonnen hätten. Wenn Annäherungen an ihn oder Einladungen in letzter Zeit tatsächlich ausgeblieben waren, dann nicht so sehr, weil ihn die Schulkameraden nicht mochten, sondern weil sie von ihm schon zu viele Körbe bekommen hatten. Er sagte ab, weil er sich nicht zu Kontakten oder Gegeneinladungen verpflichtet fühlen wollte. Vor allem sollten seine Schulkameraden nicht erfahren, daß seine Mutter so selten zu Hause war. Vera, die Haushaltshilfe, war zwar außer an den Vormittagen auch an zwei Nachmittagen im Haus. Dann stellte sie auch für einen Gast etwas auf den Tisch, oft noch ehe man sie darum gebeten hatte. Der Vater war meistens erst abends oder an den Wochenenden daheim. Er hätte Kinderbesuche gern, meinte Egon, aber er beteiligte sich manchmal zu lange an ihren Spielen, regte oft Dinge an, die die Kinder gar nicht tun wollten. Aus dem Gebrauch des Wortes Kinder schloß Dr. Heiterkeit, daß Egon die Kinderzeit mehr im Auge hatte als die Gegenwart, Egons Präadoleszenz, vielleicht weil eben damals Kinderbesuche häufiger gewesen waren als heute. Nicht nur ihm, sondern auch dem Vater war es Besuchern gegenüber unangenehm, daß die Mutter nicht im Hause war, äußerte Egon. Das habe der Vater zwar nicht ausdrücklich gesagt, aber er spreche ungern darüber, wenn sie beide allein seien, denn er wisse ja selbst nicht, wo die Mutter sei.

Zur zweiten Sitzung kam Egon allein. Frau Muth meinte zwar, die Mutter oder jemand anderer habe ihn vielleicht mit dem Auto gebracht und sei lediglich nicht mit hereingekommen. Sie war sich aber nicht sicher. Parkplätze hätte die Mutter haben können. Daran lag es nicht. Dr. Heiterkeit wollte Egon eventuell am Ende der Stunde darüber fragen, aber er vergaß es dann doch. Sein Bild von der Mutter hatte sich bis dahin erheblich verdeutlicht.

Nachdem sich beide gesetzt hatten, fragte Dr. Heiterkeit, worüber er heute sprechen wolle, und da Egon es nicht wußte, fragte er weiter, ob er über die erste Gesprächsstunde vielleicht nachgedacht habe. Ob ihm noch etwas davon in Erinnerung sei oder ob inzwischen etwas geschehen wäre, zu Hause, in der Schule oder sonstwo, das ihn beschäftige.

Egon erzählte, daß die Mutter zwei Tage später von ihrer Reise zurückgekommen sei als vorgesehen und daß der Vater deswegen einen Tag zu Hause geblieben sei und viel telefoniert habe. Als sie schließlich eingetroffen sei, wäre sie in einem desolaten Zustand gewesen. Vielleicht war sie betrunken, folgerte Dr. Heiterkeit. Egon berichtete, daß die Mutter geweint und geschrien habe, daß der Vater sie zu beruhigen versucht habe und daß sie von ihm „unter gar keinen Umständen" angefaßt werden wollte. Denn als der Vater ihr zu nahe gekommen wäre, habe sie ihn weggestoßen, sei aber dabei selbst gestürzt und habe eine blutige Beule am Kopf davon zurückbehalten. Sie habe ihren Widerstand aufgegeben, sich dann doch anfassen und vom Vater nasse Umschläge machen lassen. Sie habe einen guten Bekannten verloren, habe ihm der Vater erklärt. Nein, gestorben sei jener Bekannte nicht, sondern er habe verreisen müssen.

Damit kam das Gespräch auf Egons Kindheit und seine Erinnerungen an Vater und Mutter und andere Familienangehörige. Er habe damals seine Eltern sehr geliebt und wollte immer bei ihnen bleiben, auch wenn er groß wäre, daran konnte Egon sich erinnern. Dann hätten sie ihn einmal gefragt, ob er gern ein Geschwister hätte. Er hätte damals nein gesagt, er wolle seine Eltern mit niemandem teilen. Sie beruhigten ihn damit, daß er sich daran sicher gewöhnen und es sogar liebgewinnen würde, wenn es erst einmal da wäre, es sei aber nie gekommen.

Als Egon bereits die Volksschule besucht hatte, lebte eine Zeitlang ein Mann im Haus, mit dem der Vater nicht redete und den auch Egon nicht mochte. Damals aßen der Vater und er oft allein zu Abend, was Vera vorbereitet hatte. Eine Weile nahm die Mutter wieder am Abendessen teil, aber sie war oft verreist. Dann lebte noch ein weiterer Mann vorübergehend mit ihnen im Haus, Berthold, der netter war als der erste Hausgast. Manchmal aßen sie sogar gemeinsam, alle vier, aber dann verschwand auch er. Damals begannen die häufigen und längeren Abwesenheiten der Mutter vom Haus. Vera zog für ein Jahr ins Haus, später kam sie regelmäßig, um die Hausarbeit zu machen, eine gute und anhängliche Person, auf die man sich verlassen könne. Sie sei 55 Jahre alt und habe ein schiefes Gesicht, deswegen sei sie wohl unverheiratet geblieben. Ein Mann ihres Alters hätte seine Freude mit ihr, sagte Egon, vermutlich zitierte er einen Ausspruch seines Vaters.

„Du magst sie", fragte Dr. Heiterkeit lächelnd.

„Ja", antwortete Egon prompt.

„Auf Vera kann man sich verlassen. Deine Mutter magst du vielleicht noch mehr, aber auf sie kann man sich nicht verlassen?"

Egon nickte und senkte den Blick. Er schien Tränen in den Augen zu haben. Es entstand eine Pause, die Dr. Heiterkeit nicht zu früh beenden wollte. Egon hatte zu Hause lernen müssen, sich auf Gefühle nicht einzulassen. Hätte er es getan, er hätte vielleicht so weinen und schreien müssen wie seine Mutter... Über alles, was sie ihm an Interesse, Zuwendung, Aufrichtigkeit, Sicherheit, an Rat, wie er mit dieser chronischen Ehekrise seiner Eltern fertig werden sollte, versagt hatte, weinen und schreien über all das, was sie dem Vater angetan hatte. Egon liebte seinen Vater, auch wenn der nicht viel Zeit für ihn hatte, aber wenn er da war, konnte er fast alles von ihm haben. Allerdings tat der Vater Egon auch leid, denn die Mutter machte ihm das Leben so schwer, und er ließ sich alles gefallen. Sie spielte ihm wirklich übel mit. Aber warum tat sie das, überlegte Dr. Heiterkeit im stillen. Hing das mit ihrer vaterlosen Kindheit zusammen? Rächte sie sich an jemandem, der nichts dafür konnte, daß ihre Kindheit so traurig gewesen war?

Schließlich sagte Dr. Heiterkeit: „Deine Mutter hat dir und deinem Vater das Leben schwergemacht. Vielleicht konnte sie nicht anders. Sie hat selbst darunter gelitten. Darüber werden wir uns noch ausführlich unterhalten können. Uns beide interessiert hier aber auch, wie du mit einem so schwierigen Familienleben fertig geworden bist. Denn auf irgendeine Weise bist du ja damit zurechtgekommen, daß du nicht genug Sicherheit und Liebe von deinen Eltern gespürt hast, vor allem nicht genug von deiner Mutter. Und wenn du manchmal glaubst, es nicht mehr ertragen zu können, weil du dieses Schweigen, die ständige Abwesenheit deiner Mutter oder die Unsicherheit der Situation nicht mehr aushältst, dann hast du dir vielleicht irgendeinen Trost oder einen Ausgleich gesucht. Ist das so?"

Dr. Heiterkeit hatte langsam und bedächtig gesprochen, von kleinen Pausen durchsetzt, damit die Worte in Egon einsinken konnten. Aber Egon sagte nichts. Egon wiegte wie schon in der vorigen Sitzung den Kopf hin und her. ‚Ja und Nein', meinte das wohl, oder ‚Ich weiß nicht recht'.

„Manchmal, wenn einem etwas zuviel geworden ist, möchte man zu einem Freund gehen oder etwas ganz anderes machen", fuhr Dr. Heiterkeit schließlich ruhig fort. „Oder wenn man keinen Freund zur Hand hat oder ihn nicht belästigen möchte, dann geht man einfach durch die Straßen oder ins Grüne oder auf einen Markt oder in ein Kaufhaus, um sich abzulenken oder irgend etwas zu kaufen, vielleicht sucht man irgend etwas Interessantes zu finden ... Nein?"

„Ja", Egon nickte, dann schwieg er wieder. Er ahnte wohl, worauf der Doktor hinauswollte und war vielleicht sogar dazu bereit, es zu sagen, aber er hatte Angst. Konnte man dem Doktor vertrauen? Oder verpetzte er einen? Dr. Heiterkeit hätte diese vermutliche Sorge Egons ansprechen und ihn darüber beruhigen können, aber er wartete noch, vielleicht würde sich Egon noch ein bißchen deutlicher äußern.

So sagte Dr. Heiterkeit nach einer Weile: „Du hast mir voriges Mal unter anderem gesagt, daß du Sachen mit nach Hause bringst. Ich kann mich an ein Buch erinnern und an ein Taschenmesser, eine Uhr – aber nicht die, die du trägst." Er lächelte Egon freundlich fragend an, so als ob er nicht wisse, was da dahinterstecken könnte.

Egon blickte Dr. Heiterkeit prüfend in die Augen, und nach fünf oder sechs Atemzügen sagte er: „Ich habe die Sachen gestohlen."

Dr. Heiterkeit blieb unverändert freundlich und fragte im gleichen Ton, ruhig, bedächtig und freundlich: „Wo denn? Wie denn?" Und da Egon ihn weiterhin anblickte, aber nichts sagte, fügte er nun hinzu: „Vielleicht hast du Angst, mir mehr darüber zu sagen, weil du nicht sicher bist, ob ich dichthalte. Willst du das wissen, bevor du mir etwas darüber erzählst?"

„Jawohl", antwortete Egon und nickte mehrmals.

„Von mir erfährt niemand etwas über das, was wir hier reden. Auch deine Eltern nicht. Ihnen könnte ich, wenn sie mich fragten, nur sagen, daß wir miteinander gesprochen haben, aber nicht, was. Ich kann ihnen oder irgend jemand anderem nur mit deiner ausdrücklichen Erlaubnis etwas mitteilen. Ich bin in allem, was du mir anvertraust, an meine Schweigepflicht gebunden."

„Auch bei der Polizei?"

„Jawohl, auch bei der Polizei oder vor Gericht. Hast du denn schon einmal mit der Polizei zu tun gehabt?"

Egon schüttelte den Kopf. Dann begann er zu erzählen, wo und wie er es getan hatte. Er hatte außer den schon genannten Dingen auch Kugelschreiber, Schraubenzieher, Zangen, kleine Löffel, Knöpfe, Nadeln, Nägel und Schrauben und Batterien geklaut, er hatte sie an zwei Stellen im Keller des Hauses versteckt. Einmal sei der Vater darauf gestoßen und habe bezweifelt, daß Egon das alles „gefunden" oder „gekauft" hätte, aber er, Egon, hätte darauf bestanden, also gelogen, so sagte er selbst. Er habe das getan, weil ihn sonst sein Vater gebeten hätte, alles den betreffenden Geschäften oder Kaufhäusern zurückzugeben. Woher er das wisse? Weil ihn der Vater schon einmal gebeten habe, etwas zurückzubringen. Es war ein großer, gelber Radiergummi gewesen, mit einem aufgedruckten Elefanten. Er hätte ihn irrtümlich bei einem Freund eingesteckt und mitgenommen. Nein, nicht bei Torro. Nein, es sei wirklich aus Versehen geschehen. Er habe den Radiergummi zurückgegeben. Am nächsten

Tag wäre genau der gleiche Radiergummi auf seinem Tisch im Kinderzimmer gelegen, funkelnagelneu. Der Vater habe ihn besorgt. Nein, wenn er darum bitte, bekomme er von seinem Vater alles, was er möchte, von der Mutter jedoch nicht. Die Mutter stelle ihrerseits Anforderungen, aber sie bitte selten. Und manchmal tue der Vater, was sie von ihm verlange. Manchmal nehme sie sich mehr Geld vom Vater, als sie brauche, und gebe es für wohltätige Zwecke aus, manchmal erhalte es auch ein Freund, habe der Vater gesagt.

Dabei blieb es für heute. Zuletzt faßte Dr. Heiterkeit zusammen: „Wenn deine Mutter sich mehr um dich und deinen Vater kümmerte und sie ihre eigenen Sachen besser zusammenhalten könnte, zum Beispiel ihr Geld, dann hätten dein Vater und du weniger Sorgen. Dann müßtest du mit deinen Sorgen nicht allein durch die Straßen wandern. Wenn man aber Sorgen hat und keinen Ausweg weiß, dann kommt man manchmal auf komische Gedanken. Zum Beispiel, daß man sich das eine oder andere nimmt, was da so rumliegt. Man holt sich etwas, weil man etwas anderes, das einem eigentlich wichtiger wäre, nicht bekommt."

In einer späteren Sitzung kamen Egon und Dr. Heiterkeit nach einer längeren Auseinandersetzung darin überein, daß Egon alles, was er sich angeeignet hatte, in die Praxis bringen würde, dort würde er die Gegenstände nach ihren Herkunftsorten sortieren. In kleinen Päckchen ohne Absender sollten sie an ihre rechtmäßigen Eigentümer, an die verschiedenen Geschäfte und Kaufhäuser, zurückerstattet werden. So wollte es Egon, er wollte vermeiden, daß sein Vater von seinen Lügen erfuhr. Dr. Heiterkeit war willens, den Postversand zu übernehmen, und da Egon vom Vater ein gutes Taschengeld bekam und genügend Ersparnisse hatte, daß er sich alle gestohlenen Gegenstände ohne große anderweitige Entbehrungen auch selbst hätte kaufen können, durfte er die Portokosten tragen.

So wurde es auch abgehandelt. Die letzten zwei Pakete trug Egon nach einer Sitzung sogar selbst auf die Post.

Bei Diebstählen, die in der Psychotherapie zur Sprache kamen und bei denen „Diebesgut" oder Erträge daraus noch greifbar waren, zielte Dr. Heiterkeit wie die meisten Psychotherapeuten zumindest auf eine Absichtsbildung im Klienten ab, den Schaden wiedergutzumachen. Die eigentliche Restitution oblag dem Klienten, und sie mußte nicht unbedingt vor dem Ende der psychotherapeutischen Behandlung vollzogen worden sein.

Bei gravierenden Vergehen oder Verbrechen eines mündigen Klienten befand sich der Psychotherapeut mitunter im Dilemma der Mitwisserschaft, die ihn auch selbst belasten konnte. Schon kriminelle Absichten konnten für den Psychotherapeuten belastend sein. Die Schweigepflicht mußte allerdings auch da eingehalten werden, aber das schloß nicht aus, daß der Psychotherapeut gegebenenfalls seinen Standpunkt erläuterte: keinesfalls kann er dem Klienten die Verantwortung für seine Tat oder seine Absicht abnehmen. Eines der langfristigen Psychotherapieziele wäre in einem solchen Fall, daß der Klient sich den Behörden stellte beziehungsweise von seiner Absicht abkäme.

Sollte der Klient dies nicht verstehen oder akzeptieren, so hat der Psychotherapeut als Sanktion nur die Möglichkeit, die Psychotherapie abzubrechen. Unter solchen Bedingungen kann er – leider – den Klienten nicht mehr weiterbehandeln. An die Schweigepflicht allerdings ist er trotzdem gebunden, das sollte er dem Klienten sogar versichern. Nur so könnte es der Psychotherapeut erreichen, daß im Falle eines tatsächlichen Abbruchs der Klient es wagte, zu einem späteren Zeitpunkt zu ihm zurück oder zu einem anderen Therapeuten zu gehen, um weiterbehandelt zu werden. Nur dann bestünde die Chance, daß er es sich doch noch einmal anders überlegt. Selbst wenn der Klient nur kommen sollte, um zu prüfen, ob sich die diesbezüglichen Auflagen des Psychotherapeuten im Falle eines Vergehens vielleicht geändert haben sollten, ist dies immer noch besser, als wenn er nie wieder käme. Vielleicht ändern sich ja einmal diese Auflagen. In unruhigen Zeiten oder bei gleichzeitigem Bestehen von mehr als einem Maßstab ist derlei eher möglich.

Im Falle Egons hatte Dr. Heiterkeit es sich überlegt, ob er die Wiedergutmachung des Schadens nicht Egons Eltern überlassen sollte, doch Egons Wunsch, seinem Vater diese Lügen nicht eingestehen zu müssen, ließ die kleine tatsächliche Hilfestellung angezeigt erscheinen. Die prekäre Beziehung Egons zu seinen

Eltern sollte durch eine solche Aufgabe nicht unnötig und vorzeitig belastet werden, schließlich hatten die Eltern miteinander noch größere Probleme. Die Möglichkeit, dem Vater seine (vielleicht einzige) Lüge später einmal einzugestehen, blieb Egon ja unbenommen. Dann konnte er vielleicht schon ganz allein die Umstände, unter denen ein solches Geständnis stattfinden würde, beurteilen. Vielleicht hatte sich zwischen den Eltern einiges schon geklärt, vielleicht haben sie sich getrennt. Oder aber Egon selbst war stärker und umsichtiger geworden, ob aufgrund seines zunehmenden Alters oder seiner Psychotherapie oder beider.

Hier verlassen wir diesen Teil der Psychotherapie für Familie Markung. Dr. Heiterkeit klärte nämlich bald nach der anonymen Übersendung der gestohlenen Gegenstände (denen übrigens eine von Egon verfaßte schriftliche Erläuterung beigegeben war), ob Egon ihm erlaube, seine Eltern zu gesonderten Gesprächen herzubitten. Egon war deutlich fröhlicher und unbefangener im Gespräch geworden, in der Schule gab er sich leutseliger – er hatte Einladungen von zwei Mitschülern angenommen, und Torro war nach langer Zeit auch wieder einmal bei ihm gewesen –, und gegenüber seinen Eltern wirkte Egon manchmal beinahe fürsorglich. Egon gab Dr. Heiterkeit sofort die Erlaubnis. Er brauchte keinerlei Zusicherungen mehr, was die vertrauliche Behandlung seiner Äußerungen betraf, und meinte sogar: „Vielleicht können mein Vater und meine Mutter gemeinsam kommen?"

Dr. Heiterkeit hatte geantwortet: „Genau das habe ich mir gedacht, aber ich würde auch mit jedem einzeln sprechen, wenn deine Eltern das wünschen. Und wenn nur einer von ihnen kommen will, dann müssen wir uns auch damit begnügen. Ich hoffe aber auf beide."

Egon selbst kam noch zu einigen Sitzungen, dann hörte er auf. Vielleicht würde er später einmal wiederkommen. Wenn er Lust hatte und seine Eltern es erlaubten, konnte er auch bei einer Sitzung mit ihnen dabeisein. Ein Familientreffen beim Psychotherapeuten? Egon wußte noch nicht, ob er das tun würde.

„Unverträgliche" Partner im Paargespräch

Es war nicht leicht gewesen, die erste Zusammenkunft mit den Eltern Egons zu arrangieren. Der Vater, Diplomingenieur Leonardo Markung, war sofort bereit gewesen, abends oder auch nachmittags, sogar vormittags zu einem psychotherapeutischen Gespräch zu kommen. Für eine dringende Privatsache, eine Familienangelegenheit, könne er sich jederzeit freimachen. Dagegen hatte Melodie Markung, seine Frau, die Mutter Egons, die vielleicht kulturell oder in der freiwilligen Wohltätigkeit beschäftigt war, wiederholte Terminschwierigkeiten. Zweimal mußten bereits vereinbarte Termine für das Paargespräch wieder abgesagt werden.

Wenn Dr. Gustav Heiterkeit ihr allein einen Termin angeboten hätte, wäre ihr dessen Einhaltung wohl leichter gefallen. Doch wenn er ihre bisherigen Anspielungen richtig deutete, hätten sich ihre ganze Wunschwelt und all ihre Enttäuschungen über ihre Affären dann über ihn ergossen, sie hätte versucht, all seine Sympathien für sich zu beanspruchen, auf Dauer und ohne Abstriche. Es hätte sich wohl als äußerst schwierig erwiesen, ein bißchen Ruhe in ihre Gefühle und Gedankengänge zu bringen, bis diese Überflutung sich verlief oder versickerte, ehe er sich auch den anderen Beteiligten in ihrem Leben zuwenden konnte, Sohn und Mann, Mutter, Freunden oder ihrer eigenen Vergangenheit.

Aber wenn die bisherigen Anspielungen auf Mißverständnissen beruhten? Sie kamen ja nur zu einem geringen Teil von Melodie Markung selbst, von ihren kurzen Telefonaten mit der Sekretärin und den wenigen Auftritten, wenn sie Egon abgeliefert hatte.

An diesem späten Nachmittag im April war es jedenfalls soweit. In den Fenstern des Behandlungsraumes konnte man sehen, wie sich der blaue Himmel abendlich rot zu färben begann.

Noch ehe die anderthalb Stunden des Paargesprächs zu Ende waren, würde Dr. Heiterkeit das Licht einschalten und die Vorhänge zuziehen müssen, obwohl Tageslicht nicht nur für die Natur, sondern auch für die Psychen besser war.

Dr. Heiterkeit erinnerte sich selbst daran, nichts zu präjudizieren. Es war möglich, daß Frau Markung weder selbstherrlich noch egozentrisch oder launisch war, sondern nur verzagt, leidend und allein gelassen. Wenn sie wirklich verrückt handelte, tat sie es vielleicht nur aus Verzweiflung. Und wenn sie nicht allein, sondern mit ihrem Mann hierher kam, dann war sie die einzige Frau im Gespräch mit zwei Männern. Sie zunächst ohne ihren Mann kommen zu lassen, wäre vielleicht doch richtiger gewesen. Aber schließlich war er ja der Psychotherapeut, nicht irgendein gewöhnlicher Mann, an den sie Erwartungen hegen konnte wie an einen Vater. Angeblich hatte sie ja keinen gehabt. Sie konnte sogar Anteile ihrer Mutter im Psychotherapeuten entdecken, das war gelegentlich schon bei anderen Frauen geschehen. Für eine mütterliche Rolle war auch ein männlicher Psychotherapeut gut, deswegen fiel ihm kein Stein aus der Krone.

Frau Charlotte Muth, die Sekretärin, meldete Dr. Heiterkeit, daß die Markungs angekommen waren, und etwa eine Minute später holte er die beiden in den Behandlungsraum. Frau Markung trug ein schwarzes Kleid aus einem Trikotstoff, der sich eng an ihren Körper schmiegte, mit einem grellgrünen Seidenschal, den sie sich um den Hals geschlungen hatte und dessen Enden über Rücken und Brust flatterten. Ihre Haare waren dunkelblond, mit hell eingefärbten Strähnen, Augen und Lippen geschminkt. Eine schlanke, hübsche Person, die jugendlich und mondän erscheinen wollte, und das erforderte einigen Aufwand. „Alternde Hysterika" hauchte es ihm unhörbar durch den Kopf, aber darauf gab er sich ebenso unhörbar sofort die passende Antwort, nämlich: „Halt dein loses Maul!" Was konnte Melodie Markung dafür, daß er mit hysterischen Persönlichkeiten zweimal in Schwierigkeiten geraten war, einmal in seinem privaten Leben und einmal zu Beginn seiner psychotherapeutischen Arbeit. Er hatte Vorurteile, nichts weiter.

Herr Markung war ein gutaussehender und konservativ gekleideter Mann, ein Yankeetyp, großgewachsen und hager, ein ruhiger, optimistischer Geschäftsmann, konnte man vermuten. Ein interessantes, attraktives Paar, hätten viele Frauen wohl von den beiden behauptet. Ihre Sympathien wären allerdings auf seiner Seite gewesen. Um ihn konnte man sie beneiden, viel mehr als ihn um sie. Wußte sie überhaupt, was für ein Prachtexemplar sie ihr eigen nennen durfte? Kleidete sie sich dafür nicht zu auffällig? War sie nicht viel zu unruhig? Konnte sie sich denn um ihn und seine Bedürfnisse kümmern? Manche Frauen hätten ihr das sicherlich gern abgenommen, vermutete Dr. Heiterkeit.

Beiden Markungs hatte Dr. Heiterkeit zum Gruß die Hand gereicht, und er hatte sie eingeladen, Platz zu nehmen. Sie setzten sich in einem gewissen Abstand voneinander ihm gegenüber, ein niederer Tisch vor ihnen. Die Fenster hatte Dr. Heiterkeit im Rücken, so daß seine Klienten, wenn sie das wollten, ins Freie blicken und an der Abenddämmerung teilhaben konnten. Herr Markung hatte auch den abteilbaren Spielraum mit dem Spielzeug im Blickfeld. Frau Markung mußte für einen solchen Anblick den Kopf drehen und über ihre rechte Schulter schauen.

„Da haben wir nun doch einen passenden Termin gefunden", äußerte Dr. Heiterkeit nach einer kurzen Pause, und nach einer neuerlichen Pause fuhr er fort: „Ich weiß nicht, ob und wieviel Ihnen Egon über unsere Gespräche erzählt hat, aber er und ich sind schließlich übereingekommen, daß auch Sie als seine Eltern ein Gesprächsangebot von mir erhalten sollten. Sie haben sich also mit dem Gedanken anfreunden können. Womit wollen Sie beginnen?"

Frau Markung, die ihre Blicke zwischen den Fenstern und den beiden Männern hin- und herschweifen ließ und ein- oder zweimal nahe daran gewesen war, etwas zu sagen, schwieg und sah ihren Mann an. Er sollte etwas sagen, er wisse schon was, schien sie ihm zu bedeuten. Herr Markung hätte ihr sonst wohl den Vortritt gelassen, dachte Dr. Heiterkeit im stillen. Und so begann denn Herr Leonardo Markung mit einer kleinen Laudatio:

„Wir möchten uns bedanken für das, was sie in verhältnismäßig kurzer Zeit für Egon getan haben. Er ist gesprächiger geworden, kommt wieder mit Freunden zusammen, hat in Mathematik eine Eins geschrieben. Er hat begonnen, Sie uns anzupreisen: Wir sollten auch zu Ihnen gehen, dann würde mit uns manches besser werden."

„Egon ist glücklicher", fügte Frau Markung hinzu. „Das hat mich beruhigt."

„Was könnte denn in der Familie besser werden? Was möchten Sie denn anders haben? Sie beide?" fragte Dr. Heiterkeit.

Herr Markung zögerte mit seiner Antwort und sah seine Frau an. Sie hielt ihren Blick weiterhin gesenkt. Sie meinte vielleicht, von ihr aus könnte es so bleiben. Wenn Leonardo etwas zu sagen hatte, konnte er es ja vorbringen. Leonardo aber schien zu warten, daß Melodie aufblickte, zu ihm oder zu Dr. Heiterkeit, und da sie es nicht tat, sagte er schließlich, zu ihr gewandt: „Ich hätte gern, daß auch du dich glücklicher fühlst. Ein bißchen glücklicher, das wäre für den Anfang schon genug."

Nun blickte sie ihn an, dann zu Dr. Heiterkeit, sie machte mit den Händen eine ausladende Geste und sagte: „Wir beide passen überhaupt nicht zusammen. Wir sind wie Wasser und Feuer."

Herr Markung lächelte, vielleicht ein wenig säuerlich, und sagte leiser als sie: „Trotzdem halten wir es schon lange miteinander aus, notdürftig, aber manchmal auch ganz zufrieden. Eine kleine Wetterbesserung hat meiner Meinung nach gerade begonnen."

„Ich bin das schwarze Schaf, und er ist der weiße Schwan", antwortete sie, Dr. Heiterkeit zugekehrt. „Können Sie sich eine gute Ehe zwischen zwei so verschiedenen Tieren vorstellen? Zeus näherte sich zwar seiner Leda in Gestalt eines Schwanes, aber ich bin keine Leda. Schwarzes Schaf ist falsch. Ich bin ein verruchtes Geschöpf, eine Teufelin. Leider."

„Ihr Mann aber ist wirklich ein Schwan, Zeus in Schwanengestalt?" fragte Dr. Heiterkeit freundlich, so als ob er ihr die Selbstbeschuldigungen nicht abnehme.

„Schwan habe ich gesagt. Mein Mann ist ein gütiger Mensch. Er stellt keine göttlichen Ansprüche, nimmt sich nichts heraus. Er ist ein weißer Ritter. Er rettet und beschützt seine Mitmenschen und verzeiht ihnen, wenn sie sündigen. Man kann ihm nichts vorwerfen. Er hat keinen Makel. Und er ist so gescheit!"

„Was halten Sie von dieser Darstellung?" fragte Dr. Heiterkeit Herrn Markung.

„Damit liegt mir Melodie manchmal in den Ohren. Ich bin gut, und sie ist schlecht. Ich bin zu gut für sie. Ich habe keine Fehler, und sie hat nur Fehler. Doch das stimmt überhaupt nicht. Auch wenn sie uns manchmal einige Rätsel zu lösen aufgibt, habe ich doch mehr auf dem Gewissen als sie. Melodie ist ein impulsiver und leidenschaftlicher Mensch. Ich bin im wesentlichen rational. Ich hätte genug Vernunft, um für Abhilfe zu sorgen. Leidenschaftliche Menschen haben es da schwerer."

„Und was sind Ihre Leidenschaften oder Sünden?" fragte sie Dr. Heiterkeit.

„Männer. Von Zeit zu Zeit verliebe ich mich in einen anderen Mann."

„Sind Sie derzeit gerade in einen anderen Mann verliebt?"

„Nein", antwortete Melodie Markung. „Vor vier Monaten hat mich ein solcher Mann verlassen."

„Sie wußten und wissen davon?" fragte Dr. Heiterkeit Herrn Markung.

Leonardo Markung nickte. „Das war Max", fügte er lächelnd hinzu.

„Heißt das, Ihre Familie hat von Zeit zu Zeit noch mit einer vierten Person zu tun, die in Ihr Familienleben einwirkt?"

Melodie Markung blickte etwas mißmutig zu Boden, während Leonardo Markung neuerlich nickte und sagte: „Manchmal wohnte ein solcher Mann sogar in unserem Haus."

„Berthold", ergänzte sie, „aber der wollte uns zuletzt nicht mehr zur Last fallen."

„Doch selbst wenn er nicht im Hause wohnte, beschäftigte er die Familie", vergewisserte sich Dr. Heiterkeit.

„Melodie wohnte zeitweise bei dem Betreffenden", erläuterte Leonardo Markung.

„Diese Männer – und versteh' ich das recht, so waren es nicht mehrere zur gleichen Zeit, sondern immer nur einer? –, diese Männer wurden von Ihnen geduldet. Melodie wollte sie haben, und das mußten Egon und Sie, Leonardo Markung, akzeptieren?"

„Leo", warf Melodie Markung ein. „Seine Eltern haben ihm zwar den Vornamen nach Leonardo da Vinci gegeben, dem italienischen Universalgenie, so ein Genie sollte Leo nach dem Ratschluß seiner Eltern ebenfalls werden. In einem gewissen Sinne ist er es ja geworden. Er ist technisch und elektronisch ein großer Könner. Ich verstehe davon absolut nichts. Aber statt Leonardo genügt doch Leo. Weißer Schwan reicht aus. Auf den Heiligenschein kann verzichtet werden."

„Ich danke für die Korrektur", erwiderte Dr. Heiterkeit. „Wenn ich hier Vornamen verwende, bedeutet das nicht, daß ich Sie mit Vornamen anspreche, sondern daß ich mich der Namen bediene, die Sie füreinander gebrauchen. Wenn Ihnen das nicht paßt, lassen Sie es mich bitte wissen. Denn es muß nicht sein."

„Einverstanden. Selbstverständlich", antwortete Herr Markung. „Mir genügt Leo wirklich. Das hat auch nichts mit Löwe zu tun. Wie man gerufen wird, so heißt man eben."

„Wir waren bei der Duldung eines zusätzlichen Mannes für Melodie in der Familie Markung. Hat es zeitweise auch Alternativen gegeben? Nicht Duldung, sondern Trennung oder Auszug aus dem Haus der Familie? Hinauswurf?"

„Beim ersten Mann, den uns Melodie ins Haus brachte, Holger, einem schwierigen, heruntergekommenen Menschen, trunk- und drogensüchtig und schlecht gewaschen, dachten wir an Trennung. Ich wollte Melodie einen ausreichenden Lebensunterhalt zahlen, und sie sollte sich mit ihrem Freund ein eigenes Quartier suchen, wo immer sie wollte. Dazu drängten mich meine Eltern, als sie davon erfuhren, mit einem gewissen Nachdruck. Sie waren entsetzt. Das hat uns gelehrt, diese Umstände ihnen in Zukunft mehr oder weniger zu verheimlichen. Meine Eltern waren im Glauben, daß unser Familienleben wieder halbwegs in Ordnung sei."

„Diese Lösung war auch Ihnen recht?" fragte Dr. Heiterkeit Frau Markung.

„Wenn man so verworfen und hemmungslos ist wie ich, muß einem alles recht sein. Ich betrachtete diese Lösung als einen großen Gnadenakt. Ich hätte mich auch mit geringerem zufriedengegeben."

Dr. Heiterkeit dachte kurz nach, ob er das volle Ausmaß des Opfers ermessen konnte, das Leo Markung in dieser Sache zu erbringen hatte. Liebte er seine Melodie so unwiderstehlich und unentrinnbar? Wurde wenigstens in jenen Zeiten, wo sie keinen anderen Mann hatte, seine Liebe erwidert? Oder verzichtete er auf jegliche Intimität mit ihr? War er altruistisch wie ein Heiliger? Hatte er so viele andere Interessen und Begabungen, daß es ihm gar nicht schwerfiel, auf sexuelle Kontakte mit ihr zu verzichten? Wenn dem so war, konnte man allerdings auch verstehen, warum Melodie sich woanders männliches Begehren und männliche Bedürftigkeit holen mußte, und sei es bei Liebhabern mit kindlichen oder krankhaften Schwächen. Eine Frage nach der Praxis von Leos und Melodies sexuellen Beziehungen, jetzt und früher, hätte wohl Aufschluß darüber geben können, aber die Frage wäre von Melodie vielleicht doch als zu banal und taktlos empfunden worden. Nein, Melodie drückte sich ohnedies frei und deutlich genug aus. Sie war eine intelligente, sinnliche Wärme suchende Person, deren Psyche irgendwann, vielleicht schon in der Kindheit, ein schweres Trauma erlitten hatte. Angeblich hatte sie ja keinen Vater gehabt. Wie wäre es mit einer kleinen Spurensuche in der Vergangenheit?

So fragte denn Dr. Heiterkeit nach dieser kurzen Pause, in der auch die beiden Markungs schwiegen: „Wie sind Sie eigentlich aneinander geraten? Wo und wie haben Sie sich kennengelernt?"

Die beiden hatten sich bei der Arbeit kennengelernt. Melodie war in der Schule bis zum Abitur gekommen, obschon mit einiger Mühe und ohne große Lust, und auf Drängen ihrer Mutter hatte sie sich dann zu einer Ausbildung als Sekretärin mit kaufmännischer Lehre entschlossen. Studieren wollte sie nicht, davon hatte ihr auch die Mutter abgeraten. Eine Frau muß etwas können, was die Männer brauchen, war ihr Spruch, sie haben nun einmal das Wirtschaftsleben in den Händen. Sie war selbst als Sekretärin bei der Stadt tätig und wäre gern verbeamtet gewesen, doch dazu war es nie gekommen. Noch lieber aber hätte sie geheiratet und die Arbeit zugunsten von Haushalt und Familienleben niedergelegt.

Melodie war von der Mutter streng gehalten worden. Schon in

der Schule sollte sie sich mit niemandem einlassen, nicht einmal auf Küßchen und Händehalten. Melodie nahm das nicht ganz so ernst, aber vor wirklichen körperlichen Verwicklungen oder romantischen Bindungen schreckte sie lange Zeit zurück. Sie war nur selten bei Freundinnen oder Freunden zu Gast und durfte selbst überhaupt niemand nach Hause bringen. Es war ein langweiliges und bedrücktes Leben. Alles schien darauf ausgerichtet, sich mehr oder weniger zu bewahren, bis der eine, immer schon ersehnte, herrliche und wohlbestallte Mann auftauchte und einen auf sein Schloß führte.

Als Melodie dann als Sekretärin in der Abteilung Entwicklung und Forschung der Firma K. zu arbeiten angefangen hatte, lief ihr am Arbeitsplatz Leonardo über den Weg, nach den Vorstellungen ihrer Mutter genau das Richtige, und sie selbst war ebenfalls beeindruckt. Die beiden fingen an, miteinander auszugehen, Besuche bei seinen Eltern und ihrer Mutter zu machen, Theatervorstellungen und Konzerte zu besuchen und allmählich so etwas wie ein gemeinsames Leben zu planen.

Aus seiner Sicht war sie seine heimliche Liebe auf den ersten Blick, die schönste und distinguierteste der Damen am Arbeitsplatz. Allzu viele Damen gab es allerdings in technischen Betrieben gar nicht. Leonardo brauchte einige Monate, bevor er wagte, mit ihr Kontakt aufzunehmen, und auch das konnte er erst, als er sachliche Vorwände dafür fand. Sie mußte ihm in seiner fachlichen Korrespondenz mit technischen Laboratorien und Universitäten helfen.

Eine Weile hatte es für ihn so ausgesehen, als ob sie schon an einen Kollegen vergeben sei, einen Ingenieur, der über die Realschule gekommen war und technisch als ein guter Praktiker galt. Von höherer Mathematik verstand er nicht allzuviel. Zu seiner Erleichterung hatte Leo später herausgefunden, daß dieser Mann, Otto Mölcker, verheiratet war und daher als ernsthafter Werber und Konkurrent gar nicht in Frage kam. Doch selbst als unernster oder vermeintlicher Bewerber hatte er ihn lange genug von Melodie abgehalten, klagte Leo scherzhaft. Leo hatte vorher schon zwei nähere Beziehungen gehabt, aber keine Intimbeziehungen. Eine der Frauen war mit ihren Eltern eines Tages umge-

127

zogen und hatte nach einer Weile nicht mehr geschrieben, und die andere verlobte sich aus heiterem Himmel plötzlich mit einem anderen. Er, Leo, war kein Routinier im Flirten und in Liebesangelegenheiten. Das sei er wohl auch heute noch nicht, sagte er, aber er habe im Laufe der Jahre einiges dazugelernt. Auch in ihrer – Leos und Melodies – Beziehung brauchte es eine Weile, ehe sie intim wurden, immerhin noch vor ihrer Eheschließung. Ganz so konservativ und schüchtern, wie es den Anschein haben mochte, war er jedoch nicht, und Melodie machte nach anfänglichen Verstimmungen und häufigem Zögern schließlich in einer Weise mit, wie es wohl andere Liebespaare auch taten.

Melodie überraschte Dr. Heiterkeit an dieser Stelle mit einem skeptischen Wiegen des Kopfes, offenbar ein Ausdruck ihrer Bedenken oder ihrer Zweifel am Gesagten, wie er es schon bei Egon hatte beobachten können. Egon hatte diese Gestik wohl von seiner Mutter übernommen. Melodie erwähnte, daß Leo sehr lange gebraucht habe, um sich zu erklären und seine Liebesinteressen allmählich auch in die Tat umzusetzen, doch schließlich hätte er „die Kurve gekriegt", und sie hätten eine Weile lang eine befriedigende Liebesbeziehung gehabt. Das war im zweiten Jahr ihrer Freundschaft oder Verlobung gewesen, auch noch nach der Trauung und dem Einzug ins neue Haus.

Das Haus war viel zu groß für ein junges Ehepaar, aber sie wollten ja auch Kinder, mindestens zwei, allenfalls Platz für eine Haushälterin, Gästezimmer für seine Eltern und ihre Mutter. Seine Eltern unterstützten sie finanziell. Mehr als zwei Jahre nach der Eheschließung wurde Egon geboren, und sechs Jahre später war sie noch einmal schwanger gewesen, hatte jedoch im fünften Monat einen Abgang gehabt. Seit damals erlebten sie nur mehr gelegentliche Intimkontakte oder gar keine – nämlich, wenn Melodie eine Beziehung mit einem anderen Mann hatte.

Dann kamen sie auf Leonardos Eltern zu sprechen. Sein Vater war Geschichtsprofessor an der Universität, der sich vor allem für die Geschichte der Wissenschaften interessierte, seine Mutter die Tochter eines Großindustriellen. Sie hatte das Geld in die Ehe gebracht. Es war genügend, daß sie alle drei davon hätten leben können, ohne zu arbeiten, doch wie das nun einmal ist, der Vater liebte die Arbeit und verdiente, ohne sich um das Geld zu kümmern, genug für den standesgemäßen Unterhalt der Familie, und Leonardo, der Sohn, übertraf den Vater in dieser Fertigkeit und in seiner Unbekümmertheit in Geldangelegenheiten noch um einiges. Das, was Melodie Markung ihren Sohn Egon über ihre eigenen Tätigkeiten hatte glauben lassen, nämlich daß sie sich um Kulturangelegenheiten und um Wohltätigkeit kümmere, das tat in Wahrheit Frau Markung senior, Egons Großmutter. Sie war eine angesehene Person, und sogar ihre Wohltätigkeit wirkte sich fördernd auf ihren eigenen Vermögensstand aus, ohne jegliche Absicht, behauptete Melodie. Wie sagte doch die Bibel: Wer viel erworben hat, dem wird noch mehr gegeben. Wer wenig erworben hat, dem wird auch das noch genommen. Sagte die Bibel das wirklich? Darüber blieb man sich im unklaren.

Klar geworden war Dr. Heiterkeit dabei allerdings, daß Melodie gegen so viel Gunst des Schicksals und Qualität des Lebens in der Familie ihres Mannes nicht aufkommen konnte. So erlebte sie es vermutlich, auch wenn ihr das nicht deutlich bewußt war. Beizeiten würde er versuchen, das Thema anzusprechen, besonders, da sich Melodie nicht einmal sicher sein konnte, daß sie ihre eigene Mutter auf ihrer Seite hatte. Die Mutter war über den ersten Mann, den sich Melodie angelacht und ins Haus gebracht hatte, noch mehr entsetzt als Melodies Schwiegereltern, und sie wollte, weil sie sich für ihre Tochter schämte, nicht mehr ins Haus ihrer Tochter oder mit den Eltern Leonardos in Kontakt kommen. Leonardo hatte Melodies Mutter versucht klarzumachen, daß sie sich dafür nicht verantwortlich zu fühlen bräuchte. Das sei eine Sache zwischen Melodie und ihm, und sie würden schon damit fertig. Das konnte die Mutter allerdings überhaupt nicht verstehen.

Melodie war sich vermutlich auch nicht sicher, ob sie Egon auf ihrer Seite hatte. Ihr Sohn mußte sie eigentlich zutiefst verachten und hassen für das, was sie ihm und seinem Vater mit ihren fragwürdigen Liebhabern antat. Darüber war sie sich manchmal im klaren, aber dann vergaß sie es wieder, oder ihre Erkenntnis versank in dichtem Nebel. Ja, so schien es ihr überhaupt zu sein, daß sie teilweise in dichtem Nebel lebte. Sie äußerte sich sogar darüber und behauptete, hier, in der Gesprächssitzung, sei die Luft durchsichtig und klar, fast zum Schaudern.

Es kamen noch die Schule Egons und die Sommerurlaube der Familie zur Sprache, ferner Familienangehörige. Leonardo hatte so wie sein Vater keine Geschwister, seine Mutter jedoch zwei ältere Brüder. Sie verwalteten den erheblichen Familienbesitz und halfen, wenn nötig, ihrer Schwester bei der Betreuung ihres Drittels. Beide Brüder hatten erst spät geheiratet und je zwei Kinder, die nur um einiges älter waren als Egon, drei Cousins und eine Cousine, die eigentlich Egons Onkel und Tante waren. Mit ihnen bestand gelegentlicher verwandtschaftlicher Kontakt.

Dr. Heiterkeit faßte die Sitzung schließlich wie folgt zusammen: „Sie, Melodie und Leonardo, haben manche Ihrer Probleme nicht gelöst, aber es dennoch lange miteinander ausgehalten, vielleicht Egon zuliebe, aber auch mit dem Gefühl, daß Sie beide als Lebenspartner füreinander immer noch in Frage kommen. Gelegenheiten zur Trennung haben Sie gehabt, auch erwogen und letztendlich bisher davon Abstand genommen. Wir können hier tiefer und nachhaltiger, als es Ihnen bisher möglich war, zu erkunden versuchen, wie Sie es in Zukunft miteinander halten wollen. Ich wäre dabei Ihr Vermittler, Ihr Zeuge, Ihr therapeutischer Helfer. Ich könnte mir vorstellen, daß Sie Ihr Lebens- und Liebespotential miteinander noch nicht voll ausgelotet haben. Mit weiteren Lotungen könnten Sie Aspekte, Wünsche und Gefühle entdecken, die Ihnen bisher entgangen sind oder regelrecht verstellt waren. Wünsche und Gefühle füreinander, aber auch gegeneinander und anderswohin. Vielleicht wollen Sie auch in Zukunft beisammenbleiben und finden sogar befriedigendere Möglichkeiten dafür als bisher.

Es könnte aber auch sein, daß Sie die Lösung in einer Trennung suchen, in einer freundschaftlichen Trennung mit guten, obschon eher separaten Kontakten mit Egon und eventuellen neuen Partnerschaften für beide Eltern. Egon könnte selbst bestimmen, bei wem er lieber auf Dauer bleiben möchte. Er kann es auch für eine Weile ausprobieren. Am ungünstigsten für ihn und vielleicht auch für Sie beide wäre eine Trennung in Feindschaft. Egon braucht seine Eltern, beide, mindestens noch einige Jahre lang, selbst wenn Sie nicht beisammenbleiben wollen. Aber vielleicht bleiben Sie beisammen."

Bei den Markungs war eine andächtige Stimmung entstanden. Es dämmerte schon seit einer Weile. Dr. Heiterkeit hätte eigentlich das Licht anschalten und die Vorhänge zuziehen wollen, sah aber davon ab. Für das, was er zum Abschluß sagen wollte, schien ihm die Dämmerung günstig. Nach anderthalb Stunden eines Wechselgesprächs, in dem die Markungs die Inhalte und Gefühle und Meinungsverschiedenheiten und vor allem ihre Schwierigkeiten miteinander dargelegt hatten, konnten und sollten sie nun auch von ihm etwas hören. Was er zu sagen hatte, sollte ihnen vertraut vorkommen, auf ihre Mitteilungen passend und einleuchtend. Zugleich sollte nichts präjudiziert sein. Verschiedene Möglichkeiten, die sie ansteuerten oder insgeheim und vielleicht sogar unbewußt erwogen, sollten nebeneinander bestehen dürfen. Die beiden Markungs würden diese Möglichkeiten betrachten und zu klären versuchen. Er selbst würde so lange zuhören und fragen, kommentieren, deuten und vermitteln, bis sie wirklich wußten, was sie wollten.

So schienen es die beiden auch aufzufassen. Sie blieben schweigend eine Weile in der Dämmerung sitzen. Dann sagte Leonardo Markung: „Da steht uns ja noch einiges bevor." Und Melodie Markung fügte hinzu: „Bittere Wahrheiten wohl." „Nicht nur bittere, aber auch die bitteren sollte man vielleicht auf Dauer nicht umgehen", ermunterte Dr. Heiterkeit. Dann stand er auf, machte Licht, zog die Vorhänge zu, und sie vereinbarten weitere Termine.

In den darauffolgenden Sitzungen, zu denen die beiden Markungs verläßlich und pünktlich kamen, ging es teils um die jeweiligen Kindheiten, teils um den gegenwärtigen Familienalltag. Dabei wurde beiden klar, wie wenig sie eigentlich über den Partner aus jener Zeit wußten, als sie einander noch nicht kannten.

Die Kindheit Melodies schien im Vergleich zu jener Leonardos wie eine Klausur. Melodies Mutter, Frau Astrid Schultheiß, die ihrer Tochter ihren Mädchennamen weitergegeben hatte, hatte sich als Sechzehnjährige im Zweiten Weltkrieg, als das bittere Ende Deutschlands immer schwärzer am Himmel aufstieg, in einen verwundeten Soldaten verliebt. Ihm war das Schienbein durch einen Granatplatzer so abgeschlagen, daß der Knochen nicht mehr heilte. Ein Jahr lang war er auf Krücken in Lazaretten herumgehumpelt, zuletzt dort, wo die spätere Mutter Melodies als Hilfskrankenschwester verpflichtet worden war. Als alles nichts half, wurde dem Unteroffizier der rechte Fuß amputiert. Dem Unglücklichen gelang es trotz seines Handicaps, oder vielleicht gerade deswegen, die junge brave Astrid selbst im Krankenhaus in sein Bett zu locken und schließlich zu schwängern. Astrid war so unerfahren, daß sie nicht gleich merkte, daß sie ein Kind erwartete, aber als es herauskam und sie es ihrem humpelnden Adonis mitteilte, erschoß sich dieser Narr.

So schilderte es Melodie. Ihre Mutter hatte es vielleicht ganz anders erlebt und erzählt. Der Mann war nämlich verheiratet gewesen, was er Astrid verschwiegen hatte, und er liebte angeblich seine Frau. Melodie hatte das alles erst erfahren, als sie in der letzten Klasse des Gymnasiums war und sich auf das Abitur vorbereitete. Das brachte ihr Gemüt etwas durcheinander und schwächte wohl auch ihre Leistungen bei den Prüfungen.

Melodie hatte damals ihre Mutter mit einer Behauptung in Verlegenheit gebracht: „Deswegen hätte er sich doch nicht erschießen müssen." Dieser Meinung war übrigens auch Leonardo, und Dr. Heiterkeit erinnerte daran, daß damals die Zeiten strenger gewesen waren. Aus heutiger Sicht hätte es der unglückliche Mann vermutlich kaum getan. Wenn er sich nicht von seiner Frau trennen konnte oder wollte, hätte er Alimente zahlen und sich vielleicht ein Besuchsrecht beim Kind aushandeln können.

Melodies Mutter, Astrid Schultheiß, dürfte das damals mit ihren sechzehn Jahren ganz anders gesehen haben. Bestimmt hatte sie dem Vater ihres kommenden Kindes nicht den Tod gewünscht, nun aber, da es geschehen war, mußte sie sich mit dieser Gegebenheit abfinden. Ihre unstatthafte Liebe war eben bestraft worden. Gott sei Dank!? Ihre Folgerung war jedenfalls, daß sie den Namen des Kindesvaters verschweigen mußte, und zwar bis zum heutigen Tag. Melodie hatte auch keine Ahnung, wo er zu Hause gewesen war und ob er andere Kinder hatte, ob es also irgendwo in der Welt für sie Geschwister gab.

Nicht nur das. Melodies Mutter, die ja gerade erst 17 Jahre alt geworden war, als Melodie geboren wurde, weigerte sich, ihre eigene Familie zu verständigen beziehungsweise bei den Behörden, die sich zum Kriegsende und in den schrecklichen Nachkriegsjahren einschalteten, den Aufenthaltsort ihrer Eltern anzugeben. So verstört war sie offenbar durch ihre massive, konzentrierte Erfahrung mit Liebe, Tod und Geburt. Ihre Familie stammte aus Stettin. Aus den ehemaligen deutschen Ostgebieten vertrieben, waren sie, sofern sie überlebt hatten, in der Bundesrepublik gelandet oder vielleicht ausgewandert. Ihr Vater war Volksschullehrer gewesen, aber nach dem Fall von Stalingrad zum Kriegsdienst eingezogen worden, und bald danach war auch Astrid dienstverpflichtet worden und in Süddeutschland gelandet. Sie hatte zwei jüngere Geschwister, aber sie wollte lieber gar nicht wissen, wo sie alle geblieben waren. Vater Schultheiß war ein strenger Mann gewesen. Wenn er den Krieg überlebt hatte, durfte er von ihrer schandbaren Situation nichts erfahren, und wenn er nicht überlebt hatte, wollte sie ihrer Mutter und den Geschwistern die Schande erst recht ersparen.

Auch all das hatte Astrid, Melodies Mutter, erst erzählt, als Melodie 18 Jahre alt gewesen war und vor dem Abitur stand. Bis dahin hatte sich die Mutter ihr gegenüber als ein Findelkind ausgegeben, das im Waisenhaus aufgewachsen sei. Dieses Schicksal der Verlassenheit wolle sie ihrer Tochter unter allen Umständen ersparen. Deshalb müßten sie beide, die sehr junge Mutter und die vaterlose Tochter, ganz fest zusammenhalten und sich auf niemanden sonst verlassen, vor allem auf keine Männer. Vertrauenswürdig wäre nur jener Mann, der einem einen Heiratsantrag machte, aber das auch dann erst voll und ganz, wenn man bereits mit ihm verheiratet war. Melodie müsse immer fleißig in der Schule und brav zu anderen Kindern sein, damit es ihr nicht eines Tages wie ihrer Mutter ginge. Mit sieben oder acht Jahren hatte Melodie zu ihrer Mutter einmal gesagt, so schlimm wie jener würde es ihr nie gehen, denn sie selbst, Melodie, habe immerhin eine Mutter und sei nicht im Waisenhaus aufgewachsen. Darauf hatte die Mutter geantwortet: „Sei still! Das verstehst du nicht." Erst zehn Jahre später, als die Mutter ihr Geheimnis enthüllte, erfaßte Melodie, warum sie das nicht hatte verstehen können: weil es nicht wahr war. Die Mutter hatte sie angelogen.

Im Vergleich dazu wirkte das Leben Leonardos und seiner Familie in dessen Kindheit und Jugend wie das perikleische Zeitalter, sofern man damals kein Barbar oder Sklave, sondern griechischer Staatsbürger männlichen Geschlechts war. Das Leben war für Leonardo Markung geordnet und üppig, schon in der Nachkriegszeit, als man in deutschen Städten verhungern konnte. Der Umgang mit den Menschen, die zu seiner Familie und zur Verwandtschaft gehörten, war frei und fröhlich, der Zutritt zu den Großeltern väterlicherseits und mütterlicherseits ungehindert, wann immer man ihn suchte, und das war nicht sehr häufig. Mit seinen drei Cousins und der Cousine hatte Leonardo gelegentlich lustige Stunden verbracht. Sogar mit den Besatzungsmächten, den Amerikanern und Engländern, herrschte ein gutes Einvernehmen. Leonardos Vater hatte zwar wie die meisten deutschen Männer und manche Frauen dem Kriegseinsatz nicht entgehen können, aber auch da hatte er Glück. Er kam als Stabsoffizier zur Abwehr der Invasion der Alliierten an die Atlantikküste, war dann, bereits auf deutschem Boden, in amerikanische Gefangenschaft geraten und drei Monate später wieder frei. Dabei hatte ein amerikanischer Offizier, der selbst Geschichtsprofessor an der Yale University war, seine Hand mit im Spiel gehabt.

Bei den Markungs gab es vielleicht auch Geheimnisse, aber man mußte sie suchen gehen, und wenn man welche fand, konnte man sie in der Regel lüften. Sie hingen nicht so stumm und drückend über der Familie wie bei den Schultheiß', zudem handelte es sich nur um zwei Personen, nämlich eine Erwachsene und ein Kind, das vor den Auswirkungen der Geheimnisse unbedingt bewahrt werden sollte.

Diesen mutmaßlichen Erlebnisunterschied hatte Dr. Heiterkeit deutlich zu machen versucht, und Leonardo hatte Melodies Mutter für ihre Lüge entschuldigt. Sie wollte wahrscheinlich nichts anderes, als Melodie vor dem gleichen Schicksal zu schützen. Melodie sollte sich für jenen Mann aufsparen, der sie heiraten würde. Sie durfte unter keinen Umständen auf einen schon verheirateten oder anderweitig gebundenen Mann hereinfallen.

„Und genau das konnte sie mit ihrer Lüge nicht verhindern", antwortete Melodie darauf, und als zuerst Leonardo und im Gefolge auch Dr. Heiterkeit wissen wollte, wie sie das meine, packte sie aus. Sie hätte vor ihrer Bekanntschaft und Freundschaft mit ihm (Leonardo) einen jungen Mann gekannt, der ihr den Hof machte, sie ausführte, mit ihr Zärtlichkeiten austauschte und sie schließlich zu bedrängen begann, mit ihm ins Bett zu gehen. Es war ein gewisses Vertrauensverhältnis zwischen ihnen entstanden, schilderte Melodie, und so hatte sie eines Tages auch ihre uneheliche Geburt erwähnt, und daß sie ihren Vater nie gekannt hätte – er sei vor ihrer Geburt gestorben. Sie wollte wissen, wie denn ein potentieller Liebhaber auf eine solche Neuigkeit reagiert.

Der junge Mann war davon in keiner Weise unangenehm beeindruckt. Wer lebt, müsse Vater und Mutter gehabt haben, ob er sie nun kenne oder nicht. Ein Menschenleben sei soviel wert wie das andere, behauptete er. Im übrigen habe auch er ein Geheimnis, darüber wage er allerdings noch nicht zu sprechen. Irgendwann einmal werde aber auch er so weit sein, daß er sie einweihen könne.

Diese Mitteilung wirkte so entspannend und erlösend auf Melodie, daß sie schließlich seinem Drängen nachgab und mit ihm ins Bett ging. Es waren schöne Erlebnisse, ihre ersten, sie war glücklich, auch über seine Versicherung, er gebe acht, daß sie nicht schwanger werde. Das wollte sie tatsächlich nicht, um keinen Preis, es sei denn in der Ehe, ihre Mutter hatte sie in dieser Hinsicht tief genug indoktriniert. Als sie ihn wieder einmal nach seinem Geheimnis fragte, zögerte er immer noch, schien aber bereiter als sonst, es preiszugeben. Und was war es? Er war bereits verheiratet.

Melodie berichtete, daß sie ihrem Freund dafür zuerst einmal eine Ohrfeige gegeben habe. „Das ist doch kein Geheimnis, das man in einer Liebschaft unter dem Tisch verstecken darf!" habe sie ihn angeschrien. Das hätte er jedoch nicht verstehen können. Sonst wäre sie doch nie mit ihm ins Bett gegangen, habe er erklärt. „Richtig", habe sie geantwortet. „Unsere Beziehung ist auf Betrug gebaut. Du hast dir meine Hingabe erschlichen."

Dieser Meinung war auch Leonardo. „Dem gehört das Fell über die Ohren gezogen", schimpfte er, „auch wenn sein Vergehen weit zurückliegt." Als er auch noch seinen Namen erfuhr, nämlich Otto Mölcker, ein Arbeitskollege, fuhr Leonardo sozusagen mit dem Kopf durch die Zimmerdecke. „Und ich dachte mir damals, gerade weil er verheiratet war, kam er als ernsthafter Werber nicht in Frage!" Und nun ließ er kein gutes Haar an Mölcker, der ein Schafskopf, Halbingenieur, schwacher Denker und Murkskonstrukteur sei, schon bei der Differentialrechnung klinke er aus.

„Aber das war doch alles vor dem Beginn unserer Beziehung", hielt Melodie dem aufgeregten Leonardo entgegen. „Du hattest ja noch gar keine Ansprüche auf mich geltend gemacht." Sie war verwundert und belustigt. In einem solchen Affektzustand hatte sie Leonardo überhaupt noch nicht erlebt. Er verlor sonst nie seine Fassung. Wenn er so gegenüber einem von ihr mutwillig ins Haus gebrachten Wrack wie Holger aufgetreten wäre, hätte sie nichts gegen dessen Verschwinden oder Hinauswurf einzuwenden gehabt. Leonardo aber schien damals alles gleichgültig gewesen zu sein.

Dr. Heiterkeit half den beiden, den scheinbaren Widerspruch zu klären. Holger, Berthold und Max waren Männer gewesen, die sich Melodie nach mehrjähriger Ehe angelacht hatte. Also stimmte anscheinend in ihrer Ehe etwas nicht, so mußte es Melodie empfinden. Leonardo nahm die Schuld dafür auf sich, auch wenn er keine einleuchtende Erklärung dafür hatte. Konnte es sein, daß er sich Otto Mölcker ebenbürtiger empfand, also die gleichen Chancen Melodie gegenüber sah? Doch hatte er sich von Mölcker täuschen lassen. Dabei hatte Mölcker vielleicht nicht einmal die Absicht gehabt, ihn zu täuschen – dazu war er zu naiv oder zu dumm. Die Enttäuschung darüber, wie er, der Intelligente und Gebildete, damals vom weniger Intelligenten ausgespielt wurde, war offenbar groß, da lag seine wirkliche

Verletzung. Dafür verspüre er Lust, sich zu rächen. Leonardo stimmte dem zu und versicherte Dr. Heiterkeit, daß er keine Attacke auf Mölcker plane, vierzehn oder fünfzehn Jahre nach einer solchen Täuschung wäre das nicht sinnvoll.

Zum Trost für Melodie hatte Otto Mölcker damals vorgebracht, daß er noch ein zweites Geheimnis hüte, für das Melodie vielleicht mehr Verständnis haben würde, aber das könne er noch nicht preisgeben. Bald darauf hatte Melodie aber auch dies erfahren, und als sie es nun hier auspackte, machte Leonardo eine wegwerfende Bewegung, der sich Melodie mit lautem Lachen anschloß. Es war, als ob sie beide, Melodie und Leonardo – so nannte sie ihn seit einigen Sitzungen, als ob „Leo" nicht mehr angemessen wäre und er vielleicht nun doch den vollen Namen verdiene –, mit dieser abfälligen Geste nicht nur Otto Mölcker, sondern auch die anderen Liebhaber Melodies, die zeitweiligen „Hausgäste", mit denen sie so provokanten Umgang gepflegt hatte, fallengelassen hätten, vielleicht für immer. Sie lachten. Das hatten sie schon sehr lange nicht mehr gemeinsam getan.

Otto Mölcker hatte Melodie damals noch gestanden, daß er nach ärztlicher Aussage wahrscheinlich unfruchtbar sei. Das war sein zweites Geheimnis. Otto hatte daher im intimen Verkehr mit Melodie überhaupt keine Vorsichtsmaßnahmen getroffen. Er wäre aber fest entschlossen gewesen, seine Frau zu verlassen und zu Melodie überzuwechseln, wenn sie wider Erwarten doch schwanger geworden wäre und das Kind, sein Kind, ausgetragen hätte.

Auch Dr. Heiterkeit hatte über Mölckers zweites Geheimnis lachen müssen, und er erklärte den beiden, was er zusätzlich so komisch fand, nämlich: Melodies Mutter hatte Melodie vor ihrem eigenen Schicksal der unerwünschten Schwangerschaft von einem verheirateten Mann um jeden Preis bewahren wollen, hatte es schließlich gewagt, ihr Geheimnis zu lüften, als Melodie schon über das Alter hinaus gewesen war, in dem es ihr selbst passiert war, und hätte doch beinahe unbewußt Melodie in eine fast identische Situation hineinkatapultiert. Glück im Unglück: der organische Defekt des Mannes und die Blauäugigkeit seiner Kalkulation; ferner seine Absichtserklärung der Ehe im Falle einer Schwangerschaft.

Otto Mölcker habe noch heute keine Kinder, berichtete Melodie dazu, auch nicht mit seiner zweiten Frau, nachdem ihm die erste schließlich davongelaufen und in einer neuen Liaison in kürzester Zeit schwanger geworden war. Sie aber, Leonardo und Melodie, hätten ein Kind, einen wunderbaren Sohn, um den sie sich allerdings mehr hätten kümmern sollen. Vor fünf, nein sechs Jahren habe sie allerdings einen Abgang gehabt. Wenn sie „der Hafer steche", scherzten die beiden, könnten sie sich auch jetzt noch auf ein Kind einlassen, auf ein kleines Mädchen vielleicht, 13 Jahre jünger als Egon – ein bißchen spät, doch wer weiß, wieviel Freude das noch bringen könnte... So alberten sie herum, bis Dr. Heiterkeit zur Besonnenheit mahnte. Sie hätten immer noch genügend Zeit zu überlegen, was sie tun sollten. Vielleicht gebe es für Melodie bislang noch unausgeschöpfte Beschäftigungsmöglichkeiten, vielleicht könnte sie auf gesellschaftlichem Umfeld etwas tun. Oder einmal dem verlorengegangenen oder vergessenen Teil ihrer Verwandtschaft nachforschen? Wo waren denn die Schultheiße geblieben? Was war aus den Geschwistern der Mutter geworden? Konnte man sich eventuell Melodies Mutter da zum Bundesgenossen machen? Leonardo war begeistert von der Möglichkeit und machte sich erbötig, mit seiner Schwiegermutter Astrid ein diplomatisches Gespräch zu führen. „Ein Gespräch mit psychotherapeutischen Implikationen?" fügte er hinzu, und Dr. Heiterkeit nickte.

Damit ging diese Sitzung zu Ende, nicht die letzte. Als die Markungs sich von Dr. Heiterkeit verabschiedet hatten, blieb er noch eine Weile sitzen und machte sich Notizen. Ihm fiel eine frühe „Diagnose", ein Vorurteil ein, zu dem er sich Melodie Markung gegenüber in seinem Kopf verstiegen hatte: „Alternde Hysterika".

Er hatte damals den Gedanken sofort zurückgewiesen. Das schloß jedoch nicht aus, daß er sich im Laufe der Zeit hätte bestätigen können. Nun war er aber sicher, daß die Diagnose nicht stimmte. Melodie war gesünder, als es zunächst den Anschein hatte, war in den Sitzungen lebendiger, freundlicher, ja man konnte sagen, jünger geworden. Ihre Mutter war wohl eher die Kranke gewesen oder geblieben, nach schweren Schicksalsschlägen und ängstlich-einsamen Lösungsversuchen, aber sie hatte sich wacker geschlagen und es letztendlich doch geschafft. Vielleicht konnten ihr die Kinder, Tochter und Schwiegersohn, und ihr Enkel noch helfen, sich das Leben zumindest jetzt, im Alter, leichter und offener zu gestalten.

Welche Hysterika aus seinem eigenen Leben hatte ihm denn damals einen Streich gespielt? Richtig, Barbara, eine kleine, blonde, zierliche Person, die eigentlich Wirtschaftswissenschaften studieren sollte, um eines Tages das große Modengeschäft ihrer Eltern zu übernehmen, doch das Studium gefiel ihr nicht. Sie hätte lieber Kunstgeschichte oder deutsche Literatur studiert, aber noch wichtiger waren ihr attraktive Freunde gewesen, die sie liebten und gewähren ließen und keine Arbeitsleistungen von ihr verlangten. Sie war mit einem Freund Dr. Gustav Heiterkeits verlobt gewesen, der Assistent an einem chemischen Institut war, er hieß Horst und war manchmal auf Dienstreisen. Wegen einer solchen mehrtägigen Dienstreise hatte er Gustav Heiterkeit und dessen Frau gebeten, Barbara auf einen Faschingsball mitzunehmen. Dort waren noch andere gemeinsame Freunde und befreundete Paare, auch einzelne Männer gewesen, aber Barbara wollte unbedingt mit Gustav Heiterkeit tanzen und sprechen und ihm sagen, wie unglücklich sie mit ihrem ersten Freund gewesen sei. Da sie ja nun Horst habe, sei alles in Ordnung, meinte Gustav, aber sie sagte, dazwischen sei ein zweiter Freund gewesen, der sie aus den Händen des ersten gerettet habe, dem sie hörig gewesen sei. Er habe mit ihr machen können, was er wollte. Dabei sei sie gar nicht glücklich mit ihm gewesen.

Gustav hoffte, daß sie dann wenigstens mit dem zweiten Freund glücklich geworden sei. Keineswegs, antwortete Barbara, und als es unerträglich für sie geworden sei, sei Horst aufgetaucht und habe sie gerettet. Mit Horst sei sie glücklich, aber er habe beruflich sehr viel zu tun und lasse sie zu oft allein, sie könne das Alleinsein nicht ertragen, das sei ihr Problem. Warum sie dann nicht zu ihren Eltern ginge? Weil ihre Eltern geschieden seien und nicht wissen dürften, daß sie nicht mehr Wirtschaftswissenschaften studiere. Oder zu ihrer Schwester oder ihrem Bruder, wenn sie welche habe? Nein, sie habe keine

Geschwister. Und was sie eigentlich von ihm wolle? Sie wolle in seine Beratungsstunde kommen. Das sei nicht günstig, da er ja mit Horst befreundet sei und da er sie ja auch schon im Bekanntenkreis kennengelernt habe. Beratung und Psychotherapie könne man nicht gut mit Freundschaft und Bekanntschaft mischen.

„Dann müssen Sie mir hier zuhören!"

„Das ist für eine psychologische Beratung nicht der richtige Ort."

„Wir können ja in die Bar gehen, dort ist man ungestört."

Zuletzt bestand sie darauf, daß er sie küsse, und er behauptete, das schließe sich erst recht aus. Auf ihr Drängen hin versprach er, es sich zu überlegen, ob sie nicht doch zu ihm in die Beratung kommen könne. So gut bekannt seien sie ja wieder nicht, meinte sie, und ob sie bei Horst bleiben wolle, das wisse sie noch nicht...

So heftig warb damals Barbara um Gustav Heiterkeit, und daß er erst vor kurzem geheiratet hatte, wußte sie auf den Tag genau. Was wollte denn diese niedliche, kleine Verrückte? Gustavs zweite Frau werden, oder die „Nebenfrau", sein Kind? Vielleicht sollte er sie doch zu sich in die Sprechstunde bitten und ihr das alles gütlich auszureden versuchen. Aber war das aussichtsreich? Nein.

Horst hatte eine Lösung gefunden, als er ein paar Tage später von seiner Dienstreise zurückkam. Barbara dürfe in eine Beratung oder Psychotherapie gehen, aber nicht bei Gustav Heiterkeit. Wenn sie zu Gustav gehe, betrachte er ihre Verlobung als gelöst.

So blieb denn Barbara bei Horst, sie heirateten, sie gebar ihm sogar zwei Kinder, aber dann verliebte sie sich in ihren Reitlehrer, und als sie jenem hörig geworden war, mußte sie ein anderer Reitlehrer retten...

Und die zweite „Hysterika", an die sich Gustav Heiterkeit erinnert hatte? Das war Ruth, eine junge Patientin, Studentin, schlank, mittelgroß, mit bildschönen Gesichtszügen und schwarzem, struppigem Haar, das einzige Kind eines trockenen, harten Vaters und einer weichen, romantischen Mutter, die mit ihrem Mann unglücklich verheiratet war und dies vor ihrem Kind zu verbergen trachtete. Wenn sie ihm statt der Tochter einen Sohn geboren hätte, vielleicht wäre der Vater dann für Mutter und Kind zugänglicher geworden.

Diese Patientin war sexuell unberührt und brauchte ein halbes Jahr, um ihre geheime Erwartung herauszulassen, daß der Psychotherapeut sie zu ihrer Heilung in die Kunst des Geschlechtsverkehrs einweisen würde.

Nachdem geklärt war, daß dem nicht so sei, beging Ruth einen nicht ganz ernstzunehmenden Selbstmordversuch, der von ihrer Umgebung kaschiert wurde und mit dem sie unter anderem erreichte, daß Dr. Heiterkeit sie am Krankenbett besuchte. Nach einem kurzen Gespräch bat Ruth, daß er ihre Scham streichle. Dr. Heiterkeit erklärte ihr, daß er das nicht dürfe, aber er streichelte sie über Stirn und Haare, mehrere Male, langsam und zärtlich. Dabei bemerkte er, wie sich ihr angespannter Körper lockerte, Tränen quollen ihr aus den Augen. Sie lächelte, erfaßte seine Hand und küßte ihre Innenseite, den Handteller, schloß die Augen und schlief ein.

Wie sich später herausstellte, war sie überzeugt gewesen, daß Dr. Heiterkeit sich vor ihr ekle, unter anderem vor ihrem struppigen Haar, und daß er sie eigentlich gar nicht anfassen wolle. Nun hatte sie den Beweis, daß dem nicht so war, und verwunderlicherweise – oder vielleicht gar nicht so verwunderlich? – kam ab dann ihr Leben in eine neue Ordnung. Sie erhörte einen ihrer beharrlichen Verehrer, verlobte sich, heiratete und bekam zwei Töchter, die nicht nur sie und ihren Mann und ihre Mutter entzückten, sondern sogar ihren Vater zum Schmelzen brachten...

Gruppentherapie mit Hindernissen

Herr Alfons Schiefer lebte in einer deutschen Kleinstadt als praktischer Arzt und Psychotherapeut. Er hatte sich in einer Zusatzausbildung die Berechtigung zur Ausübung der Psychotherapie verschafft. Wenn es nicht um die Abrechnung mit den Krankenkassen gegangen wäre, hätte er sogar darauf verzichten können. Ärztlich berechtigt zur Setzung psychotherapeutischer Maßnahmen fühlte sich damals mancher praktische Arzt.

Die Zusatzausbildung war allerdings inhaltlich enttäuschend gewesen. Andere Ärzte gestanden sich das vielleicht nicht ein, denen es mehr um das Geschäft mit der Psychotherapie und die Legitimation dazu ging, und je billiger diese zu haben war, desto besser. Die Lehrveranstaltungen, zu denen ausgebildete Psychotherapeuten Kollegen aus Stadt und Land einberiefen, fanden meistens in größeren Städten statt. In der Regel waren solche Ausbildungsgesellschaften von initiativen Psychotherapeuten gegründet worden, nicht selten in Anlehnung an psychotherapeutische Vereine, denen sie selbst angehörten. Die sogenannten theoretischen Lehrveranstaltungen mit eigens dafür engagierten und bezahlten Vortragenden mußten die Teilnehmer im wesentlichen nur absitzen: Ein Mindestmaß an Präsenz war Pflicht; doch gab es weder Diskussionen noch Prüfungen. Vielmehr machten sowohl die Vereinsmitglieder des Ausbildungsleiters wie er selbst mit diesen vorgeschriebenen psychotherapeutischen Selbsterfahrungsgruppen auch noch zusätzliche Geschäfte, und die Überwachung der psychotherapeutischen Arbeit der einzelnen Ärzte im Rahmen der Zusatzausbildung nahm die Zeit der Lehrtherapeuten zusätzlich in Anspruch.

Diese mehrfache wirtschaftliche Aktivierung hatten die Auszubildenden selbst zu finanzieren. Billig war das nicht, doch würden sie das bald alles wieder einkassieren können, wenn sie selbst erst einmal als Psychotherapeuten arbeiteten. Die Therapien, zunächst noch unter Aufsicht abgehalten, da sie ja noch Lernende waren, zahlten meistens die Krankenkassen, selbst die eigene psychotherapeutische Selbsterfahrung der Ärzte wurde, soweit Herr Schiefer das in Erfahrung bringen konnte, mitunter auch über die Krankenkassen abgerechnet. Da hatten sich die Ärzte plötzlich kleine Neuröschen, Depressionen oder psychosomatische Störungen zugelegt, und daß es sich um Lehrbehandlungen der Auszubildenden handelte, wurde den Krankenkassen nicht deutlich.

Herr Schiefer seinerseits wollte damit nichts zu tun haben. Er bezahlte, was er in seiner Zusatzausbildung in Anspruch nahm, und er hatte das Glück, einen sehr guten Lehrtherapeuten und einen vielleicht noch besseren psychotherapeutischen Supervisor zu finden. Völlig überraschend äußerte sein Lehrtherapeut, noch ehe er die von der Landesärztekammer vorgeschriebene Stundenzahl von 200 Stunden erreicht hatte, daß ihm die volle Stundenzahl nach der 120. Stunde anerkannt würde. Er gehöre zu den entspanntesten, aufgeschlossensten und psychologisch gewandtesten Patienten, die er bisher in Lehrtherapie gehabt habe. Seine psychotherapeutische Tätigkeit sei, soweit in der Lehrtherapie angesprochen, fundiert und versiert, Schwierigkeiten mit seinen Patienten werde er kaum haben. Das, so der Lehrtherapeut, hätte er nur von wenigen der Auszubildenden sagen können oder mögen, mit denen er bisher in Lehranalyse zu tun hatte. Und der psychotherapeutische Supervisor verstieg sich sogar zu der Behauptung, er, Schiefer, sei geradezu ein Naturtalent, was Psychotherapie beträfe. Alles, was er ihm beibringen könne, scheine Herr Schiefer bereits zu wissen oder verfügbar zu haben, und mißverstanden oder verkannt oder fehlgedeutet habe Herr Schiefer seine Patienten seines Wissens eigentlich nie.

Herr Schiefer hatte sich über diese Beurteilungen gefreut, obwohl er sich gar nicht bewußt war, daß ihm die psychotherapeutische Arbeit so besonders gut gelang oder leichtfiel. Was er gegenüber seinen Patienten tat und äußerte, war ihm immer selbstverständlich gewesen, im Grunde schon längst, bevor er seine Zusatzausbildung in Psychotherapie begonnen hatte. Nun, vielleicht stimmte das, was die beiden Psychotherapielehrer sagten – er seinerseits hatte jedenfalls an ihnen nichts auszusetzen... Sein zweiter therapeutischer Supervisor äußerte sich erst zwei Jahre nach Beendigung der Supervision Schiefers bei einer zufälligen Begegnung spontan in ähnlicher Weise.

Dabei hatte Alfons Schiefer keineswegs eine unbeschwerte Kindheit und Jugend gehabt, und auch in der Mitte seines Erwachsenenalters hatte er noch mit gravierenden Veränderungen fertig werden müssen.

Sein Vater, der im Zweiten Weltkrieg eine schwere Kopfverletzung erlitten hatte, war an den Spätfolgen gestorben, als er zehn Jahre alt gewesen war. Die Mutter, die mit dem Vater nicht gerade gut umging, klammerte sich nach dessen Tod an ihren Sohn. Später half ihm seine jüngere Schwester, sich von der Mutter zu lösen.

Alfons Schiefer schloß eine Ehe, die glücklich begann und aus der ein Sohn entsprang. Dann erkrankte seine Frau an Multipler Sklerose und wurde nach und nach zum Pflegefall. Schiefer war gezwungen, Pflegerinnen zu engagieren, und um sie zu finanzieren, übernahm er zusätzlich zur Praxis noch psychotherapeutische Aufgaben; bei seinen Klienten fand er Anklang und Bestätigung. Er zog seine klugen und einfühlsamen Therapien nicht ungebührlich in die Länge wie andere Therapeuten, deshalb waren seine Patienten auch bereit, ohne die Krankenkassen auszukommen und aus eigener Tasche zu bezahlen. Als er jedoch bemerkte, daß manche doch einiger Stunden mehr bedurft hätten, war guter Rat teuer. Weil er ihre Geldbeutel schonen wollte, versuchte er zunächst, den Patienten eine Botschaft oder eine Deutung ihres Lebens, ihrer persönlichen Beziehungen oder ihres Leidens mit auf den Weg zu geben. Wenn das nicht ausreiche, so sagte er, könnten sie ihn ja jederzeit erneut aufsuchen. Aber warum, überlegte er dann, sollten eigentlich die Krankenkassen nicht dafür herhalten? Wozu zahlten die Patienten denn ihre Beiträge? Außerdem hatten zwei der ihm bekannten approbierten Psychotherapeuten das, was er tat, mehr scherzhaft als im Ernst eine „wilde Psychotherapie" genannt. Damit war gemeint, daß er keine professionelle Schulung besaß. Der eine hatte ihm allerdings schon damals zugebilligt, wie später seine Lehrtherapeuten, daß er einen „grünen Daumen" für die Psychotherapie habe. Was er anfasse, mache er anscheinend gut und richtig. Seine Patienten fingen an, wieder zu gedeihen und zu wachsen.

Eine weitere Komplikation im Privatleben Alfons Schiefers war seine außereheliche Beziehung mit einer jüngeren Frau. Sie hieß Vanessa und hatte eine sechsjährige Tochter Lis. Vanessa war eine der Pflegerinnen gewesen, die er für seine Frau angestellt hatte und in die er sich nach bereits mehrjähriger Enthaltsamkeit eines Tages verliebt hatte. Seine Frau war seit Jahren an den Rollstuhl gebunden und konnte sich kaum mehr bewegen.

Zwar hatte Schiefer gelegentliche Liebesangebote von Frauen erhalten, besonders wenn sie wußten, wie krank seine Ehefrau war, aber er ging nie darauf ein. Auch seine Verliebtheit in Vanessa hätte ihn allein nicht bewogen, die Sache zu betreiben. Vanessa jedoch hatte ihm nach etwa drei Monaten der Pflege seiner Frau zögernd und ratlos mitgeteilt, daß sie ihn liebe. Erst da hatte er sich eingestanden, daß er Vanessas Gefühle erwiderte. Sogleich jedoch war auch sein humanes oder psychotherapeutisches Gewissen wach geworden.

Seine Frau hatte ihn schon vor Jahren freigegeben, was körperliche Liebe betraf, er hatte es jedoch abgelehnt. Er liebte sie und wollte ihr nicht weh tun. Jetzt aber fühlte er zum ersten Mal, daß er liebte – bislang hatte er, seit seine Frau so heftig erkrankt war, Anträge oder Geständnisse anderer Frauen immer erfolgreich abgewehrt. Jetzt stand er unvermutet vor einer schwierigen Entscheidung. Wenn er sich auf Vanessa einließ, mußte sie aus dem Pflegedienst ausscheiden, er konnte es nicht riskieren, daß seine Frau das entdeckte – der Schmerz, auch nur ein Verdacht, könnte ihr Schaden zufügen. Sie neigte in solchen Dingen ohnedies dazu, den Schmerz in sich hineinzufressen und sich selbst zu quälen.

Vanessa sah das sofort ein und fand bald eine andere Stelle. Eine diskrete Liebesbeziehung begann, von der weder Alfons Schiefers Sohn noch Vanessas Tochter Lis etwas bemerkten. Lis glaubte vielmehr, einen freundlichen Onkel gewonnen zu haben, der in Abständen zu Besuch kam und immer aufmerksam und nett zu ihr war. Vanessa schien beglückt zu sein und blühte auf – auch wenn sie mit den Trennungen nur mühsam und sehnsüchtig zurechtkommen konnte. Für Alfons ertrug sie jedoch diese Mühe gern und klammerte sich an ihn nicht anders, als es früher seine Mutter getan hatte. Letztlich aber ordnete sie sich ihm unter und erhöhte ihn zu ihrem Retter und Ritter. Sie hatte nämlich „eine Vergangenheit", und in die wollte sie nie mehr zurück.

Vanessa, deren Eltern nicht miteinander, aber auch nicht ohne einander leben konnten, hatte in ihrer frühen Jugend gegen sie aufbegehrt. Das Seltsame war, daß sie sich ihr nur dann öffneten, wenn sie einander haßten: dann kamen sie zu ihr, um sich zu beklagen, und forderten von ihr Solidarität im Haß, doch das wollte sie nicht. Wenn sie sich jedoch wieder vertrugen, fuhren sie fröhlich, als ginge es in die Flitterwochen, irgendwohin und ließen Vanessa traurig und bange zurück, und sie mußte sich sogar selbst versorgen.

Kein Wunder, daß sie eines Tages in die Drogenszene geriet und schließlich sechs Jahre lang für ihre Eltern verschwunden war – in Italien, kurz in der Türkei und schließlich in Indien. Wieder in Italien zurück, machte ihr ein Italiener ein Kind: Lis. Sie war sich später nicht sicher, wer von drei schwankenden, träumenden Gestalten, die nicht nur um Geld und Drogen, sondern auch um Liebe gebettelt hatten, der Vater gewesen sein könnte, auch wenn sie manchmal Ähnlichkeiten mit dem einen oder anderen zu entdecken meinte. Inzwischen war die Erinnerung an diese jungen Männer längst verblaßt, mehr noch – die ganzen sechs Jahre lagen wie hinter einem hellgrauen, schweren Schleier verborgen. Sie hatte keinen Zugang mehr dazu. Nicht einmal die ersten zwei Lebensjahre von Lis konnte sie sich wieder ins Gedächtnis rufen. Erst später, als sie bei ihren Eltern Unterschlupf für sich und das Kind suchte, kehrte die Erinnerung zurück.

Inzwischen lebten ihre Eltern nun getrennt, die Mutter war allein, der Vater hatte wechselnde Partnerinnen. Und wenn sie die Hoffnung gehabt hatte, daß ihre Eltern nun für sie ein bißchen Zeit und Interesse erübrigen konnten, so irrte sie sich: sie waren mehr denn je mit sich selbst beschäftigt. Die Mutter äußerte sich nur, daß das Kind ja ganz „verstört" sei, und dem Vater war es „zu verhungert". Im Grunde wollte er nichts mit Lis zu tun haben, sie war ihm unheimlich.

Vanessa erinnerte sich, daß sie damals unerwartet schrie – ein Schrei des Erbarmens mit ihrem Kind. Zuletzt nannte sie ihren Vater ein „Scheusal", drückte ihr Kind an sich und verließ den Vater für immer. Nun fiel die Trance, die sie sechs Jahre lang umfangen hatte, von ihr ab, und ihr wurde plötzlich klar, daß sie ihr Kind retten mußte, daß sie arbeiten mußte, um es am Leben zu erhalten, und daß ihr Kind eine Heimat und eine feste Bleibe brauchte. Es war ihr Kind, gleichgültig, wer der Vater war. Lis sollte es einmal wenigstens so gut haben wie sie selbst, vielleicht noch besser.

Diese Belastungen trug Alfons Schiefer mit, und es gelang ihm recht gut. Vanessa hatte inzwischen schon das Leben für das Kind eingerichtet und beschafft, was es brauchte. Von Lis' Verstörung war nichts mehr zu erkennen, sie war wohlgenährt, hübsch, ein fröhliches und lebhaftes Kind. Nur eine Bezugsperson wie Alfons hatte sie bislang vermissen müssen, einen „guten Onkel".

Der karge Haushalt allerdings hatte Alfons überrascht. Vanessa und Lis hatten kaum Möbel und schienen auch keine zu entbehren. Es gab weder Bücher noch Bilder, Vasen oder Teppiche, kein Werkzeug, nicht einmal ein Nähzeug. Behutsam hatte er geholfen, die Wohnung mit etwas mehr Hausrat zu füllen und wohnlicher zu machen. Er demonstrierte den Gebrauch eines Mixers zum Beispiel, eines Grills oder eines Staubsaugers, und um nicht zu belehrend zu wirken, redete er mit sich selbst, als ob er sich seiner Sache nicht ganz sicher sei.

Vanessa fand das alles richtig gemütlich, machte gern mit und entwickelte bald eigene Initiativen. Allmählich begann auch Lis zu diesen Tätigkeiten wie zu den Geräten, dem Geschirr, zu Wäsche, Kleidern, Möbeln, zur ganzen Wohnung Vertrauen zu fassen.

Alfons Schiefers Lebensverhältnisse waren keineswegs einfach, und derlei hat schon manchem Psychotherapeuten die Arbeit mit seinen Patienten erschwert. Schiefer wußte das und war bedacht darauf, seinen Alltag trotz der Komplikationen einigermaßen in Ordnung zu halten und Beunruhigungen zu beschwichtigen.

In seiner therapeutischen Arbeit lag ihm die Gruppentherapie besonders am Herzen, denn mit ihrer Hilfe konnte er nicht nur jene betreuen, für die er in der Einzeltherapie nicht genügend Zeit hatte, sondern auch andere, für die nach Alter und Problemlage eine Familientherapie nicht indiziert war. Familientherapie hielt er dann für günstig, wenn es mit Kindern oder Jugendlichen Probleme gab, eine Paartherapie dann, wenn es um Konflikte zwischen Lebenspartnern ging. Die Voraussetzung allerdings war immer, daß beide Partner auch bereit waren zu kommen.

In jeder Einzeltherapie war die Familie des Patienten immer ein wichtiger Themenbereich, nicht anders als in der Gruppentherapie. Der Vorteil der Gruppe war, daß die Teilnehmer auch die Familienerfahrungen der anderen Mitglieder kennenlernten, sofern der Therapeut die Gruppe gewähren ließ. Und das soll er auch, daran glaubte Schiefer fest. Die Gruppe wußte stets am besten, was sie wollte und was ihr guttat. Der Therapeut brauchte nicht viel mehr als zu sehen, daß alle zu Wort kamen, die etwas sagen wollten, daß man sie möglichst zu Ende reden ließ und daß alle gut zuhörten. Die Familienerfahrungen der anderen waren ein anschauliches Material, und jeder Teilnehmer konnte sie mit seinen eigenen vergleichen.

So etwas gab es für den Patienten in der Einzeltherapie nicht, dort standen ihm nur seine eigenen Lebens- und Sozialerfahrungen zur Verfügung. Der Therapeut steuerte nichts von sich dazu bei, sondern half lediglich, das eigene Material zu sichten und zu ordnen. Fehlende oder ängstlich gemiedene Erfahrungsbereiche konnten zwar in der gegenwärtigen Alltagswirklichkeit erprobt werden, aber oft wußten die Mitspieler im Alltag nicht, woran sie waren und was sie damit sollten.

In der therapeutischen Gruppe dagegen machten es die Teilnehmer untereinander aus, was von den eingebrachten Erfahrungen zu halten war, berieten und stützten einander, behandelten ihre Gefühlsbeziehungen zueinander, ihr Verhalten und ihre Ambitionen in der Gruppe. Sie waren alle sowohl Betroffene als auch Zeugen all dessen, was in der Gruppe geschah. Der Gruppenleiter lenkte diese Vorgänge nach bestem Wissen und Gewissen und konnte damit rechnen, daß die Gruppe ihn korrigierte, wenn er ihre Interessen deutlich oder beharrlich verfehlte. Seine eigene Lebenssituation aber blieb ausgespart.

Alfons Schiefer stellte gern Patienten, die er aus den Vorgesprächen bereits kannte, zu kleinen Gruppen zusammen. Das bot den Vorteil, in der verfügbaren Zeit mehr als einer Person zu nützen und andererseits den Patienten die Vorteile der Gruppentherapie nicht vorzuenthalten; zudem sparten sie dabei Geld. Für eine Gruppensitzung erhob er weniger als für eine Einzelsitzung, und die Patienten bekamen mehr Zeit für ihr Geld. Die Aufarbeitung einer Gruppensitzung war für den Therapeuten allerdings auch schwieriger und langwieriger als die einer Einzelsitzung, wenn er die Sache ernst nahm, und das tat Alfons Schiefer. So war er mit seinen Gruppen schon verfahren, ehe er sich die Legitimation zur Abrechnung mit den Krankenkassen erworben hatte.

In der Gruppe, deren fünfte Sitzung ich zum Teil wörtlich wiedergeben werde, nahmen folgende fünf Personen teil, die allesamt unter anderem Partnerprobleme als Grund für ihre Therapiesuche angegeben hatten, die aber allein kommen wollten oder nur allein kommen konnten. Der Partner wollte entweder nicht mitmachen, oder er wußte nichts davon.

Da war einmal Frau Renate Einfalt, eine naiv wirkende, dunkelhaarige, gut verdienende Sekretärin Mitte dreißig, die vor wenigen Monaten den wesentlich älteren wohlhabenden Freund unerwartet verloren hatte. Seither war ein anderer Freund aufgetaucht, ein eleganter Mann ihres Alters, der mit einer kleinen Fabrik angeblich gerade in Konkurs gegangen und im Moment nicht gut bei Kasse war. Das schreckte jedoch Frau Einfalt nicht. Sie verdiente gut und konnte für ihre verwitwete Mutter sorgen. In den bisherigen Gruppengesprächen hatte sich allerdings herausgestellt, daß die Mutter ganz allein den gesamten Haushalt führte und nicht nur für sie kochte, sondern auch für Gäste, die Renate gelegentlich heimbrachte. Renate Einfalt hatte zu Hause „mit dem Kleinkram nichts zu tun". Auch den Hund, den sie

149

sich hielt, betreute in der Hauptsache die Mutter. Renate selbst spielte Klavier, experimentierte ständig mit Reformdiäten und interessierte sich für Anthroposophie.

Dann war da Frau Trude Herzog, eine etwas streng wirkende, blonde, geschiedene Frau und Mutter zweier halbwüchsiger Kinder, eines Sohnes, den der Vater für einen Versager hielt, und einer Tochter, die ihren älteren Bruder mit ihren Schulleistungen und ihrer Popularität unter anderen Jugendlichen weit in den Schatten stellte. Frau Herzogs Mann kam für den Unterhalt der Familie auf. Sie mußte nicht arbeiten, überlegte jedoch, ob sie es nicht tun wollte. Ihr Mann hatte längst eine neue Frau genommen und ein gemeinsames Kind mit ihr. – Frau Herzog jedoch hatte weder eine ernsthafte Bekanntschaft noch viele Freunde, denn die meisten hatten es nach der Scheidung eher mit ihrem Mann als mit ihr gehalten. Lediglich auf ihren jüngeren Bruder konnte sie sich im Notfall verlassen, allerdings hegte er ganz andere Interessen als sie. Als Vaterersatz für ihre Kinder kam er kaum in Frage, und ihr eigener Vater war nach einem Schlaganfall körperlich erheblich behindert.

Die dritte Frau in der Runde war Frau Gisela Müller, eine grauhaarige, kleine, freundliche Person. Sie war verheiratet und hatte zwei Söhne. Beide studierten an der Technischen Universität der Landeshauptstadt, der ältere war gerade fertig geworden und hatte ebendort eine Stelle als Elektrotechniker angenommen. Beide hatten noch ihre Zimmer im Haus, waren aber nur mehr gelegentlich zu Hause zu Besuch.

Frau Müller, geborene Seelengold, litt unter der Muffigkeit ihres Mannes und in der letzten Zeit auch unter seinen Zornausbrüchen. Sie schrieb es den Anstrengungen in seinem Beruf zu, er war als Handelsvertreter tätig. Lieber bastelte er in Haus und Garten als mit ihr zu sprechen. Er rauchte viel, saß jeden Abend vor dem Fernseher und trank dazu mindestens eine Flasche Wein. Frau Müller war in der letzten Zeit zu einer bekennenden Christin geworden und versuchte, viel Gutes zu tun. Auch ihrem Mann hätte sie gern geholfen, aber er hielt nicht viel davon. Ihre Söhne dagegen waren auf ihrer Seite, und deswegen kam es manchmal zu heftigem Streit.

Außerdem gehörten noch zwei Männer zu der Gruppe, Herr Wendler und Herr Kupferpfennig; rechnete man Alfons Schiefer dazu, so ergab das ein ausreichendes Gleichgewicht der Geschlechter.

Herr Jakob Wendler war Jurist und höherer Beamter im Wirtschaftsministerium des Bundeslandes. Für die Gruppensitzungen kam er aus der Landeshauptstadt angefahren. Er war ein schöner Mann mit dichtem, vorzeitig ergrautem Haar, der zu Hause eine feinfühlige, ängstliche Frau und eine zwölfjährige brave Tochter hatte. Eigentlich kam er wegen seiner Frau. Er hatte versucht, sie zu einem Psychotherapeuten zu bringen, aber sie wollte nicht, schon gar nicht in die Landeshauptstadt. So war Herr Wendler zu Dr. Schiefer gekommen, denn die Stadt, in der er ordinierte, war nur eine halbe Fahrstunde entfernt.

Herr Wendler erhoffte sich von seiner Teilnahme an der Gruppe einen Fingerzeig, wie er seiner Frau besser helfen könnte. Er fand, daß man mit Dr. Schiefer gut sprechen konnte, und war neugierig auf die Gruppenarbeit geworden, ganz im Gegensatz zu seiner Frau. Vielleicht lernte er da, wie man jemand für die Psychotherapie motivieren konnte.

Mit seiner Tochter hatte er keine Probleme. Wenn sie in der Schule etwas nicht verstand, kam sie zu ihm. Seine Frau hätte ihr zwar genausogut helfen können, aber sie schien die Tochter immer wieder in Prüfungsängste zu versetzen und war strenger als die Lehrer im Gymnasium, so behauptete Herr Wendler.

Der nächste Teilnehmer hieß Lothar Kupferpfennig, ein gedrungener Mensch mit schütterem, kurz geschorenem, blondem Haar. Er war etwa fünfundfünfzig Jahre alt und stellte sich gern als großen Sportsmann dar. Er fuhr jedes Jahr vier Wochen Ski, auch über schwierigste Pisten, und war frühzeitig pensioniert worden, einerseits wegen Konflikten, in die er mit seinen Vorgesetzten geraten war, andererseits wegen eines Geburtsfehlers. Er hatte, wie man erst vor wenigen Jahren anläßlich einer medizinischen Routineuntersuchung festgestellt hatte, nur eine Niere. Beschwerden hatte er deswegen zwar nie gehabt, aber der Tatbestand kam ihm gelegen.

Er war mit einer vierzehn Jahre älteren Schauspielerin verheiratet, deren einstmals große Rollen immer kleiner geworden waren und deren Name den Gruppenteilnehmern unbekannt war. Doch das besage nichts, hatte Frau Müller-Seelengold sich gleich beeilt zu erklären. „Sie gehört eben einer anderen Generation an." Frau Müller wollte damit offenbar Herrn Kupferpfennig trösten. Frau Einfalt entgegnete jedoch, das könne doch kaum der Fall sein. Nun erst nannte Kupferpfennig das wahre Alter seiner Frau.

All diese Einzelheiten waren in der Gruppe zur Sprache gekommen und damit allen Teilnehmern bekannt. Herr Dr. Schiefer hatte vieles davon schon aus den Vorgesprächen mit jedem einzelnen gewußt, aber er hütete sich, etwas davon in der Gruppe auszuplaudern. Erst wenn der Betreffende es selbst in die Gruppe eingebracht hatte, war es ihm, dem Therapeuten, erlaubt, darauf Bezug zu nehmen. So hielt er es jedenfalls und wunderte sich, wenn er gelegentlich auf Gruppentherapeuten stieß, die diese Sorgfalt im Umgang mit dem unter vier Augen anvertrauten Material in der Gruppe vermissen ließen. Bei solchen konnte sich ein Gruppenmitglied unerwartet bloßgestellt fühlen.

Noch etwas anderes beachtete Herr Schiefer schon bei der Zusammenstellung seiner therapeutischen Gruppen: die Teilnehmer sollten einander nach Möglichkeit unbekannt oder zumindest nicht näher bekannt sein, sollten weder aus einer Familie noch miteinander befreundet sein noch den gleichen Arbeitsplatz teilen. Auch sollten die Partner und Kinder eines Gruppenmitgliedes nicht mit den Familien der anderen Teilnehmer zusammentreffen. Paare brachte er nach Möglichkeit in einer Paaregruppe zusammen. Auch suchte er zu verhindern, daß sich einer von vornherein benachteiligt oder bevorzugt fühlte. Alle sollten ihr Interesse, ihre Anteilnahme und ihre Sympathie gleichermaßen gut auf jeden der Teilnehmer verteilen und auch von jedem empfangen können. Keinesfalls sollten Untergruppen entstehen, von denen andere ausgeschlossen waren. – Bei der Auswahl seiner Patienten betrieb Herr Schiefer jedoch keine polizeilichen Nachforschungen. Auch fragte er die prospektiven Gruppenmitglieder nicht im voraus, ob sie die anderen kannten.

Ob ihm die Auswahl in seinem Sinne gelungen war, das würde sich bei der ersten Zusammenkunft der Gruppe ohnedies herausstellen.

Sein Bemühen um Chancengleichheit war auch der Grund, warum Herr Schiefer seinen Patienten empfahl, sich nach Möglichkeit während der Dauer der Gruppentherapie nicht außerhalb der Gruppe miteinander zu treffen. Alle Kontakte zwischen den Teilnehmern sollten am besten vor den Augen und Ohren der Gruppe stattfinden. Außerhalb der Gruppentherapie wäre nur eine Zusammenkunft aller Teilnehmer akzeptabel, denn dann wäre nur der Gruppentherapeut ohne Information darüber, was vorgefallen war, und einiges davon würde er vielleicht in den nachfolgenden therapeutischen Gruppensitzungen ohnedies erkennen können oder mitgeteilt bekommen. Früher oder später allerdings wird sich in jeder Gruppe die Frage erheben, wie die Teilnehmer es auf Dauer haben wollen. Einen grundsätzlichen Einwand gegen eine Art von Gruppentherapie, in der sich die Teilnehmer ohne Therapeuten zu einer Art Selbsthilfegruppe trafen, erhob Herr Schiefer nicht.

Die Gruppentherapie wurde allerdings durch eine solche Zusatzveranstaltung komplizierter; die Vorgänge in ihr waren etwas schwieriger zu durchschauen, nicht nur für den Therapeuten, sondern auch für die Gruppenmitglieder. Zweimal hatte Dr. Schiefer in seinen Therapiegruppen so etwas schon erlebt, und beide Male hatte die jeweilige Gruppe nach ausführlicher Diskussion und Prüfung eigener Eindrücke und Erfahrungen in seinem Beisein beschlossen, auf diese „Sondersitzungen ohne Therapeuten" zu verzichten. In beiden Fällen hätte die Gruppe nichts dagegen gehabt, wenn Schiefer dabeigewesen wäre; „er hat ja nicht die Zeit" und „das kostet zusätzliches Geld" waren damals als Hindernisse genannt worden. „Vielleicht dauert es auf diese Weise länger, aber Schiefer wird uns schon so lange beistehen, wie wir ihn benötigen", sagte schließlich jemand. „Und wenn wir uns später einmal wieder treffen wollen, ob regelmäßig oder nicht, das bleibt uns unbenommen."

An diesem Tage fand, wie gesagt, die fünfte Sitzung der fünfköpfigen Gruppe statt, die ich beschrieben habe. Es war später

Nachmittag. Jede Sitzung dauerte etwa anderthalb Stunden. Die Gruppe war bisher immer vollständig gewesen, so auch heute. Alle saßen in bequemen Sesseln mit Armstützen in einem lockeren Kreis, zur Linken von Dr. Schiefer Frau Einfalt, neben ihr Herr Wendler, dann im Uhrzeigersinne Frau Herzog, Herr Kupferpfennig und Frau Müller. Es war die gleiche Sitzordnung wie voriges Mal. In der ersten Sitzung hatten allerdings die Frauen nebeneinander Platz genommen, in der zweiten Sitzung hatten sich die Männer zwischen die Frauen gesetzt, und in der vierten Sitzung hatten Herr Wendler und Herr Kupferpfennig erstmalig ihre Plätze vertauscht, da saßen sie schon so wie heute.

Nach einer kurzen Anfangspause begann Herr Kupferpfennig damit, zu erzählen, daß er auf der Anfahrt (mit Auto) fast von einem rabiaten Autofahrer gerammt worden wäre, obwohl er Vorfahrt hatte. Wenn es einen Unfall gegeben hätte, wäre er wohl im Krankenhaus gelandet. „Da haben wir ja Glück gehabt, daß Sie uns erhalten geblieben sind", äußerte nach kurzer Diskussion des Herganges Frau Einfalt wohlwollend. Herr Kupferpfennig zog über die heutige Jugend her und wurde von Frau Müller beschwichtigt und getröstet. Sie glaube nicht, daß die junge Generation wirklich so rücksichtslos sei, wie er behauptet hätte, sagte sie, und sie verwies auf ihre beiden Söhne. Frau Herzog meinte, nicht die junge Generation, sondern die ältere – als Beispiel nannte sie den Mann von Frau Müller oder ihren eigenen (geschiedenen), Herrn Herzog – täte, was sie wollte. Als er eine neue Freundin gehabt hätte (jene Frau, die er nach der Scheidung heiratete), hätte es zwischen ihnen keine Diskussion mehr gegeben. Sie, Frau Herzog, hätte weinen oder toben, ihm mit Selbstmord oder hohen Zahlungsforderungen drohen können, nichts hätte Eindruck auf ihn gemacht.

„Haben Sie es wenigstens versucht?" fragte Herr Wendler. Frau Herzog bejahte, gab aber zu, daß sie ihre Affekte nicht gut ausdrücken könne, sie sei zu schüchtern. In finanzieller Hinsicht sei ihr Mann nicht knauserig. Seit er mit seiner neuen Frau einen kleinen Sohn habe, seien ihm jedoch ihre (gemeinsamen) Kinder gleichgültig geworden. Teresa (ihre Tochter) würde das Kind des Vaters gern sehen, aber seine Frau verwehre ihr das. Er, ihr

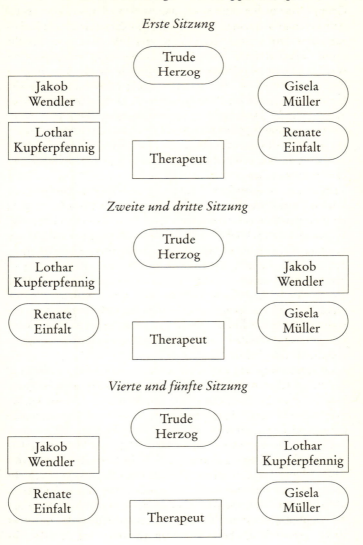

Abb. 1: Sitzordnung in der Gruppentherapie

Mann, spreche da kein Machtwort. So glaube Teresa, daß der Vater sich nun auch von ihr so abgewendet habe wie von Martin (Teresas Bruder). Sie (Frau Herzog) glaube indessen, daß sich Martins Selbstbewußtsein seit dem Weggang des Vaters allmählich gestärkt habe. Die fröhliche und erfolgreiche Teresa dagegen sei jetzt zeitweise unsicher und traurig geworden.

„Das wird Teresa schon überwinden", tröstete Frau Müller. Sie sei doch unter ihren Schulkameraden und Freundinnen so beliebt. Herr Kupferpfennig meinte, Teresa solle ihren Vater außerhalb seines Hauses aufsuchen, an seinem Arbeitsplatz oder auf dem Heimweg, und ihn zur Rede stellen. Vielleicht könne ein Freund, eine Freundin oder ihr Bruder sie begleiten, dann hätte sie einen Zeugen.

„Was soll er bezeugen?" fragte Herr Wendler, zunächst zu Herrn Kupferpfennig gewandt. „Daß der Vater seine Tochter schlecht behandelt? Den Gefallen wird ihr der Vater wahrscheinlich gar nicht tun. Sie haben doch selbst auch einen Bruder, Frau Herzog. Vielleicht kann er sich Ihrer Tochter ein bißchen annehmen, solange sie sich in einer seelischen Krise befindet?"

Die Gruppe erfuhr von Frau Herzog, daß ihr Bruder derzeit dasselbe tue wie ihr Mann. Er habe eine Familie mit zwei kleinen Kindern, verdiene kaum genug für ihren Lebensunterhalt, bekomme von seinen Eltern Zuschüsse und sei von einer geschiedenen Frau, die um einiges älter sei als er und einen Sohn habe, völlig vereinnahmt worden.

„Wie war das möglich? Lebt er mit dieser Frau zusammen? Wie verträgt er sich mit dem Sohn der Frau?" erkundigte sich die Gruppe. Dabei stellte sich heraus, daß der Sohn der Freundin des Bruders dem Vater zugesprochen worden war. Die Freundin selbst lebe allein und in bescheidenen Verhältnissen. Wegen ihrer periodischen Trunksucht und ihres labilen Lebenswandels sei ihre Ehe in die Brüche gegangen. Sie bekäme kein Geld von ihrem Mann, und das Sorgerecht für den fünfzehnjährigen Sohn hätte er. Sie arbeite derzeit halbtags als Schreibkraft und hoffe vielleicht auf Zuschüsse von Felix (Frau Herzogs Bruder). „Na, das kann ja gut werden", sagte Herr Kupferpfennig, und Frau Herzog pflichtete ihm bei. Sie mache sich große Sorgen um Felix.

Die Eltern seien nicht so wohlhabend, daß sie ihn auf Dauer unterstützen könnten.

Diese Misere gab den Frauen Anlaß, halb scherzhaft über die Männer im allgemeinen herzuziehen. Treu seien sie nur anderen Männern oder einer Sache gegenüber, aber nicht gegenüber ihren Frauen und Kindern. Wenn die Frauen sich nicht vorsehen würden, seien sie plötzlich allein, auch nach einem noch so überschwenglichen Liebesgetue. „Und wo sind dann die Männer?" fragte der Herr Wendler, und als ob die beiden sich das so ausgedacht hätten, johlte Herr Kupferpfennig: „Bei anderen Frauen!"

„Es gibt Frauen", sagte Frau Herzog mit einem resignierten Lächeln, „die können Männer anziehen wie Blumen die Insekten, und die Männer gehen ihnen auf den Leim. Was sagen denn die anwesenden Männer dazu? Vielleicht können wir etwas von Ihnen lernen. Sind Sie auch schon jemandem auf den Leim gegangen?"

„Aber ja", beeilte sich Herr Kupferpfennig zu versichern, „doch die Liebe ist eben etwas anderes. Wenn ein Mann eine Frau verläßt, dann hat er vielleicht doch nicht die Richtige gefunden... Das gilt auch umgekehrt. War Ihr Mann denn der Richtige für Sie?" fragte er schließlich Frau Herzog.

Sie dachte eine Weile nach und antwortete dann: „Zunächst glaubte ich das. Als er schon eine andere hatte, hoffte ich, daß es nicht lange dauern würde und daß er wieder zu mir zurückkäme. Allmählich aber erkannte ich, daß diese Hoffnung vergeblich war, und fühlte mich immer schwächer und wertloser. Was hat die andere, fragt man sich, was man nicht selbst hat? Was kann sie besser? Was tut sie, daß er sie liebt?" Einen Augenblick lang sah es aus, als ob Tränen in ihre Augen kommen wollten, doch dann hatte sie sich gefaßt und meinte: „Sie ist zehn Jahre jünger als ich. Das ist vielleicht alles." Sie gab sich einen Ruck und fuhr fort: „Daraus folgt, daß man sich mehr auf etwas ältere Männer einlassen sollte – älter als jener, von dem man verlassen wurde."

„Falls Sie an meine Generation denken sollten", erwiderte Herr Kupferpfennig, „diese Generation kann ich Ihnen ohne Vorbehalte empfehlen", und er freute sich, als die Gruppe lachte.

„Die haben vom Krieg noch etwas abbekommen", fuhr er fort, „und wissen das Leben, den Wohlstand und ihre Mitmenschen zu schätzen. Die junge Generation ist egozentrisch, sie hält alles, was sie hat, für selbstverständlich und will immer noch mehr."

„Was Sie sagen, kann ich für die ältere Generation bestätigen, die jüngere aber will ich in Schutz nehmen", fügte Frau Müller hinzu. „Mein Mann hat seinen Vater im Krieg verloren; er hat sich mit seiner Mutter nicht besonders gut verstanden und ist als Minderjähriger eingezogen werden und als Kriegshelfer in russische Gefangenschaft geraten. Erst nach einem Jahr konnte er fliehen und sich nach Westen durchschlagen. Ganz abgemagert kam er nach Hause, und der Hunger holte ihn auch da ein – Hunger hat meine Generation zur Genüge abbekommen. Darum verstehe ich gut, daß ihn das härter gemacht hat, und kann mich damit abfinden, daß er zwar für die Familie gut sorgt, aber mir doch einiges an Menschlichkeit schuldig bleibt. Ich verzeihe ihm das und versuche, ihm zu helfen. Aber meine Söhne sind nicht so, wie Sie, Herr Kupferpfennig, die junge Generation schildern. Sie sind fleißig und sparsam und rücksichtsvoll, mein jüngerer Sohn vielleicht sogar mehr, als ihm guttut. Er hat früh geheiratet – er wollte es so und hat schließlich seine junge Frau überzeugt. Sonst aber gibt sie in nichts nach, sie schafft an, und er gehorcht. Manchmal tut er mir leid, doch ihm scheint das nichts auszumachen."

Herr Schiefer, der bis dahin nichts gesagt, sondern nur aufmerksam die Sprecher angeblickt und zwischendurch unauffällig Blicke in die Runde geworfen hatte, von gelegentlichem leichtem Kopfnicken begleitet, kommentierte in der kurzen Pause, die nun entstanden war: „Offenbar gibt es beides: Männer machen mit den Frauen, was sie wollen – aber auch die Frauen machen mit den Männern, was sie wollen..."

„Die Franzosen nennen solche Frauen Femmes fatales", ergänzte Herr Wendler nach einer weiteren kurzen Pause.

„Das ist sie nicht", antwortete Frau Müller, sie meinte die Frau ihres Sohnes. „Sie ist keineswegs bösartig. Sie spielt nicht mit ihm. Sie will ihn nicht verlassen. Aber sie ist in dieser Beziehung führend. Sie bestimmt die Freizeit, spannt meinen Sohn in den

Haushalt ein. Sie verdient das Geld. Er studiert ja noch, wenn auch nicht mehr lange."

„Das hat Jakob nicht so gemeint", warf Frau Einfalt ein. „Eine Femme fatale ist nicht unbedingt bösartig. Sie wird Männern zum Verhängnis, ohne daß sie das will."

„Aber wenn sie sieht, was sie anrichtet, könnte sie doch davon ablassen", erwiderte Frau Herzog.

„Das denke ich auch", antwortete Frau Müller, „aber wie gesagt, mein Sohn findet nichts dabei. Er ist zufrieden. Deshalb rede ich mit ihm kaum über meine Sorgen."

„Sie denken jetzt an die Frau Ihres Sohnes", wandte Herr Jakob Wendler etwas hastig und beflissen ein, „aber Frau Herzog meint wahrscheinlich die Freundin ihres Mannes oder die Freundin ihres Bruders. Oder?" Frau Herzog nickte. „Dort ist die Situation jedoch anders. Diese beiden Frauen nahmen immerhin den Ehefrauen ihre Männer weg, ohne sich um die betroffenen Familien zu kümmern. Sie wissen vielleicht ganz wenig von diesen." Und zu Frau Müller gewandt: „Die Frau Ihres Sohnes ist immerhin Ihre Schwiegertochter, sie kennt die Familie und hat Ihren Sohn sozusagen rechtmäßig ‚in Gewahrsam' genommen."

Die beiden Damen nickten zustimmend, aber sie wußten nicht recht, worauf Herr Wendler hinauswollte. Herrn Schiefer war, wie wohl auch der Gruppe, nicht entgangen, daß Frau Einfalt vorhin Herrn Wendler mit seinem Vornamen angeredet hatte. Bisher waren alle Gruppenmitglieder nur mit ihren Familiennamen angeredet worden. War da eine besondere Vertraulichkeit zwischen Frau Einfalt und Herrn Wendler entstanden, von der die Gruppe nichts wußte? Und daß eine Femme fatale, eine „schicksalhafte Frau", nicht bösartig sein mußte, das lag Frau Einfalt offenbar sehr am Herzen. War sie oder sah sie sich etwa selbst als eine solche Femme fatale? Oder fürchtete sie vielmehr, so gesehen zu werden?

Es war eine kleine Pause entstanden. Dann sagte Herr Kupferpfennig: „Endlich einmal ist jemand mit dem Vornamen angesprochen worden. Jakob", sagte er mit einer Geste in Richtung auf Herrn Wendler, „und ich bin Lothar. Wenn es den Damen beliebt, können sie mich auch beim Vornamen nennen."

Die Gruppe schwieg. Wenn Dr. Schiefer richtig sah, dann zog ein Hauch von Röte über das Gesicht Wendlers. Niemand in der Gruppe schien es zu bemerken, aber Herr Wendler spürte es wohl. Er holte sein Taschentuch hervor und putzte sich die Nase – wenn jetzt jemand seine Röte bemerken sollte, so hatte er dafür eine Erklärung: sie kam vom Naseputzen.

Dann sagte Frau Herzog: „Das scheint mir eher eine Sache zwischen Frau Einfalt und Herrn Wendler zu sein. Da möchte ich mich lieber nicht einmischen." Es klang ein wenig verstimmt.

„Das kann jeder halten, wie er möchte", fügte Frau Müller hinzu. „Ich habe jedenfalls nichts dagegen, wenn Sie alle Gisela zu mir sagen. Und ich werde jeden, der es möchte, bei seinem Vornamen ansprechen."

„Ich lege keinen Wert darauf, beim Vornamen angesprochen zu werden", äußerte sich Frau Einfalt. „Mit Herrn Wendler ist das etwas anderes. Wir kannten uns schon, bevor ich hierherkam."

Dr. Schiefer erinnerte sich an dieser Stelle, wie sich in der ersten Sitzung die Teilnehmer kurz vorgestellt hatten und daß er diesen Auftakt zum Gruppengespräch mit der Feststellung abgeschlossen hatte: „Sie haben begonnen, einander kennenzulernen, und sie werden sich im Laufe unserer Sitzungen noch besser kennenlernen. Denn ich nehme an, Sie sind einander bisher im wesentlichen unbekannt gewesen. Jedenfalls sind Sie nicht miteinander verwandt, befreundet, vom Arbeitsplatz oder aus der Nachbarschaft bekannt, und Sie stehen auch nicht in irgendwelchen geschäftlichen Beziehungen miteinander." Hier hatte er damals eine Pause gemacht und fragend in die Runde geblickt, keine Einwände registriert und war dann mit einer knappen Erläuterung dessen, was die Teilnehmer hier erwartete, fortgefahren. Unter anderem hatte er vorgeschlagen, daß nicht nur er selbst alles, was er hörte und was sich hier abspielte, vertraulich behandeln werde, sondern daß auch alle Teilnehmer das so halten mögen. Jeder solle das Gefühl haben dürfen, daß alles „unter uns" bliebe. Und wieder hatte er eine Pause gemacht und jedem einzelnen kurz in die Augen geblickt. Alle hatten genickt.

In der heutigen Sitzung hatte Frau Herzog indessen den Gruppenleiter und die übrigen Gruppenmitglieder etwas unruhig angeblickt und forderte nun Frau Einfalt mit der Frage heraus: „Warum haben Sie Ihre Bekanntschaft mit Herrn Wendler in der ersten Sitzung verschwiegen?"

„Wie meinen Sie das?" antwortete Frau Einfalt mit sichtlicher Entrüstung. „Ich bin mir nicht bewußt, etwas verschwiegen zu haben."

„Was meint Frau Herzog damit?" fragte Dr. Schiefer in die Runde.

„Am Anfang war davon die Rede, ob wir uns von früher kennen", beeilte sich Frau Müller einzubringen. „Es war keine direkte Frage, aber ich glaube, wir gaben alle zu erkennen, daß das nicht der Fall war."

„Ob wir miteinander verwandt seien, befreundet oder bekannt, das war die Frage", ergänzte Herr Kupferpfennig. „Das waren wir nicht, jedenfalls hatte ich nicht den Eindruck."

„Sind wir Nachbarn? Arbeiten wir auf dem gleichen Arbeitsplatz? Haben wir Geschäftsbeziehungen miteinander? Auch darum ging es", ergänzte Herr Wendler präzise. „Alles das traf für Frau Einfalt und mich nicht zu. Daher gab es von mir aus dazu nichts zu sagen. Frau Einfalt sah das vermutlich genauso."

„Ich glaube, das sollte uns genügen", meinte Frau Müller-Seelengold. „Mir genügt es jedenfalls."

„Mir auch. Ich mag nicht in den Privatangelegenheiten anderer herumstochern, wenn die das nicht wollen", bestätigte Herr Kupferpfennig.

Nach einer Pause – ausreichend lang, daß sich auch Frau Herzog dazu hätte äußern können, aber sie tat es nicht – fühlte Dr. Schiefer sich im Interesse der Gruppe veranlaßt, Frau Herzog zu ermutigen. „Ihnen, Frau Herzog, genügt diese Auskunft jedoch nicht. Oder?" fragte er und lächelte ihr zu.

Nach einem Ausdruck des Erstaunens, der ihr sekundenlang über das Gesicht huschte, schien sich Frau Herzog in ihrem Sitz zu entspannen, neigte ihren Kopf schelmisch zur Seite und fragte: „Wenn ich ehrlich sein soll, möchte ich schon wissen, welcher Art Ihre Bekanntschaft damals war. Sie", Frau Herzog wies mit einer Hand auf Frau Einfalt, mit der anderen auf Herrn

161

Wendler, „haben sich Ihr Urteil gebildet. Ihrer Meinung nach brauchte Ihre Bekanntschaft nicht mitgeteilt zu werden. Lassen Sie auch uns ein Urteil darüber bilden. Vielleicht stimmen wir ohnedies mit Ihnen überein."

„Das gefällt mir nicht", antwortete Frau Einfalt. „Das ist ja wie eine Polizeikontrolle. Nein, das gefällt mir nicht."

„Ich kann Frau Herzog verstehen", lenkte Herr Wendler ein. „Da gibt es auch nichts zu verbergen. Ich wäre bereit, unsere Bekanntschaft, die kurz vor unserer ersten Gruppenzusammenkunft begann, zu schildern. Vorwegnehmen kann ich: Wenn ich nicht Frau Einfalt zufällig begegnet wäre, hätte ich gar nichts von der Möglichkeit der Gruppentherapie bei Herrn Dr. Schiefer erfahren. Wie Sie vielleicht wissen, wohne ich ja gar nicht hier. Ich komme aus der Landeshauptstadt."

„Ich glaube, neugierig auf das Ausmaß der privaten Bekanntschaft von zwei Gruppenmitgliedern waren auch die anderen in der Gruppe", versuchte Herr Schiefer zusammenzufassen. „Auch ich möchte mehr darüber wissen, wenn es geht. Frau Herzog hat es für uns ausgesprochen. Dann findet die Gruppe vermutlich einen Weg, sich darauf einzustellen, braucht nicht mehr herumzurätseln oder etwa eine Sondergruppe zu bilden, um darüber zu reden. Aber Sie wissen inzwischen alle, daß hier niemand etwas sagen muß, wenn er oder sie es nicht will."

„Also meinetwegen", sagte Frau Einfalt nach einem Blickwechsel mit Herrn Wendler. „Wenn Sie alle das so haben möchten, will ich dem nicht im Wege stehen."

Im weiteren Gruppengespräch kam heraus, daß Frau Einfalt sich für Anthroposophie interessierte und manchmal zu Vorträgen in die Landeshauptstadt fuhr. Herr Wendler seinerseits interessierte sich für anthroposophische Schulen. Er dachte an eine eventuelle Umschulung seiner Tochter in eine Oberschule dieser religiösen Gruppe. Ihm gefiel nicht alles, was sie lehrten, zum Beispiel was die Wiedergeburt des Menschen betraf, das schien ihm zuviel der Phantasterei. Aber sie waren tolerant gegenüber anderen Meinungen und Religionen, und die pädagogischen Leistungen ihrer Schulen waren anerkannt. Vielleicht konnte auch seine Frau davon profitieren. Gegen eine richtige Psychotherapie, die sie seiner Meinung nach brauchte, sträubte sie sich ja entschieden.

Der Vortrag, bei dem Frau Renate Einfalt und Herr Jakob Wendler in der Pause zufällig und erstmalig überhaupt in ein Gespräch miteinander kamen, hieß „Seelische Gesundheit". Als Frau Einfalt erfuhr, daß Herr Wendler seine Frau nicht dazu bewegen konnte, sich in eine Psychotherapie zu begeben – nicht einmal zu diesem Vortrag hatte sie mitkommen wollen –, machte ihn Frau Einfalt auf die Gruppentherapie bei Dr. Schiefer aufmerksam, zu der sie sich selbst bereits angemeldet hatte.

Das war das Ausmaß der vorangegangenen Bekanntschaft der beiden miteinander. Die Gruppe schien erleichtert über diese harmlose Aufklärung. Frau Herzog ließ allerdings nicht locker. Sie wollte gern wissen, ob, wie oft und wie lange sich die beiden außerhalb der Gruppe bisher bereits getroffen hatten, oder noch lieber, wie eng befreundet die beiden inzwischen waren, aber das wagte sie nicht zu fragen. Das hätte ihr womöglich noch den Vorwurf der Schnüffelei eingetragen, der unbotmäßigen Neugier oder gar des Voyeurismus, und das wäre ungerecht gewesen. Sie wollte „eigentlich" nur verhindern, daß sich einzelne Gruppenmitglieder zu viel herausnahmen. Vor allem die anderen beiden Frauen durften das nicht, Frau Müller maßte sich ohnedies ein bißchen zuviel mütterliche Betulichkeit an. Vielleicht wollte sie nur ihrem Mädchennamen Ehre machen und „Seelengold" oder „Seelenbalsam" für die Anwesenden sein, für Männer und Frauen. Gefährlich war lediglich Frau Einfalt. Sie schien es gewohnt zu sein, über andere zu verfügen und Dienstleistungen zu erwarten, die ihr nicht gebührten.

So deutete Dr. Schiefer im stillen den weiteren Gesprächsverlauf und das spezielle Interesse von Frau Herzog. Sie war ja partnerlos, während Frau Einfalt zwar einen wesentlich älteren Partner verloren hatte, doch ein neuer, jüngerer stand ihr bereits ins Haus. Und Frau Müller hatte wohl einen grimmigen Ehemann, aber da war offenbar keine Gefahr, daß er ihr davonlief. Wenn hier jemand Anspruch auf einen der hier anwesenden Männer hatte, selbst wenn dieser Anspruch noch so zaghaft und verstohlen geltend gemacht wurde, dann war sie es, Frau Herzog. Für Frau Herzog sah es vermutlich aus, als ob Frau Einfalt ihr – oder der Gruppe, würde sie unwillkürlich wohl vorzugeben trachten – den interessanteren der beiden Männer bereits weggeschnappt hätte. Ob der Therapeut selbst für sie vielleicht noch interessanter oder aber tabu war, konnte Herr Schiefer noch nicht erkennen.

Das Gruppengespräch geriet auf Erfahrungen mit anderen Psychotherapiegruppen. Bei diesem Thema waren alle Teilnehmer auf das Hörensagen angewiesen, denn diese Gruppentherapie war für alle die erste. Vom Hörensagen hatten Herr Kupferpfennig und Frau Einfalt etwas beizutragen.

Frau Kupferpfennig-Seidler, Herrn Kupferpfennigs Gattin, hatte als Schauspielerin im Theaterensemble einmal einige gruppentherapeutische Sitzungen mitgemacht. Ein angeheuerter Gruppentherapeut, der zu ihnen in ein Extrazimmer des Theaters gekommen war, sollte die Konflikte, welche die Kollegen untereinander hatten, lösen helfen. Das sei nicht gelungen, berichtete Herr Kupferpfennig, vielmehr wurden die Konflikte angeheizt und konnten nur durch rasche Beendigung der Therapie wieder beruhigt werden. Das hing möglicherweise damit zusammen, daß die Teilnehmer einander von Haus aus gut bis sattsam kannten, auch in dem, was sie voneinander gar nicht wissen wollten, und daß sie nun zur Zusammenarbeit verpflichtet waren. Da käme die Gruppentherapie vermutlich gar nicht zum Zug, äußerte Dr. Schiefer zur Aufklärung seiner Gruppe. Vielleicht sei es in Alltags- und Arbeitsgruppen gar nicht zu empfehlen, einander zu hinterfragen und aufzuwühlen.

Frau Einfalt dagegen berichtete, ihr neuer Freund habe sich darüber lustig gemacht, daß es bei ihrer Gruppe so ruhig und zivil zuginge. Er habe, ehe er mit seiner Fabrik zahlungsunfähig geworden sei, selbst an einer Gruppentherapie teilgenommen, in der alle mit allen per du gewesen seien, auch mit dem Therapeuten. Man habe sich schreckliche Dinge gesagt, wurde mit bitteren Wahrheiten konfrontiert, in allerlei Körperübungen und Berührungsspiele verwickelt, probte Affektausbrüche. Private Beziehungen zwischen den Teilnehmern wurden gefördert. Er hätte mit zwei Damen der Gruppe intime Beziehungen unterhalten, er hätte es gar nicht gewollt, habe sich aber fast genötigt gefühlt. Denn man beschuldigte ihn, daß er sich den Damen verweigere.

„So etwas müßte verboten werden", sagte Frau Herzog. „Das läuft ja auf sexuelle Orgien hinaus." Zum ersten Mal in den bisherigen Sitzungen war sie richtig zornig geworden.

„Das hängt auch von den Teilnehmern ab", meinte Herr Wendler kopfschüttelnd und bestürzt. Wenn Frau Einfalt und Herr Wendler tatsächlich private Kontakte miteinander unterhielten, dann war diese „sündhafte" Gruppentherapie des Freundes zwischen ihnen bisher wahrscheinlich noch nicht zur Sprache gekommen. Das schien etwas ganz Neues für Herrn Wendler zu sein. Aber vielleicht war er nur eifersüchtig auf Frau Einfalts Freund, ging es Herrn Schiefer flüchtig durch den Kopf.

„Kein Wunder, daß Ihr Partner dabei zahlungsunfähig wurde", polterte Herr Kupferpfennig nach kurzem Schweigen heraus, an Frau Einfalt gewandt, und löste damit allgemeines Gelächter aus. Auch Frau Einfalt lachte kurz auf, aber dann schienen ihr Bedenken zu kommen, ihr Gesicht wurde ernst, schließlich hochmütig. Sie schien im Begriff zu sein, Herrn Kupferpfennig für diese Äußerung abzukanzeln, doch Frau Müller kam Frau Einfalt zuvor.

„Ich glaube, wir sollten solche Berichte nicht wörtlich nehmen", erläuterte Frau Müller. „Vielleicht hat der Berichterstatter übertrieben, ist bei der Wiedergabe etwas verschwiegen worden oder wurde etwas dazuerfunden. Das erinnert mich an die Bibel. Da streiten sich die Fachgelehrten darüber, ob sich wirklich alles so abspielte, wie berichtet wurde, ob es überhaupt so gewesen sein kann oder ob es nur falsch aus dem Aramäischen übersetzt war. Aber darauf kommt es gar nicht an. Das gelebte Christentum ist wichtig, das, was wir jetzt daraus machen. So sehe ich das auch in unserer Gruppe. Das, was wir hier daraus machen, nur das zählt. Nicht das, was irgendwo anders passiert ist."

„So eine Gruppentherapie wie jene, die uns Frau Einfalt geschildert hat, will die Gruppe offenbar nicht", faßte Dr. Schiefer lächelnd zusammen. „Die Gruppe will es hier lieber so halten, wie wir es bisher erlebt haben. Deute ich das richtig?"

Alle nickten, und nach einer Weile sagte Frau Herzog: „Wenn wir es so halten wie bisher, dann möchte ich wissen, ob Frau Einfalt und Herr Wendler miteinander per du sind." Dabei blickte Frau Herzog abwechselnd die beiden an, und dabei sah Dr. Schiefer und wahrscheinlich auch Frau Herzog, daß Frau Einfalt Luft holte, als wolle sie eine geharnischte Antwort geben, kurz zu Herrn Wendler hinüberblickte und von ihm mit einer Geste beschwichtigt wurde.

„Ich dachte, das Thema war erledigt", sagte schließlich Frau Einfalt. „Natürlich sind wir nicht per du. Wo denken Sie hin? Und was geht Sie das überhaupt an?"

„Dafür möchte ich mich entschuldigen", antwortete Herr Wendler mit gesenktem Blick, und zu Frau Einfalt gewendet, sagte er lauter als sonst: „Bitte!" Und zum Therapeuten und in die Runde blickend, äußerte er: „Das geht die Gruppe sehr wohl etwas an. Die Gruppe will keine Sonderabsprachen und keine Geheimnisse zwischen einzelnen Gruppenmitgliedern. Was sich zwischen einzelnen von uns abspielt, sollen alle wissen dürfen. Etwas anderes darf nicht sein, das leuchtet mir ein. Im übrigen bestätige ich die Aussage von Frau Einfalt. Wir sind nicht per du. Ich hoffe, Frau Herzog, Sie sind damit zufrieden."

Frau Herzog gab sich zufrieden, obwohl Herr Dr. Schiefer für sich nicht ausschloß, daß Frau Herzog meinen könnte, die beiden lügen. Herr Wendler hatte vielleicht sogar die Wahrheit sagen wollen – nämlich daß sie per du waren –, aber Renate Einfalts Unbekümmertheit hatte ihn entweder zu ärgern begonnen, oder sie machte ihm Angst. Wenn sie tatsächlich gelogen hatte, dann zog er jedenfalls mit. Dafür mußte Renate dankbar sein, und damit zwang er sie, in dieser Sache endlich den Mund zu halten. Dann würde auch Frau Herzog von ihnen ablassen.

So wetterleuchtete es in Dr. Schiefers Kopf. Lügen war hier nicht verboten, aber man hoffte, daß sich die Gründe dafür im Laufe der Therapie erübrigen würden. Daß Lügen kurze Beine haben, galt auch hier. Sie führten viel leichter zu inneren Widersprüchen als die Wahrheit. Sie forderten Revisionen, die neue Widersprüche in sich bargen. An den Widersprüchen aber blieben die Gruppenteilnehmer unwillkürlich hängen. Sie fragten nach, fragten denjenigen, der sich widersprach, immer weiter, aber sie griffen ihn nicht an, wenn er umschwenkte. So wuchs sein Vertrauen in die Gruppe, und seine Angst vor der Wahrheit nahm ab, schließlich ging er zur Wahrheit über. Für aufmerksame Zuhörer lieferte sie immer noch die beste Story, eine, die auch im Kreuzverhör nicht zusammenbrach.

„In unserer Gruppe geht es ruhiger und ziviler zu als in den beiden Gruppen, von denen wir gerade gehört haben", resümierte Dr. Schiefer, „aber das heißt nicht, daß es nicht auch bei uns Affekte gibt, Zuneigung, Ärger, Angst, Eifersucht, Neid; auch Eifersucht um die Aufmerksamkeit der Gruppe, um die Anteilnahme einzelner Gruppenmitglieder. Ein bißchen von dem, was man im Leben sucht, kann man vielleicht auch von jemandem in der Gruppe bekommen, hofft man unwillkürlich, und sei es auch nicht mehr als ein wohlmeinender Rat. Aber es könnte auch Freundschaft sein, ein Wunsch nach väterlicher oder mütterlicher Fürsorge, ob nun als Empfänger oder Geber; vielleicht sogar ein Wunsch nach Liebe. Das ist alles normal und braucht nicht geheimgehalten zu werden. Man kann allerdings nicht damit rechnen, daß solche Wünsche in der Gruppe unbedingt Erfüllung finden werden. Sie können jedoch hier angesprochen werden. Alles kann hier angesprochen werden und von der Gruppe auf seine möglichen Wirkungen hin geprüft werden. Und jeder kann damit in seinem Leben verfahren, wie er oder sie will."

Dabei ließ es Dr. Schiefer für heute bewenden und beendete die Gruppensitzung „bis zum nächsten Mal". Die Gruppe schied nun keineswegs im Frieden mit sich selbst, doch war eine vorläufige „Verordnung", eine Art von metatherapeutischer Erinnerung an Bedingungen des Vertrages oder Bündnisses, die den Gruppenzusammenkünften zugrunde lag, gegeben. Daß sie aus dem Munde eines Gruppenmitglieds, Herrn Wendlers, stammte, war ganz in Ordnung. Er konnte dies ungestraft wie einen Auftrag formulieren, und die Gruppe nahm ihn dann entweder an oder nicht. Sie hatte bis zum nächsten Mal Zeit, darüber nachzudenken.

Er selbst, Dr. Schiefer, hätte sich vorsichtiger ausdrücken müssen, indirekter, auf die Interessen und mutmaßlichen Ab-

167

sichten der Gruppenmitglieder bezogen. So als ob er vor allem davon spräche, was die Gruppe wolle. Auch wenn er selbst der Autor und Wächter des Kontraktes war, den sie miteinander abgeschlossen hatten, stand dieser erst in Frage, wenn einzelne Gruppenmitglieder oder die Gruppe als Ganzes ihn nicht einhielten. Das konnte absichtlich oder versehentlich geschehen. Wenn es die Gruppe nicht selbst bemerkte, dann mußte er allerdings darauf aufmerksam machen und mit der Gruppe diskutieren, wie sie es haben wollte. Änderungen waren ja immer möglich. Nur wenn die Änderungen solcherart waren, daß der Gruppentherapeut den überschaubaren und längerfristig für alle Teilnehmer günstigen Verlauf der Sitzungen nicht mehr gewährleisten konnte, gab er auch das kund. Da er die Hauptverantwortung für diesen Verlauf trug, kam ihm in Kontraktangelegenheiten das letzte Wort zu. Er war ja ein Sondermitglied der Gruppe und mußte die Autorität übernehmen. Er bestimmte unter anderem, wann die Sitzungen begannen und wann sie endeten. Er hatte die Gruppe zusammengestellt und einberufen. Und im therapeutischen Geschehen hielt er als einziger mit seinen persönlichen Erfahrungen und privaten Meinungen zurück.

Was dieser Gruppe in kommenden Sitzungen bevorstand, ließ Dr. Schiefer, als er allein war und sich einige Notizen gemacht hatte, schweigend und gelegentlich halblaut vor sich Revue passieren.

Frau Herzog suchte offenbar am dringendsten von allen fünf Teilnehmern eine Freundschaft oder eine persönliche Beziehung und war, ohne sich dessen voll bewußt zu sein, in Eifersucht mit Frau Einfalt um die Gunst von Herrn Wendler verstrickt. Die anderen Teilnehmer hatten ihre Partner, nicht ohne manche Schwierigkeit und Zweifel. Frau Herzog aber brauchte jemand, vielleicht tatsächlich jemand älteren, wie sie es selbst gesagt hatte, einen Menschen, der ganz auf ihrer Seite war. Wahrscheinlich würde sie sich eines Tages auch noch an ihn, Alfons Schiefer, anzulehnen versuchen. Ernsthaft helfen konnte man ihr nur, wenn man auch ihre Kinder liebte.

Die unsichere finanzielle Lage des neuen Freundes machte den anderen Gruppenmitgliedern vielleicht mehr Sorge als Frau Einfalt selbst, die einfach ihren Gefühlen folgte, ohne daß sie etwas dabei zu finden schien, wenn sie auf andere überschwappten. Sie wollte Rat und Beistand, wo immer sie ihn gerade brauchte, von einem, zwei oder drei Männern, wie es das Schicksal halt wollte. Sie nahm alles, was sich anbot, allenfalls um es dann zu kritisieren. Von Frauen und ihrem Rat und Beistand hielt sie nicht soviel, ihre Mutter eingeschlossen. Die Mutter machte offenbar alles, was sie von ihr verlangte.

Frau Müller kam in die Gruppe, um ihre Beziehung zu ihrem Mann zu verbessern und Wege zu finden, ihre christlichen Bemühungen auch dafür einzusetzen. Wenn das nicht gelang, dann blieben ihr immer noch die beiden Söhne und Christus, ihr „über alles geliebter Herr". – So hatte sie ihn bisher zweimal genannt. Da hatte ihr Mann unter Umständen keine großen Chancen mehr, abgesehen davon war sie auf ihn auch nicht so angewiesen wie andere, weniger religiös erfüllte Menschen.

Bei Herrn Kupferpfennig war nicht so klar, was er eigentlich wollte, wahrscheinlich auch ihm selbst nicht. Auf der Suche nach einer jüngeren Partnerin war er allem Anschein nach nicht, aber Bewunderung jedweder Art konnte er wohl immer brauchen. Zu Hause war er erkennbar zu steten Huldigungen gegenüber der schauspielerischen Vergangenheit seiner Frau verpflichtet. Ein bißchen Luft wollte er wohl haben, ein bißchen Urlaub vom Dienst an seiner Frau. Er hatte nicht wirklich etwas gegen sie. Luft verschafften ihm wahrscheinlich auch seine kühnen Skiurlaube ohne seine Frau, die in dieser Zeit Warm- oder Schlammbadkuren machte. Luft bekam er auch hier, nicht zuletzt von Herrn Wendler, mit dem er zwar im Wettbewerb stand und vor dem er manchmal prahlte, dessen Anerkennung ihm aber fast so wichtig zu sein schien wie die des Therapeuten. Daß beide Männer jünger waren als er, störte ihn dabei nicht.

Herr Wendler, der „schöne Mann" der Runde, hatte vermutlich zu Hause einige Mühe mit seiner Frau. Aus seinem Munde klang es manchmal so, als ob sie in der Liebe zugeknöpft und ängstlich, er über Gebühr darob gekränkt und zugleich von den Damen zu sehr verwöhnt sei, um selbst etwas zur Beruhigung und Entspannung seiner Frau zu tun. Unter solchen Umständen konnte ihn Renate Einfalt auch ohne große Absicht ihrerseits leicht in Versuchung und Verlegenheit bringen. Daß sie mit Männern so leger und ganz nach ihren eigenen Eingebungen umging, faszinierte ihn wohl. Was ihn aber vielleicht vor ihr bewahrte, war die Absenz jeglichen mütterlichen Gehabes. Frau Einfalt war selbst noch ein Kind. Wenn Herr Wendler sich wirklich von seiner Frau trennen und seine Tochter bei sich behalten wollte, hätte sie ihm bei der Betreuung seiner Tochter kaum helfen können.

Dann dachte Dr. Schiefer noch kurz über sich selbst nach. Wenn sich jemand in der Gruppe zunehmend an ihn gebunden fühlte und ihn dringlicher als die übrigen zum Vater oder großen Bruder oder mütterlichen Vertrauten haben wollte und wenn dabei die Frage nach seiner Lebenssituation und seinen persönlichen Bindungen aufkam, wie würde er dieses Interesse an sich ablenken? Er trug einen Ehering, damit war er für die Patienten sozusagen in festen Händen – da lohnte es sich eigentlich nicht, weiter nachzuforschen. Was aber, wenn die Teilnehmer an seiner Gruppentherapie irgendwie auf Gerüchte stießen, Gerüchte über seinen Sohn (der manchmal durch verrücktes Autofahren von sich reden machte), über die Krankheit seiner Frau oder über seine eigenen Bedürfnisse und ihre mögliche Ungestilltheit, über Personen, die seine Frau betreuten und ihm zwischendurch in der Praxis und bei telefonischen Anfragen halfen? Für Patienten, die ihren Therapeuten unerwartet in Schwierigkeiten oder in einer Notsituation ertappten, konnte das Bedürfnis, ihm zu helfen, unwiderstehlich werden. Wenn Fragen aufkamen und seine sparsamen Antworten eventuelle Zweifel nicht zerstreuten, mußte er seinen Patienten zu erkennen geben, daß seine Bedürfnisse keineswegs ungestillt waren. Privat hatte er, was er wollte. Sie brauchten sich um ihn keine Sorgen zu machen. Mehr konnte und wollte er ihnen nicht darüber sagen.

Mit solchen Gedanken löste sich Herr Schiefer langsam von dieser Gruppensitzung ab. Er warf noch einen kurzen Blick auf Lebenslaufdaten seiner Patienten, ohne sie vorerst weiterzuverfolgen. Außer der Beziehung jedes seiner Patienten zu seinen Eltern legte er auch Wert darauf, ihre Beziehungen zu eventuellen Geschwistern gut zu kennen. Geschwister bildeten ja die ontogenetisch frühesten Gruppen von fast gleichrangigen Personen. Eltern waren im Vergleich dazu ein ganz anderer Rang. Die psychotherapeutische Gruppe war die späte Auflage einer Geschwistergruppe und in ihrem Verlauf ungewöhnlich genug, um Reaktions- und Beziehungsmuster aus Vergangenheit und früher Kindheit zu wecken. Patienten der Gruppentherapie kamen wie Geschwister zusammen, konnte man denken, und die Geschwisterrollen ihrer Herkunftsfamilien flossen vielleicht in ihr Fühlen, Reden und Handeln in der Gruppe ein. Dr. Schiefer war sich dessen in dieser Gruppe schon einigermaßen sicher.

Frau Einfalt hatte zu Hause einen sieben Jahre älteren Bruder und eine fünf Jahre ältere Schwester gehabt. Sie selbst war das Nesthäkchen gewesen.

Frau Herzogs Bruder war jünger als sie und schien sich auf seine Eltern und auf sie zu verlassen, um tun zu können, wonach ihm der Sinn stand. Frau Herzog mußte ihm dabei helfen. Bei ihren Kindern aber war es umgekehrt. Hier war der Sohn der ältere, die Tochter jünger. Frau Herzog behandelte ihren Sohn wie einen jüngeren Bruder und die Tochter wie eine ältere Schwester. Das war vielleicht mit ein Grund für die Schwierigkeiten der Kinder.

Frau Müller hatte einen älteren Bruder und zwei jüngere Schwestern, aber ihr Bruder war gar kein typischer Junge. Er war weich und ängstlich. Sie hat ihn mehrmals handgreiflich aus den Klauen gehässiger Schulkameraden retten müssen, die ihn verhauen wollten.

Herr Kupferpfennig hatte einen älteren Bruder, der wirtschaftlich sehr erfolgreich war, fünf erwachsene, ebenfalls erfolgreiche Kinder und bisher dreizehn Enkelkinder hatte. Herr Kupferpfennig selbst war kinderlos.

Herr Wendler hatte einen jüngeren Bruder, der seit seinem fünften Lebensjahr kränklich und mit zwanzig Jahren an Diabetes gestorben war. Wäre es statthaft gewesen, sich über den Tod des Bruders letztlich erleichtert zu fühlen? Oder war er damit ein egoistisches Ungeheuer? Hatte er damit nicht jedes Unglück und jede Strafe verdient, die ihm schon zugestoßen waren, und noch einiges mehr? Mit solchen Gedanken schien er sich manchmal in seinen Träumen zu quälen. Das hatte er in einer der früheren Gruppensitzungen einmal angedeutet.

Dann trank Herr Schiefer rasch eine Tasse Tee und begann seine Notizen über seine nächsten Patienten durchzugehen. Es war ein älteres Ehepaar, das mit seinen beiden Söhnen nicht zurechtkam. Die Söhne zogen es vor, anderes zu tun, als sich die Eltern je vorgestellt hatten.

Gruppentherapie in der psychosomatischen Klinik

In einer grünen Hügellandschaft lag das hundert Jahre alte schloßähnliche Gebäude mit den drei Nebengebäuden, eins davon war eine ehemalige Stallung – ein Anwesen, das sich die letzten Besitzer vor etwa dreißig Jahren nicht mehr hatten leisten können. Genauer gesagt waren sie zu diesem Zeitpunkt so verschuldet, daß sie an den Gebäuden nicht einmal mehr die notwendigsten Reparaturen hatten durchführen können, und der große Park, der es umgab, war ganz verwildert. Der Erlös des Verkaufs war deshalb sehr gering. Das Land hatte damals die Liegenschaft erworben und die Hypothekenschulden übernommen. Es sollte eine psychiatrische oder eine psychotherapeutische Klinik darauf errichtet werden.

Nach planerischen und organisatorischen Anfangsschwierigkeiten entschied man sich für eine psychosomatische Klinik, baute zuerst das Hauptgebäude um und richtete zunächst zwei Abteilungen ein. Später kam eine dritte Abteilung dazu, dann in einem der Nebengebäude ein Ambulatorium für Kinder- und Familientherapie, und die ehemalige Stallung wurde mit Räumlichkeiten für Gymnastik und kleinen Mannschaftssport sowie für Beschäftigungs- und Arbeitstherapie, künstlerischen Ausdruck in Malerei und Plastik, mit einem Musikzimmer und einer kleinen Theaterbühne eingerichtet. Die Landesregierung hatte ihre Mittel präzise kalkuliert, seit etwa achtzehn Jahren war die Klinik in Betrieb und arbeitete nun mit Ärzten, Psychologen und Sozialarbeitern zusammen, die auch psychotherapeutisch tätig waren. Zusätzlich hatte man zwei Spezialtherapeuten, Krankenschwestern und Pfleger, technische und administrative Mitarbeiter angestellt, die für die rund achtzig stationären Patienten und für eine wachsende Zahl ambulanter Patienten sorgten. Sie kamen teils einzeln, teils in Gruppen, als Paare oder als Familien zur Therapie.

Es war ein reges, aber geordnetes Leben. Die stationären Patienten waren den ganzen Tag über beschäftigt, die Psychotherapeuten waren chronisch überlastet, nicht zuletzt aufgrund der begleitenden und zusammenfassenden Behandlungsberichte, und nach vier bis zehn Wochen Aufenthalt verließen die Patienten wieder die Klinik, in der Mehrzahl geheilt oder in ihrem psychophysischen Zustand zumindest gebessert. Jeder der Patienten besuchte außer bewegungs-, arbeits- und gestaltungstherapeutischen Übungen einmal in der Woche eine einzeltherapeutische und ein- bis zweimal in der Woche eine gruppentherapeutische Sitzung. Einer solchen gruppentherapeutischen Sitzung haben wir nun Gelegenheit beizuwohnen.

Frau Dr. Luise Domeier nahm sich gern vor Beginn der Gruppensitzung wenigstens eine Viertelstunde Zeit, um sich auf die Patienten einzustellen. Sie arbeitete nun schon das fünfte Jahr in der Klinik. Ihr Privatleben war geordnet, ihre elfjährige Tochter Elsa war im Schulinternat und kam zu den Wochenenden mit dem Zug nach Hause. Vom Kindesvater, Arzt auch er, war sie geschieden. Er hatte in der zweitgrößten Stadt des Landes eine gutgehende Praxis als Internist aufgemacht und nach der Scheidung eine junge Krankenschwester geheiratet. Das Verhältnis hatte schon vor der Scheidung bestanden und war nicht ohne Folgen geblieben. Wohl kaum jemand konnte mehr über Empfängnisverhütung wissen als ein Arzt und eine Krankenschwester, aber vielleicht wollten die beiden ein Kind. Elsa brachte zweimal im Jahr mehrere Tage bei ihrem Vater zu, und sie vertrug sich mit seiner neuen Frau gut. Von ihrem nunmehr einjährigen Halbbruder war sie angenehm beeindruckt, aber nicht begeistert. Wenn sie gewollt hätte, hätte sie beim Vater wohnen und in der Stadt in die Schule gehen können, aber sie ging in die zweite Klasse des Gymnasiums und war gern im Internat. So jedenfalls sagte sie, und so schien es auch allen Beteiligten.

Sie selbst, Luise Domeier, hatte inzwischen einen um einige Jahre jüngeren und schüchternen Freund, Deutschlehrer im Gymnasium der nächstgelegenen kleinen Stadt, der unter einem Pseudonym auch Lyrik schrieb und einiges davon veröffentlicht hatte. Er liebte sie nicht nur als Frau, sondern auch als Ärztin und Mutter. In seinen lyrischen Schwärmereien nannte er sie manchmal ausdrücklich seine Muttergöttin. Das war viel romantischer als alles, was sie von ihrem Mann je gehört hatte. Vielleicht war der nüchterne Ton ihres Mannes eine Folge seiner Autorität als Arzt, wie sie sowohl in der Ausbildung als auch im Umgang mit Patienten immer noch ausgeübt und von vielen Patienten sogar gewünscht wird. Ärzte eignen sich diese Rolle bereitwilliger und nachdrücklicher an als Ärztinnen oder Krankenschwestern. Auch im Umgang mit Frauen, ja in der Liebe überhaupt, nehmen sich Ärzte oft größere Freiheiten heraus als andere Männer, und wenn sie sich eines Tages absetzen wollen, geschieht das meist abrupter und entschiedener.

Luise Domeier hatte den Abgang ihres Mannes verhältnismäßig gefaßt hingenommen. Nur um ihre Tochter hatte sie sich Sorgen gemacht, aber Elsa schien bereits zu wissen, daß von Vätern Ortswechsel zu erwarten waren. Sie äußerte einen ersten Verdacht, lange bevor die auswärtigen Interessen des Vaters für Luise erkennbar wurden. Nun, ganz verloren ging Elsa der Vater ja nicht, jedenfalls gab sie sich in der ganzen Sache recht erwachsen.

Schwerer würde es ihr selbst, Luise Domeier, wahrscheinlich fallen, wenn ihr rührend aufmerksamer Freund Lothar Glücksborn sie eines Tages verlassen sollte, aber davon war derzeit nichts zu erkennen. Er könne sich das absolut nicht vorstellen, behauptete er, und sie glaubte ihm das. Auch der Verdacht, daß er es nicht nur auf sie, sondern auch auf ihre Tochter abgesehen haben könnte, ob jetzt oder später, zur jungen Frau erblüht, schien ihr unbegründet. Es war auch kein spontaner Gedanke gewesen, sondern die Frucht selbstquälerischer Argumente, warum das so schöne Verhältnis zwischen ihr und ihrem Freund nicht von Dauer sein könne. Und unter all den Motiven, die ihr einfielen, war eben auch der unglaubwürdige Gedanke, daß ihn Elsa eventuell mehr interessieren könne als sie selbst.

Soviel zur Lebenssituation von Frau Dr. Domeier. Sie pflegte, wie gesagt, sich vor den Gruppensitzungen ein wenig Zeit für ihre Patienten zu nehmen. Im Geiste ließ sie ihre Klienten kurz Revue passieren.

Da war einmal Ruth Wammer gewesen, eine etwas plumpe Frau Ende Vierzig, die sich allerdings in der letzten Sitzung von der Gruppe verabschiedet hatte und inzwischen in besserer Verfassung nach Hause entlassen worden war. Sie hatte an Depressionen und gelegentlichem Medikamentenmißbrauch gelitten, versorgte zu Hause einen zuckerkranken Mann und war enttäuscht über die beruflichen Mißerfolge ihrer beiden Söhne. In der Gruppe nahm sie eine mütterliche Rolle ein. Frau Dr. Domeier war neugierig, ob die Gruppe auf das erstmalige Fehlen von Frau Wammer zu sprechen käme. Wahrscheinlich, vermutete sie, wenn nicht ein akuteres Problem die Gruppe beschäftigte. Abschied hatten die Teilnehmer ja von Frau Wammer genommen, nicht nur in der Gruppensitzung, sondern wahrscheinlich auch in ihrer Freizeit nach dem Abendessen.

Die Gruppe war damit auf fünf Teilnehmer geschrumpft. Erst in der nächsten Woche konnte man mit zwei neuen Zugängen rechnen. Im übrigen war Frau Wammer bei ihr auch in Einzeltherapie gewesen, sie allein. Die anderen Teilnehmer gingen zu ihren Kollegen zur einzeltherapeutischen Betreuung. Damit fiel ein kleines Erschwernis für die Therapeutin weg. Sie brauchte sich nicht mehr davor in acht zu nehmen, daß sie sich in ihren gruppentherapeutischen Interventionen versehentlich auf etwas bezog, was sie in der Einzeltherapie des Patienten erfahren hatte. So etwas könnte der betroffene Patient als einen Vertrauensbruch erleben.

Da war ferner Richard Hüter, ein Mann Mitte Vierzig, der an entzündlichen Darmbeschwerden litt. Er war groß und hager, hatte angegrautes, dichtes Haar und eine tiefe, angenehme Stimme, die nicht ganz zu seinem ängstlichen oder besorgten Gesichtsausdruck paßte. Seine Frau und seine Tochter wären gut zu haben, hatte er in der Gruppe berichtet, sein Sohn dagegen „verwöhnt, stinkfaul und geldgierig". Für die Therapeutin sah es so aus, als ob Herr Hüter sich an seinem Arbeitsplatz zu wenig geachtet fühlte – dort und vielleicht auch zu Hause hätte er sich selbst ein bißchen mehr Verwöhnung gewünscht, und vielleicht hatte er am Anfang seiner beruflichen Laufbahn Vorstellungen von der Welt entwickelt wie jetzt sein Sohn. Er selbst war allerdings längst belehrt worden, wie ernst und mühsam das Leben wirklich sei, während sein Sohn „nichts als Flausen" im Kopf habe und sich manchmal damit sogar durchzusetzen vermöge. Beide, Vater und Sohn, waren in einer Bank beschäftigt.

Claudia Becher war etwa vierzig Jahre alt und hatte der Gruppe berichtet, wie sie von ihrem Mann geschlagen und betrogen würde. Er lasse sich manchmal sogar mit „leichten" Frauen ein, die er in den Kneipen kennenlerne. Ihre Tochter wisse davon nichts und sei auch nie Zeuge seiner Gewaltakte geworden, das halte sie ihrem Mann zugute. Mit der Tochter gehe er rücksichtsvoll um, sie möge ihn, sie selbst aber sei seiner überdrüssig. Ihre somatischen Leiden waren Angstzustände, die sie ganz plötzlich überfielen, wenn sie allein zu Hause war, auf der Straße oder in einer Menschenmenge.

Agnes Kienspan war dreiundzwanzig Jahre alt und mager. Sie wollte nicht essen, beschäftigte sich aber gedanklich viel mit Speisen und schlang manchmal verrückte Dinge in sich hinein, mehrere Salatköpfe hintereinander etwa oder eine Dose Kakaopulver. Manchmal stahl sie sich Leckerbissen, besonders dann, wenn sie wußte, daß sie damit ein Familienmitglied ärgern konnte. Sie hatte eine friedliche, pummelige Schwester, die Kindergärtnerin gelernt hatte und mit allem zufrieden war. Agnes selbst hatte ein Jurastudium und ein Studium der Wirtschaftswissenschaften begonnen, aber beides wieder aufgegeben. Ihr Vater war Jurist und arbeitete für die Industrie. Da ginge es oft um große Brocken, erzählte der Vater gelegentlich bei Tisch. Dafür hatte der Vater etwas übrig, für ihre Mutter dagegen nichts und für sie, Agnes, noch weniger. Ihre Schwester behandelte er angeblich nicht wie einen Menschen, sondern wie einen gehorsamen, geduldigen, treuen Hund. Sie wurde von ihm gelegentlich gestreichelt, aber manchmal bekam sie auch nur einen Tritt. Agnes ließ sich von ihrem Vater nicht anrühren und, wenn irgend möglich, auch nicht ansprechen.

Lydia Ungst, geborene Schuldlos, vierunddreißig Jahre alt, litt an Asthmaanfällen. Wenn sie ein Schreck packte, und war der Anlaß noch so banal und geringfügig, dann konnte ihr die Luft wegbleiben, und je mehr sie nach Luft rang, desto weniger davon gelangte in ihre Lungen. Zu anderen Zeiten dagegen konnten ihr auch heftige Attacken bis hin zur Lebensgefahr nichts anhaben. Dieser fast euphorische Zustand war, wie sich im Laufe vorangegangener Behandlungen herausgestellt hatte, manchmal an der Hautfarbe ihres Gesichts, deutlicher an den Grübchen in ihren Wangen, die zu anderen Zeiten nicht zu sehen waren, am verläßlichsten aber an ihrem Gang erkennbar. Zu diesen Zeiten war er federnd, der jeweils gerade vom Boden abhebende Fuß wippte einmal, ehe das Bein nach vorn schwang. Diese Beschreibungen hatte Lydia Ungsts Hausarzt in die Krankengeschichte der Patientin eingefügt. Zu den gefährdeten Zeiten, in denen ihre Asthmaanfälle auftraten, war ihr Gang jedoch schleppend, und die Füße schlurften über den Boden. Frau Domeier hatte sich über diese Beschreibungen amüsiert. Sie waren gut beobachtet.

Im übrigen war Lydia Ungst mit einem zehn Jahre älteren Mann verheiratet und kinderlos. Ihren Mann hatte sie als ruhig und fürsorglich und überhaupt nicht anspruchsvoll beschrieben. Wenn sie krank war, bediente er sie wie ein gütiger, taktvoller Krankenpfleger. Seine sexuellen Bedürfnisse waren bescheiden. Auch dafür war sie ihm dankbar.

Das sechste Gruppenmitglied beziehungsweise das fünfte, wenn man die ausgeschiedene Frau Wammer nicht mitzählte, war Andreas Meistermann, dreißig Jahre alt. Er plagte sich mit Handlungs- und Denkzwängen, war in sachlichen Belangen pedantisch und im Umgang mit Menschen steif, insbesondere wenn man annehmen durfte, daß ihn etwas ärgerte. Er behauptete allerdings, daß ihn nichts aus der Ruhe brächte, und zeigte auch keinerlei Gemütsbewegungen, ob ärgerliche, ängstliche oder freudige. Sein akutes Unglück war, daß ihm seine Verlobte gerade mit einem drogensüchtigen Jazzmusiker davongelaufen war.

Als er davon in der Gruppe detailreich und emotionslos berichtet hatte, verständigten sich Claudia Becher (deren Mann trank und sie schlug), Ruth Wammer (die heute nicht mehr dabei war) und wahrscheinlich auch noch Lydia Ungst (geborene Schuldlos) ziemlich deutlich mit Blicken, was sie von diesem Treuebruch von Meistermanns Verlobter hielten. Die Therapeu-

Abb. 2: Die Sitzordnung

Richard Hüter
colitische Beschwerden

Claudia Becher
Phobien, Angstzustände

Lydia Ungst
(geb. Schuldlos)
Asthmaanfälle

Andreas Meistermann
Zwangshandlungen,
Zwangsgedanken

Agnes Kienspan
Anorektische Tendenzen

Ruth Wammer
Depressionen, Medi-
kamentenmißbrauch
(bereits ausgeschieden)

Dr. Luise Domeier
Therapeutin

tin befürchtete sogar, daß eine von ihnen damit herausplatzen würde. Etwas wie „Ihnen wäre ich auch davongelaufen" lag eine Weile lang in der Luft, aber Agnes Kienspan machte nicht mit, blickte die Damen vielmehr zornig an und hielt sie dadurch in Schach. Das fand die Therapeutin besser so, obwohl sie sich klar darüber war, daß Andreas Meistermann in der Gruppe einer Konfrontation mit seiner sozialen Unbeholfenheit und scheinbaren Kälte nicht entgehen würde. Das war ja schließlich das Lehrreiche an einer Gruppentherapie, daß man sich kein Blatt vor den Mund nehmen mußte. Nur der Therapeut war verpflichtet, seine Worte abzuwägen, ihre Wirkungen auf die Betroffenen zu berücksichtigen und kränkende Mitteilungen der Teilnehmer gegebenenfalls zu mildern. Jedes Gruppenmitglied sollte genügend Interesse und Entgegenkommen der anderen Gruppenmitglieder spüren und nicht nur Kritik, um weiterhin an der Gruppe teilnehmen und sich auch in vertraulichen Angelegenheiten frei äußern zu wollen. Das alles unter der unaufdringlichen Ägide und dem Schutz des Gruppenleiters, der die Gruppe als Ganzes im Auge behält und ihr hilft, dorthin zu gelangen, wo sie möchte.

Manche Gruppenleiter treten erst in den Gruppenraum mit den kreisrund aufgestellten Sesseln, wenn die Gruppe sich bereits versammelt hat, andere warten lieber im Gruppenraum. In beiden Fällen wird aber den Gruppenmitgliedern die Freiheit gelassen, sich zu äußern und miteinander zu reden, was sie wollen. Die Gruppensitzung beginnt erst, wenn der im Gruppenraum anwesende Therapeut das Wort an die Gruppe richtet, etwa indem er fragt, was die Gruppe heute behandeln möchte oder wer ein besonderes Anliegen hat, oder indem er sich ohne Worte der Gruppe zuwendet und in die Runde blickt. Frau Dr. Domeier fragte dieses Mal: „Wer will heute den Anfang machen?" Was damit gemeint sein konnte, war der Gruppe bereits bekannt.

Nach einer längeren Pause eröffnete Claudia Becher das Gruppengespräch mit der Frage: „Was wohl Ruth Wammer gerade macht? Ob sie an uns denkt?"

Das veranlaßte Richard Hüter zu fragen, ob Claudia vielleicht selbst lieber schon zu Hause sein möchte. Nachdem Claudia dies verneint hatte – im Gegenteil, wenn, dann wolle sie Ruth noch hier in der Gruppe haben; ihre Anwesenheit sei für die Gruppe gut gewesen –, fragte Lydia Ungst Herrn Hüter, was er denn mit einer solchen Frage bezwecke. Wolle er Claudia in die Enge treiben, oder wolle er von sich selbst ablenken? Gehe ihm Ruth denn nicht ab?

Noch bevor Richard etwas erwidern konnte, möglicherweise etwas wie „Wir wissen noch nicht, inwiefern und wo sie uns fehlt", nahm ihn Claudia in Schutz: „Ich habe mich nicht in die Enge getrieben gefühlt. Und warum sollte Richard von sich abzulenken versuchen?"

In den anschließenden Äußerungen der Gruppe kam heraus, daß die Frauen den Eindruck hatten, die beiden Männer seien nicht immer aufrichtig, sagten nicht, was sie dächten und fühlten. Sie brächten sich weniger ein, als das die Frauen in der Gruppe täten. Vielleicht hinge das damit zusammen, daß Männer im allgemeinen mehr „auf dem Kerbholz" hätten als Frauen.

Die beiden Männer wehrten sich gegen diesen Vorwurf. Richard gab zwar zu, daß er kein Engel sei, aber er habe sich doch bezüglich seines Sohnes kein Blatt vor den Mund genommen. Andreas Meistermann betonte, daß er schuldlos an seinem Unglück sei. Er sei von Felicitas (seiner Verlobten) verlassen worden, nicht umgekehrt. Richards Entgegnung wurde von den Frauen akzeptiert, aber gegen Andreas brachte Claudia vor: „Wenn Ruth da wäre, hätte sie vielleicht noch einmal gefragt: ‚Könnten an einer Trennung nicht beide Teile schuld sein?' Manchmal haben zwei Menschen sich auseinandergelebt. Manchmal passen sie von Anfang an nicht zusammen."

An dieser Stelle griff Frau Dr. Domeier erstmalig ein. Sie sagte: „Vielleicht hat die Gruppe mit den Vorwürfen nicht so sehr die anwesenden Männer gemeint, sondern jene, die Sie zu Hause haben, Ehegatten, Söhne, Brüder, Väter oder Freunde?"

Nach einer kurzen Besinnungspause sagte Claudia: „Also meine Brüder würde ich für meinen Teil von einer solchen Sünderliste ausnehmen. Ich habe gute Erfahrungen mit ihnen gemacht. Ich hätte in meiner Ehe mehr gelitten, wenn ich ohne sie gewesen wäre. Sie standen mir bei, manchmal der eine, manchmal der andere, und sie sagten manchmal ein deutliches Wort zu meinem Mann."

Lydia Ungst meinte allerdings: „Ich habe sehr wohl auch Richard und Andreas gemeint, doch ich gebe zu, daß sie uns nichts antun. Wir brauchen uns vor ihnen nicht zu fürchten. Ich erlebe sie als Freunde. Manchmal allerdings reden sie um den heißen Brei herum. Wir Frauen tun das vielleicht auch. Viele Patienten dieser Klinik leiden darunter, daß sie ihre Gefühle nicht herauslassen können, habe ich sagen gehört, statt dessen entwickelten wir lieber körperliche Leiden. Das gilt für Frauen und Männer. Im übrigen bin ich mit meinem Mann zufrieden. Den würde ich ausnehmen."

„Ich meide meinen Vater und rede möglichst wenig mit ihm, weil ich ihn hasse", sagte Agi Kienspan. „Und ich meide junge Männer, weil sie immer nur das eine wollen: ihre Dame ins Bett bringen. Sie verhalten sich wie Wölfe, aber dieser Vergleich ist eine Ehrenbeleidigung für die wirklichen Wölfe. Die Wölfe in der freien Natur sind edle, opferbereite, treue Tiere, die bis hin zum Beuteschlagen füreinander einstehen. Nur beim Vertilgen der Beute sind sie nicht immer so nett zueinander, aber das kann man ihnen nicht verargen. Fürs Beuteschlagen brauchen sie ja diesen starken, konzentrierten, angeborenen Impuls. Den können sie nicht gleich abschalten, wenn das Beutetier vor ihnen liegt."

Die Gruppe schwieg. Das war wohl die längste zusammenhängende Rede, die sie bisher von Agi gehört hatten. Sie hatte zwar schon einiges über ihre Eltern und ihre Schwester erzählt, aber eher in einzelnen Sätzen, in Stoßsätzen sozusagen. Sie drückte sich drastisch aus, doch ohne Affekt. Was sie zu sagen hatte, wirkte sonst nüchtern und trocken. Jetzt aber vibrierte echter Zorn in ihrer Stimme.

Andreas war der erste, der sich fing: „Mir tut leid, daß du deinen Vater so hassen mußt", sagte er. „Vielleicht läßt sich das noch ändern. Was du über Männer sagst, das stimmt für viele Männer, aber nicht für alle."

Richard lächelte und wollte etwas äußern, nahm dann aber Abstand davon. Frau Domeier glaubte, eine Spur von Spott im

Gesicht Herrn Hüters zu lesen, als wolle er zu Andreas sagen: „Du bist natürlich anders!" Auch Richard Hüter war vielleicht aufgefallen, daß Andreas Meistermann, zum ersten Mal deutlich und verständlich, Sorge um die Gefühle eines anderen bekundet hatte: ihm behagte es anscheinend nicht, daß sie ihren Vater haßte, glücklich würde sie auf die Dauer mit einer solchen Einstellung nicht werden. Vielleicht hatte er sich ihren Haß auf Männer, besonders jüngere, persönlich zu Herzen genommen, und dagegen wollte er ein Hoffnungszeichen setzen.

„Ich weiß", antwortete Agi und blickte zu Boden. Möglicherweise stand für sie fest, daß Andreas auch so ein Mann war. Sie hatte zwar seinerzeit, nicht in Worten, wohl aber mit Blicken, Partei für ihn ergriffen, als er in der Gruppe vom Ende seiner Verlobung berichtet hatte. Dabei hatte er nicht allzuviel Sympathie bei den Gruppenmitgliedern gefunden, besonders bei den Frauen. Ihre, Agis, Sympathie hatte er. Vielleicht wußte sie damals bereits, daß Andreas kein frauenreißender Wolf war, im Gegenteil, deswegen war ihm womöglich auch sein Flittchen davongelaufen. Er sei zu sanft und geduldig, zu höflich, meinte sie; zu steif und langweilig, meinten wohl die anderen Frauen der Gruppe.

Agi wollte es vermutlich dabei bewenden lassen. Für heute hätte sie genug herausgelassen, mochte sie denken, aber Andreas' Gedanke, daß ein solcher Haß auf den Vater langfristig von Übel und es besser sei, da vielleicht noch ein bißchen abzulassen, wirkte auf die Gruppe ansteckend. Ablassen, dachte Frau Domeier, das allein genügt nicht, sondern ansprechen, mitteilen, auf Anlaß und Motiv hin untersuchen und mit den anderen Teilnehmern zusammen betrachten, empfinden und beurteilen, das wäre gut für Agi.

So fragte denn auch Claudia Becher: „Wofür haßt du denn deinen Vater?"

„Daß er meine Mutter nicht aufkommen läßt", antwortete Agi nach kurzem Nachdenken, „und daß für ihn nur Leistung und materieller Erfolg etwas gilt. Schönheit, Gemütlichkeit, Nachsicht oder Zuneigung kennt er nicht. Liebe ist für ihn ein Fremdwort. Manchmal glaube ich, er ist nicht einmal ein Christ. Ein gläubiger sowieso nicht, aber nicht einmal ein praktizierender."

Wieder senkte sie die Augen, als ob sie ihre Ausführungen damit abgeschlossen hätte.

„Gibt es denn das: einen praktizierenden Christen, der nicht glaubt?" fragte Richard verwundert.

„Und ob es das gibt", rief Andreas in die Runde. „Ich zum Beispiel."

Richard schüttelte verwundert den Kopf und fragte: „Was glaubst du denn zum Beispiel nicht?"

„Ich glaube nicht, daß Christus Gott oder Gottes Sohn war. Da fängt für mich der Wunder- oder Märchenglaube schon an. In dieser Hinsicht stimme ich mit den Juden und mit dem Islam überein. Beide halten Christus für einen Propheten, die Juden für einen falschen, die Mohammedaner für einen richtigen. Ich glaube auch nicht an eine Auferstehung von den Toten. Auch Christus ist nicht auferstanden, nur sein Bild lebt in den Nachgeborenen weiter. Es ist vielleicht das schönste und sympathischste Gedächtnisbild, das wir von irgendeinem Menschen aus der Geschichte behalten haben. Ich erlebe seine Worte und Werke als etwas Wunderbares und versuche, ihm nachzueifern. Doch die Wunder, die er angeblich gewirkt hat, die sind Legende."

„Daß er den toten Lazarus wieder zum Leben erweckt hat, ist das kein Wunder?" fragte Claudia erstaunt.

„Das ist Legende", antwortete Andreas. „Wir waren nicht dabei. Wenn es sich überhaupt so zugetragen hat, wie es berichtet wird, dann war er vielleicht gar nicht tot."

„Was denn sonst?"

„Erschöpft. Oder vielleicht von einigen seiner Angehörigen als tot ausgegeben."

„Und das Wunder der Brotvermehrung in der Bergpredigt?"

„Wohlhabende Witwen mit ihren Dienern haben Christus geholfen, die Leute zu versorgen."

„Du bist mir vielleicht einer! Diese Seite an dir kenne ich noch gar nicht. Das habe ich nicht erwartet. Bist du etwa ein Ketzer?"

„Nein, ich ein bin ungläubiger praktizierender Christ."

„Religion ist Privatsache", mischte sich nun Agi in den Dialog ein, dem die anderen eher amüsiert als erstaunt oder gar entsetzt gefolgt waren. „Mit der Religion kann es jeder halten, wie er will.

Das gilt auch für Andreas. Seine Ansichten kommen mir vernünftig und ehrlich und weniger abergläubisch vor als die Ansichten mancher gläubiger Christen. Die beten nämlich zu ihren Heiligen oder Engeln und bitten um persönliche Fürsprache bei Gott. Oder sie beten direkt zu Gott dem Vater oder zu Gott dem Sohn und bitten um persönliche Vergünstigungen."

„Da bleibt einem ja der Mund offen", gestand Claudia Becher. „Da weiß man gar nicht, mit was für Freidenkern oder Philosophen man sich angefreundet hat."

„Es scheint aber den Freundschaften keinen Abbruch zu tun. Oder?" fragte Dr. Domeier.

„Bei mir nicht. Ich staune nur, was ich von Menschen, die mir inzwischen so vertraut geworden sind, noch nicht gewußt habe", gab Claudia zu.

„Ich finde das interessant, obwohl ich nicht weiß, ob ich alles verstanden habe", ergänzte Lydia Ungst. „Mich plagen manchmal Zweifel an der Güte Gottes. Wie kann er Hunger und Kriege dulden, oder unsere Krankheiten? Wenn er allmächtig ist, warum schafft er dann nicht alle Übel ab?"

„Wir wissen gar nicht, was er schon alles abgeschafft hat, um es uns leichter zu machen", merkte Richard an. „Die Welt könnte noch viel schlimmer sein. Wir leben hier in einer der günstigen Regionen der Erde. Andere Menschen und Völker haben es längst nicht so gut wie wir."

„Wie sind wir denn auf das Thema Religion und Weltanschauung zu sprechen gekommen?" fragte Frau Domeier.

Die Teilnehmer blickten einander eine Weile an. „Du hast es aufgebracht", erinnerte sich Richard und blickte Agi an. „Du hast von deinem Vater gesprochen. Warum du ihn haßt. ‚Er ist nicht einmal ein praktizierender Christ, ein gläubiger Christ sowieso nicht', hast du gesagt."

„Aber das scheint ja in deinen Augen gar kein so großes Übel zu sein. Was ist es dann?" fragte Claudia weiter.

„Sein Mangel an Gemütlichkeit und an Nachsicht, habe ich gesagt. Er hat kein Herz für die Menschen, zumindest keins für Frauen. Meine Mutter sagt, er weiß nicht, was Frauen mögen und was ihnen guttut", antwortete Agi.

„Weißt du das?" drängte Claudia.

„Was?"

„Was Frauen mögen?" wiederholte Claudia.

„Ich habe vielleicht Jus und später Wirtschaftswissenschaften studiert, nur um es meinem Vater recht zu machen. Denn eigentlich hat mich beides nicht interessiert. Aber selbst wenn es mich interessiert hätte oder mir mehr gelegen wäre, hätte ich es wohl aufgegeben, weil ich es meinem Vater nicht recht machen will. Er vergewaltigt mich, wenn er das von mir will."

„Darf sich eine Frau schön anziehen? Geld für Kleider ausgeben? Mit Männern flirten, was meinst du?" fragte Claudia.

„Mein Vater sagt zwar, wir dürften, aber er sieht es nicht gern. Er verachtet die ‚Putzsucht und Flirtbereitschaft einfältiger Frauen'. So nennt er das", antwortete Agi.

„War dein Vater auch einmal anders? Hat es eine Zeit gegeben, in der du ihn nicht gehaßt, sondern geliebt hast?" wollte Claudia schließlich wissen.

„Es fällt mir schwer, zurückzudenken, aber es gab bessere Zeiten, ja. Als ich noch in die Volksschule ging, war es zu Hause eigentlich recht lustig, wenn er daheim war. Da hat er mit uns gespielt, uns Rätsel und Denkaufgaben gegeben und Rechentricks gezeigt. Auch von fremden Ländern hat er uns manchmal erzählt, Indien oder Afrika. Einmal habe ich ihn gefragt, ob es einen Gott gäbe. Da hat er gesagt, viele Menschen glaubten, daß es ihn gäbe, andere wieder seien sich dessen nicht sicher. Da wurde mit klar, daß es wahrscheinlich keinen Gott gibt. ‚Was hab' ich doch für gescheite Mädchen!' rief er manchmal aus. Dann stellte sich heraus, daß meine Schwester immer weniger mitkam. Nur ich war sein Wunderkind. Berta verzichtete auf seinen Respekt, nahm es in Kauf, daß er sie als ‚immer belämmerter' bezeichnete – aber sie wurde glücklich. Ich hingegen geriet unter wachsenden Druck, manchmal konnte ich gar nichts mehr essen. Später wollte ich nicht mehr essen, wollte um keinen Preis dick werden, in der Klasse die beste Schülerin sein. Berta überraschte meine Mutter und mich dadurch, daß sie vor mir die Regel bekam; sie ist zwei Jahre jünger als ich. Meine Regel kam erst zwei Jahre später und hörte nach einer Weile vorübergehend wieder auf. Ich haßte den Gedanken, eine Frau zu werden, meine Schwester aber wollte gern eine Frau sein. Dafür verspottete ich sie. In der Schule war mir aber nicht danach zumute, da zog ich mich zurück, den Kopf voll verrückter Ideen, die mir damals gar nicht so verrückt vorkamen. Etwa: Berta solle sich mit einem Jungen einlassen, schwanger werden und mir das Kind schenken. Wenn ein Junge sich mir nähern würde, wollte ich ihn erstechen. Ich bildete mir ein, mein Vater hätte lieber einen Jungen gehabt als ein Mädchen, obwohl er das nie gesagt hatte. Dann hatte ich eine Idee, die zu verrückt ist, um sie überhaupt auszusprechen..."

„Auch hier nicht?" fragte Richard nach einer Weile.

„Es ist mir inzwischen wieder entfallen", behauptete Agi.

„Hatten sich da deine Gefühle zu deinem Vater schon verändert?" fragte Claudia.

„Ich glaube, ja. Aber wirklich zu hassen begann ich ihn erst nach dem Abitur. Damals wurde mir klar, wie sehr er mich für das Alltagsleben verdorben hatte. Er – und die Schule. Ich mochte die meisten in meiner Klasse nicht. Als ich dann aber ganz allein an der Universität umhergondelte, vermißte ich die Klassengemeinschaft. In der Schule wurde ich vielleicht als ein verrücktes Huhn angesehen, aber ich war geduldet. Man nahm Anteil an mir und kam mir manchmal sogar zu Hilfe. Offenbar merkte ich das nicht immer, sonst hätte ich mich gewehrt. An der Universität dagegen krähte kein Hahn nach mir. Wer ich war und wie es mir erging, das war den anderen völlig egal. Ich fühlte mich verloren, spiegelte aber vor, alles zu beherrschen und etwas leisten zu können, deshalb war ich befangen. Als man mich dann noch kritisierte und meinen Mangel an Auffassung bemerkte, begann ich die Professoren und Dozenten zu hassen. Was bildeten sie sich ein! Wie konnten sie auf dem Podium oder vor der Tafel nur so herumstolzieren! Ihre Argumente schienen mir verlogen und falsch, aber ich war außerstande, ihnen das zu beweisen. Wenn ich ihnen widersprach, verwickelte ich mich selbst in Widersprüche. Ich erntete Spott und gab auf. In ein Paukstudio, wo einem juristisches Denken eingetrichtert wird, bin ich gar nicht gekommen."

„Jus war eben nicht dein Metier", versuchte Richard sie zu trösten, „Wirtschaftswissenschaften auch nicht, erinnere ich mich. Was hätte dir denn mehr gelegen? Wenn du das tun könntest, was du wirklich willst, was würdest du dann tun?"

„Nichts. Ein Jahr in der Sonne liegen und faulenzen. Wenn möglich mit den Zugvögeln nach der Sonne ziehen. Aber das kann ich eben nicht. Nein, ich kann nicht nichts tun. Ich tue ja derzeit nichts und fühle mich elend dabei. Da will ich zumindest möglichst wenig Geld ausgeben. Ich könnte mir wohl ein interessantes Studium vorstellen, nämlich Kunstgeschichte, aber das ist ein Studium für höhere Töchter, die zu allem anderen zu dumm sind, behauptet mein Vater."

„Was hat denn deiner Mutter Spaß gemacht zu tun, oder was möchte sie tun?" fragte Claudia.

„Sie hat Kunstgeschichte studiert, aber nicht abgeschlossen. Außerdem liebt sie Pflanzen. Sie weiß alles über Pflanzen und Botanik, ohne studiert zu haben."

„Wäre das nichts für dich?" sprang Richard ein. „Bisher wolltest du alles dem Vater recht machen, und das hat nichts gebracht. Wenn du jetzt tun willst, wozu du Lust hast, würdest du es ja auch der Mutter recht machen, oder einfach das machen, was die Mutter nicht durfte oder nicht schaffte."

Agi blickte in die Runde, auch zu Frau Domeier, lächelte schließlich, nicht gerade mitreißend, aber doch freundlicher als je zuvor, und sagte: „Ich danke euch, daß ihr euch um mich bemüht habt. Das weiß ich zu schätzen. Ich vertraue euch und werde mir die Sache überlegen."

Lydia fügte hinzu: „Was dir dein Vater eigentlich angetan hat, kann ich bisher nicht so recht erkennen. Für mich hört sich das alles gar nicht so schrecklich an. Was ist denn geschehen, das alles so schlimm gemacht hat?"

„Was meinst du", fragte Agi mit besorgtem Gesicht. Wendete sich etwa das Blättchen, und die Gruppe ließ sie nun wieder fallen, nachdem sie sich so aufmerksam mit ihr befaßt hatte? Solche Gedanken schienen Agi unwillkürlich durch den Kopf zu gehen.

„Hat dich dein Vater sexuell berührt?"

„Ob er mir gefallen hat? Ja. In der Kindheit, noch in der

Volksschulzeit waren wir stolz auf unseren Vater. Er sieht auch heute noch recht gut aus."

„Nein, ich meine, hat er dich angefaßt? Hat er dein Geschlecht berührt?"

„Nein! Nie!" antwortete Agi entgeistert.

„Mein Vater hat mich an der Muschi angefaßt", antwortete Lydia, „und ich mußte mich an seinem Stock festhalten – so hat er sein Sexualorgan genannt. So hätten es auch Adam und Eva im Paradies gemacht, erklärte er. Das sei erlaubt gewesen, müsse aber ein Geheimnis bleiben, um die anderen Lebewesen im Paradies nicht zu verwirren. Im Paradies wäre alles ganz friedlich. Niemand würde getötet oder gefressen. Alle wären von Gott geschaffen und unsterblich... In meinem zehnten oder elften Lebensjahr hatten wir Geschlechtsverkehr, alles ganz heimlich. Dann hörte das auf, weil sonst die Gefahr bestünde, daß ein Kind in meinem Leib entsteht. Warum ist bei Adam und Eva ein Kind entstanden? Weil Eva kein Kind mehr war, behauptete mein Vater. Gott hätte Eva aus einer Rippe Adams geschaffen, aber sobald die beiden sich nicht mehr nur an der Muschi und am Stock anfaßten, sondern den Stock in die Muschi steckten, war das Kind gekommen. Mit den Kindern, die dann geboren würden, bei Adam und Eva und den Tieren, ginge das Paradies zu Ende. Das hätten sie nicht tun dürfen. Die Menschen dürften das nur machen, solange sie Kinder seien, zur Erinnerung an das Paradies."

Es entstand eine Pause. Frau Domeier blickte in die Runde und sah Lydia erleichtert, wenn auch innerlich erschöpft von ihren Enthüllungen. Sie hatte versucht, ironisch zu bleiben, doch ihr Affekt, ein Gemisch von Schmerz und Zorn, war für alle spürbar. Agi war ganz blaß geworden. Andreas schien in Sorge um Agi zu verharren, Richard schüttelte ungläubig den Kopf und Claudia, die anscheinend am geringsten von dieser Mitteilung Lydias beeindruckt war, fragte schließlich: „Ist das ein schauriges Märchen oder ein böser Traum, oder ist das wirklich wahr?"

„Das ist leider wahr", erwiderte Lydia ernst, langsam und mit Bestimmtheit.

„Dieses Schwein!" schrie Agi mit geschlossenen Augen und

dehnte das „ei" und noch mehr das „n" des Wortes Schwein, schwieg etwa zwanzig Sekunden, atmete heftig, stand plötzlich auf und verließ den Gruppenraum mit den Worten: „Ich muß brechen."

Die Gruppenmitglieder blickten Frau Domeier an. „Soll ihr jemand helfen?" fragte Richard. Andreas traf Anstalten, genau das zu tun, aber da meinte Richard: „Sollte das nicht besser eine Frau sein?"

„Da habe ich was angerichtet", seufzte Lydia.

„Das lag Ihnen vielleicht schon länger auf dem Herzen", meinte Frau Domeier. „Einmal mußte es dann wohl heraus."

„Wollen Sie nachsehen gehen, Frau Doktor?" fragte Claudia.

„Ich glaube, Agi wird bald wieder dasein, aber vielleicht ist sie dankbar, wenn ihr trotzdem jemand nachkommt, hmmm?" fragte Frau Domeier und sah Claudia in die Augen. Claudia nahm ihre kleine Tasche, die sie am Fuß ihres Stuhles abgestellt hatte, und ging hinaus.

Nach einer Weile fragte Lydia, ob sie ihr Anliegen nicht doch hätte verschieben sollen. Agi war heute aufgeschlossener als je. Hat sie das nicht wieder zurückgeworfen?

Frau Domeier antwortete: „Vielleicht sollten wir das und auch andere Gedanken, die wir haben, aufsparen, bis die beiden zurückgekehrt sind. Sonst entgeht ihnen etwas. Würden wir weiterreden, dann müßten wir sie fairerweise informieren. Wenn wir warten, sparen wir Zeit."

Das sahen die anderen ein. Sie empfanden die Erlaubnis zur Stille als geradezu entspannend. Die Männer rückten sich bequem in ihren Stühlen zurecht, Richard streckte die Beine von sich, und sie warteten ein paar Minuten. Dann kehrten Agi und Claudia zurück und nahmen ihre Plätze ein.

„Ich bitte um Entschuldigung", sagte Agi schließlich. Ihr Gesicht war noch immer blaß, ihr Ausdruck erleichtert, die Kopfhaltung nicht mehr so starr wie zuvor nach ihrem Schrei.

„Ich habe mich zu entschuldigen", erwiderte Lydia. „Was sich zwischen mir und meinem Vater in der Kindheit abgespielt hat, davon braucht sich die Gruppe nicht durcheinanderbringen zu lassen."

„Das geht uns alle an", versicherte ihr Richard. „Alles, was jemand von uns vorbringen möchte, ist zugelassen."

„Aber nicht zur selben Zeit oder so knapp hintereinander. Agi, ich wollte deine Anklage nicht in Frage stellen. Ich konnte nur meine nicht länger unterdrücken."

Die Gruppe fand das gut. Die Teilnehmer wollten wissen, ob Lydia denn von ihrer Mutter, Schwester, Großmutter oder von jemandem aus der weiteren Familie nicht hätte Hilfe bekommen können. Lydia berichtete, daß sie erst drei Jahre später (also nach Ende ihres sexuellen Mißbrauchs durch den Vater) einer Schulfreundin davon erzählt hatte. Diese riet ihr damals, mit ihrer eigenen Mutter darüber zu reden, doch die Mutter hielt die angegebenen Vorfälle für unglaubhaft. Wenn es wahr gewesen wäre, hätte Lydia sich schon damals beschweren müssen. Die Mutter befragte angeblich auch den Vater, er stritt es jedoch ab. „Das muß Lydia geträumt haben", beteuerte er mit Überzeugung. Deshalb wollte die Mutter auch keine Konfrontation zusammen mit Lydia. Als die Mutter der Freundin, der Lydia ihr Leid erzählt hatte, davon erfuhr, meldete sie mit Zustimmung Lydias den Vorfall beim Jugendamt. Eine Sozialarbeiterin bat Lydia nach der Schule zu einem Gespräch, schenkte ihr Glauben und veranlaßte ein Familiengespräch zu viert, Vater, Mutter, Lydia und sie selbst. Lydias jüngere Schwester war damals auf einer Sportschulwoche außer Haus.

In dem Familiengespräch gab der Vater nach anfänglicher Entrüstung zuletzt doch zu, daß ein sexueller Mißbrauch seiner ältesten Tochter stattgefunden hatte. Das läge aber weit zurück. Einen Teil davon müsse Lydia geträumt haben. Die jüngere Tochter habe nichts davon mitbekommen, sei auch heute noch ahnungslos, und so solle es bleiben. Am Geschehenen könne man nichts mehr ändern. Dennoch konnte der Vater einer Vorladung auf das Jugendamt nicht entgehen und wurde dort zu einer Beratung bei einem Therapeuten verpflichtet, anderenfalls müßte Strafanzeige gegen ihn erstattet werden. Auf Zeugenaussagen der beiden Kinder wurde unter diesen Umständen vorläufig verzichtet.

Lydia erntete dafür Vorwürfe von der Mutter: Sie hätte die

Familie nicht verraten dürfen. Gegen diese absurde Anschuldigung, gegen den Vater und Kinderverführer überhaupt, wurde von den Gruppenmitgliedern heftig argumentiert, Abwehrmöglichkeiten wurden diskutiert und über eine gerichtliche Verfolgung gesprochen. Dabei stellte sich heraus, daß Lydias Vater vom Schicksal geschlagen war. Von Beruf Dachdeckermeister, stürzte er noch vor Beendigung der psychologischen Beratung vom Dach und erlitt einen Schädelbruch, der eine halbseitige Lähmung und seine frühzeitige Berentung zur Folge hatte. Nun erhob die Mutter gravierende Vorwürfe Lydia gegenüber. Sie wäre an allem schuld – hätte sie nicht den Mund halten können? Ihr sollte nichts Schlimmeres passieren! Damit hätte die Mutter gemeint, behauptete Lydia, daß es sehr wohl etwas Schlimmeres gäbe.

Das sei auch geschehen. Sie sei frigid geworden, habe Asthmaanfälle bekommen, und erst ihr (erheblich älterer) Mann habe ihre Angst im Intimbereich allmählich mildern können. Auf eigene Kinder verzichte sie.

Das Gruppengespräch war so rege geworden und die Sympathien der Teilnehmer so deutlich, daß zuletzt Agi mit ihrer „verrückten Idee" herausrückte, von der sie bereits gesprochen hatte.

„Ich haßte Männer, junge und alte, und wollte mit keinem etwas zu tun haben. Ich habe es auch heute noch schwer mit ihnen. Sie irritieren mich in ihrer Präpotenz. Aber ein Kind hätte ich nicht ungern gehabt, und dazu braucht man leider einen Mann. Eine Idee war, daß meine Schwester für mich schwanger wird und mir das Kind gibt. Noch mehr als dieser Gedanke verfolgte mich jedoch damals der Gedanke, daß ich mich... Nein, ich kann es auch jetzt nicht sagen, obwohl ich weiß, daß es Unsinn ist und daß ich darüber hinaus bin..."

Die Gruppe wartete, und Andreas sagte schließlich lächelnd: „Du hast uns neugierig gemacht. Willst du uns noch lange auf die Folter spannen?"

„Wenn ich damit eure Folter beenden kann, dann in Gottes Namen: Ich hatte die Idee, mich mit dem Samen meines Vaters künstlich befruchten zu lassen und ein Kind zu bekommen. Vielleicht würde es ein Junge werden... Verrückt, was?"

Lydia runzelte die Stirn, Claudia wollte etwas fragen, fand aber keine rechten Worte, und Richard sagte letztlich: „Sozusagen ein Kind deines Vaters, ohne daß es zu einem geschlechtlichen Kontakt gekommen wäre."

Und Andreas sagte: „Warum nicht eine künstliche Befruchtung von einem anderen Mann. Mit dem Vater wäre es zwar kein Inzestakt, aber eine Inzestfolge. Dabei besteht Gefahr für das Kind. Da können latente Erbgutfehler der Familie zusammenkommen und zu manifesten Defekten werden."

„Ihr braucht euch keine Sorgen zu machen. Das war vor sechs Jahren ein quälender Gedanke, der mich nicht losließ, aber er ist längst verblaßt. Trotzdem habe ich mich geschämt, ihn zu erzählen. Ihr dürft niemandem etwas davon sagen. Vor allem meine Eltern dürfen nichts davon erfahren."

„Unsere Zeit ist um", gab Frau Domeier zur Kenntnis. „Heute ist es turbulent zugegangen. Angefangen von Vorwürfen an die Männer, von denen nicht immer Gutes zu erwarten sei, bis zu einem Exkurs über Religion kam das Gespräch schließlich auf Väter und ihre Töchter. Zwei von unseren drei Damen brachten Klagen ein. Erhebliche Vorwürfe an die Adresse ihrer Väter, die schwerwiegenden Folgen dieses Verhaltens. Wir sind dabei auf Wünsche, Befürchtungen und Ängste gestoßen, die wir nicht alle Tage äußern und die uns noch beschäftigen werden."

Damit verließ Frau Domeier den Gruppenraum und machte sich in ihrem Arbeitszimmer einige Notizen. Die Gruppe verweilte im Gruppenraum noch kurz im Gespräch, aber dieses entzieht sich bereits unserer Kenntnis. Vielleicht hören wir etwas davon in der nächsten Gruppensitzung.

In was für einer Verlegenheit, bitte?

Auf einer Fortbildungstagung für Personen, die in helfenden Berufen tätig waren, ging eine Teilgruppe gemeinsam zum Mittagessen. Es war die vierte von zwölf solcher Veranstaltungen zum Wochenende, und alle Teilnehmer hatten die Absicht, die ganze Folge innerhalb des dafür vorgesehenen Zeitraums von fast zwei Jahren mitzumachen.

Ein längerfristiges und vielleicht ernsthafteres Vorhaben als manch andere solcher Fortbildungsveranstaltungen, bei denen es den Teilnehmern freigestellt ist, wie regelmäßig oder wie lange sie kommen wollen. Auch neue Teilnehmer sind jederzeit zugelassen. Es mag vorkommen, daß Teilnehmer mitunter auch mehr der Unterhaltung wegen als aus therapeutischem Wissendurst kommen, auf der Suche nach Bekanntschaften und Freundschaften, die auf solchen Tagungen entstehen können, wenige vielleicht auch, weil sich Gelegenheit zu unverbindlichen sexuellen Abenteuern bieten könnte.

Das war in dieser Gruppe nicht der Fall. Die Veranstalterin jener Fortbildungstagung, eine anerkannt gute Vertreterin der klassischen Psychotherapie, nahm jeweils nur zehn Personen in ihre Gruppe auf, übte mit ihren Teilnehmern vertiefte Einzeltherapie und später Gruppentherapie, zuletzt Paartherapie und Familientherapie. Dabei hielt sie sich zum Unterschied von manchen anderen Familientherapeuten an die klassischen Psychotherapieregeln. Sie stand jenen Familientherapeuten, die nur kurze Gespräche mit ihren Klienten führten und sie oft schon nach einer einzigen Konsultation nach Hause schickten, offenbar kritisch gegenüber. Manche Familientherapeuten hatten rasch die Lust an der Anteilnahme verloren. Sie operierten vorwiegend mit Überraschung und Schrecken und erlaubten ihren Klienten keine einsichtigen Übergänge. Gerade darauf kam es nach Meinung unserer Psychotherapeutin aber an. Ihr kam es darauf an, sich geduldig und fragend auf das Leben und die Äußerungen der Klienten einzulassen, damit sie es eines Tages auch allein tun können, und dazu mußten sie mehrmals, wiederholt, immer wieder erlebt haben, wie der Therapeut – ein wohlwollender, aber nicht in ihr Alltagsleben verwickelter Beobachter – es zunächst zusammen mit ihnen tat.

Unsere Psychotherapeutin, nennen wir sie Klara Weise, Frau eines Geschäftsmannes und Mutter von zwei fast erwachsenen Kindern, schloß sich gelegentlich den Teilnehmern an ihren Fortbildungsveranstaltungen an, wenn diese am Samstag zum Mittagessen gingen. Den Abend verbrachte sie dann wieder in ihrer Familie, mit der sie am Stadtrand wohnte, und Sonntag mittags war die Tagung zu Ende. Die Teilnehmer fuhren heim, und Frau Weises Familie hatte ihre Mutter beziehungsweise Gattin wieder. Da sie sich im Durchschnitt nur etwa einmal im Monat ihrer Familie für einen Teil des Wochenendes entzog, hatte man bei ihr daheim nichts dagegen.

Mit herkömmlichen Patienten wäre sie nicht zum Mittagessen gegangen, denn das hätte ihre psychotherapeutische Arbeit und Beziehung nur kompliziert. Die Teilnehmer an der Fortbildungsveranstaltung jedoch, selbst therapeutisch tätig, kamen zu ihr, um etwas dazuzulernen. Daß sie dabei mit Problemen im eigenen Leben und in ihrer eigenen therapeutischen Arbeit konfrontiert würden, hatten sie erwartet. In solchen Momenten schlüpften sie vorübergehend selbst in die Rolle des Patienten, aber eben nur kurzfristig, nach eigenem Ermessen und widerrufbar. Jeder der Teilnehmer bestimmte selbst, wie weit er sich persönlich einbringen und andere daran teilhaben lassen würde. Er konnte jederzeit zur Fallarbeit, die er oder ein anderer vortrug, oder zur Thematik, die gerade besprochen wurde, zurückkehren. Auf Fragen der Teilnehmer zu seiner persönlichen Problematik mußte er nicht eingehen. Und von Frau Weise wiederum würde, soviel stand fest, aus eigener Neugier nicht weiter gefragt werden. Lediglich eine erkennbare Neugier der Gruppe, die aber im Augenblick keiner zu äußern wagte, würde sie eventuell ausdrücklich feststellen. Mit dieser Information konnte dann die Gruppe verfahren, wie sie wollte. Wenn sie es nicht aussprach, kam die Gruppe meistens auch von selber darauf, und wenn dann das Gespräch nicht schon woanders angelangt war, drückte eben ein Teilnehmer das besondere Interesse der Gruppe aus.

In unserem Fall sah Frau Weise keine Notwendigkeit, Kontakte außerhalb der Veranstaltung zu vermeiden; schließlich war sie ja als Lehrerin und Vortragende in diesem Prozeß ganz anders eingebunden, als das eigene Patienten erleben und erwarten würden.

Frau Weise betrat zusammen mit vier ihrer zehn Teilnehmer und der administrativen Betreuerin der Fortbildungsveranstaltung ein chinesisches Restaurant in der Nähe des Veranstaltungsortes, das sie ausprobieren wollten. Wer waren die hier versammelten Teilnehmer?

Beginnen wir bei Frau Kühnel. Sie war eine dunkelhaarige, zierliche und etwas ängstlich anmutende Person, die in einer Partnerschaft lebte und sich manchmal um das kleine Kind einer Freundin kümmerte.

Dann war da Frau Wehn, eine verheiratete Mutter von zwei Söhnen, von denen sie meinte, diese hätten sich eigentlich nie um ihre Mutter in einer Weise bemüht, wie es sich nach Kenntnis der Tiefenpsychologie erwarten ließ. Hinweise der Gruppe hatten ihr allerdings klargemacht, daß sie manche Zeichen ihrer Söhne möglicherweise nicht richtig gelesen hatte.

Die dritte Frau war eine alleinstehende, graublonde, lebhafte und wortgewaltige Person, Frau Karsten. Sie hatte acht Jahre als Missionarin gedient, ehe sie, wie die beiden anderen Frauen, in der Sozialarbeit beratend und psychotherapeutisch tätig geworden war.

Die bereits erwähnte administrative Betreuerin der Fortbildungsveranstaltung hörte auf den schönen Namen Gertenkranz. Sie war schlank, platinblond getönt, effizient und genau, aber etwas wortkarg. Dies und ihr stets ernsthafter Gesichtsausdruck dämpften manchmal die Gesprächigkeit der anderen. Sie war geschieden, und ihr einziges Kind, eine Tochter, lebte bei ihr. Frau Gertenkranz gehörte nicht zu den Teilnehmern der Fortbildungsveranstaltung, saß aber manchmal mit dabei.

Der einzige Mann unter den Teilnehmern war Herr Pompus, ein großer, hagerer Mann mit schütterem, dunkelblondem Haar, der bisher therapeutisch im Strafvollzug gearbeitet hatte. Nun machte er einiges davon her, daß er sich gerade in einer Lehranalyse befand. Er war verheiratet und hatte einen Sohn.

Auch in früheren Fortbildungsveranstaltungen waren die Frauen zahlenmäßig dominierend, aber noch nie war ihr Übergewicht so kraß gewesen. Frau Doktor Weise jedoch fand das Übergewicht in Ordnung, schließlich, so sagte sie sich, seien Frauen nun mal die natürlicheren Helfer der Menschen. Sie haben mehr Geduld und fühlen sich im Durchschnitt in andere Menschen besser ein als Männer. Dies war über die Jahre ihrer klinischen Erfahrung ihr Eindruck gewesen. Das schloß jedoch nicht aus, daß es hervorragende männliche Psychotherapeuten gab, ja vielleicht waren die besten sogar einige wenige Männer? Doch selbst wenn Männer es in der Psychotherapie oft an Einfühlung vermissen ließen, so belebten sie Familien- und Gruppentherapie in jedem Fall und taten auch den Fortbildungsveranstaltungen gut. Sie hatte mehrere Männer auf der Warteliste gehabt, die sich zögernd beworben hatten, und hätte noch ein oder zwei in diese Gruppe aufnehmen können, war aber nach den Anmeldeterminen vorgegangen. Sie hätte einen Mann vorziehen und eine früher angemeldete Frau aufschieben müssen, um eine ausgewogene Geschlechterverteilung in der Fortbildungsgruppe zu haben. Das wäre ihr jedoch ungerecht vorgekommen.

Wie jeder gute und erfahrene Therapeut wußte Frau Weise über jeden ihrer Teilnehmer aus dessen Äußerungen und Andeutungen schon manches Persönliche, das einzelnen Mitteilnehmern vielleicht entgangen sein mochte. Sie behielt es selbstverständlich für sich. Bei Gelegenheit würde sie das eine oder andere davon aufgreifen, falls die Gruppe nachfragte. Außerdem hatte sie die Erfahrung gemacht, daß eine aufmerksame Gruppe, gleichgültig ob es sich um Patienten oder um sich weiterbildende Psychotherapeuten handelte, in ihrer Gesamtheit stets mehr bemerkte und vieles besser im Gedächtnis behielt als selbst der erfahrenste Therapeut. Das einzelne Gruppenmitglied hingegen reichte im allgemeinen nicht ganz an die Merkfähigkeit des Psychotherapeuten heran. Dies bezieht auch ein, was der Therapeut der Gruppe zu sagen hat. Die Gruppe als Ganzes kann es sich früher oder später meistens selbst sagen, obschon vielleicht mit weniger subjektiver Sicherheit als der erfahrene Therapeut und möglicherweise ungünstiger plaziert. Außerdem weiß die Gruppe nicht so gut, was sie damit anfangen wird und wie es weitergehen könnte. Deswegen hat sie ja den Gruppenleiter. Der greift gelegentlich sogar metatherapeutisch ein, erklärt beispielsweise etwas über den Vorgang in der Gruppe, der sich gerade abgespielt hat, oder interveniert zugunsten eines heftig attackierten Gruppenmitgliedes. Anfang und Ende einer Gruppensitzung bestimmt ebenfalls der Therapeut, wie er auch für die Zusammensetzung der Gruppe allein oder mindestens in der Hauptsache verantwortlich ist.

Frau Weise hatte erkannt, daß einige aus der Gruppe, die nicht beim Mittagessen dabei waren, an der Doppelrolle von Frau Gertenkranz innerlich Anstoß nahmen. Als Verwaltungshilfe der Fortbildungsveranstaltung und Vertreterin der Organisation, die die Räumlichkeiten zur Verfügung stellte, gehörte sie nicht wirklich zur Gruppe, doch nahm sie manchmal teil. In der Gruppe schwelte der Wunsch, das mit ihr zu klären. Frau Gertenkranz sollte entweder immer oder gar nicht dabeisein. – Sie selbst, Frau Weise, hoffte allerdings, daß nach einer Aussprache auch der derzeitige Kompromiß akzeptabel war. Frau Gertenkranz war teilzeitlich selbst psychotherapeutisch tätig. Sie wäre gerne immer dabei gewesen, hatte aber manchmal andere Verpflichtungen für ihre Organisation.

Frau Kühnel wurde von Frau Dr. Weise ein bißchen bedauert. Sie nahm sich als Person zu sehr zurück, weil sie glaubte, nicht so gut und erfahren zu sein wie die übrigen Teilnehmer. Ständig begab sie sich in die Position der Ratsuchenden – das hatte sie weder nötig noch konnte sie de facto soviel bekommen. So wollte sie zum Beispiel von den Teilnehmern der Gruppe wissen, ob sie das Kind ihrer Freundin, das sie manchmal betreute, gut genug versorgte. Die Kindsmutter war alleinerziehend, Frau Kühnel hatte Angst, daß das Kind Schaden litt. Außerdem bat sie die

Gruppe, ihr zu deuten, ob ihr Lebenspartner wirklich damit einverstanden war, daß sie diese Aufgabe übernahm und das Kind zeitweise in ihrer Wohnung war, oder ob er es nur vorgab. Aber anstatt sie zu stützen und zu ermuntern, selbst nachzufragen oder in der Erinnerung zu prüfen, ob sie dies nicht selbst beurteilen könne, hatte die Gruppe versucht, Frau Kühnel zu therapieren. Nicht die gesamte Gruppe, sondern zwei der hier nicht anwesenden Damen und Herr Pompus. Sie suchten herauszufinden, wo in ihrer Kindheit die Wurzeln für Frau Kühnels Unsicherheit lagen, und als Frau Kühnel nicht darauf eingehen wollte, begann Herr Pompus zu spötteln. Sie habe anscheinend ein Interesse daran, ängstlich und unsicher zu bleiben, sagte er zu Frau Kühnel und blickte vielsagend in die Runde. Frau Weise hätte intervenieren können, aber sie wartete noch. Bald würde die Gruppe von selbst Frau Kühnel vor den drei Neugierigen in Schutz nehmen oder deren therapeutische Allüren kritisieren.

Frau Karsten konnte sich unter den Teilnehmern am besten artikulieren, war aber innerlich unruhig, sie wollte zu viel. Früher oder später wird die Gruppe sie ohnedies einschränken, dachte Frau Weise. Frau Karsten hatte den Ehrgeiz, die eifrigste, aufmerksamste und beste Teilnehmerin zu sein. Einerseits wollte sie die Fortbildungsleiterin intellektuell herausfordern, andererseits ihr vermitteln, daß sie, Frau Weise, immer mit ihrem Beistand rechnen könnte. Sie suchte zweifellos Anerkennung, für ihren ungewöhnlichen Lebenslauf und ihre Missionstätigkeit im Fernen Osten ebenso wie für ihre Schnelligkeit und Tüchtigkeit am Ort. Sie wollte demonstrieren, daß auch sie Männer gehabt hatte und daß ihr Vater beides war, einer der größten Männer überhaupt und ihr gegenüber ein Scheusal. Kein Wunder, daß sie dabei ledig geblieben war, sollten die Gruppenmitglieder erkennen. Frau Karsten wird unwillkürlich wohl oft dafür sorgen, daß die Gruppe in Bewegung bleibt, dachte Frau Weise, aber ihr Wetteifer, ihre Empfindlichkeit und ihre Verteidigungsbereitschaft, gepaart mit ihrer Wortgewandtheit und Darstellungsgabe, wird der Gruppe manchmal zu schaffen machen. Man kam nicht leicht gegen sie an, auch dann nicht, wenn sie für die Gruppe einen falschen Weg eingeschlagen hatte.

Frau Wehn schien Frau Weise unter den Frauen der Tischrunde die zufriedenste Person zu sein, zufrieden mit ihrer Lebenssituation, sie hielt offenbar mehr freudige als unangenehme Überraschungen für sich selbst bereit, wenn die Teilnehmer in die eigenen Vergangenheiten einzutauchen begannen. Außer ihr gab es noch zwei andere ausgeglichene Frauen, Frauen mit angetrauten Männern und Kindern und günstigen Lebensumständen. Sie würden irgendwann einmal auch den Neid der weniger glücklichen Frauen zu spüren bekommen, erwartete Frau Weise. Kleine Anzeichen waren bereits bemerkbar.

Herr Pompus schließlich hatte, ohne es zu wissen, wohl die größten Schwierigkeiten mit sich selbst und mit der Gruppe, vermutete Frau Weise. Fast bereute sie schon, daß sie nicht doch noch einen zweiten Mann in die Gruppe aufgenommen hatte. Herr Pompus war hier der Hahn im Korb. Allerdings verstand er es nicht, sich auszudrücken. Er brauchte lange, um klarzustellen, was er wollte. Der Zuneigung und Achtung der anderen Teilnehmer schien er bedürftiger als alle anderen, trotz seiner Sonderstellung als Mann unter Frauen – oder vielleicht gerade deswegen; vielleicht fühlte er sich überfordert, auch hatte er Mühe zu verstehen, was die anderen sagten oder wollten.

Als Frau Weise seinerzeit einem Teil der Gruppe das erste Mal begegnete, ging Herr Pompus gelassen und schlaksig und, Frau Weise ununterbrochen anblickend, als einziger auf sie zu, mit auf halbem Wege bereits ausgestreckter Hand, um sie zu begrüßen. Sein Blick schien ausdrücken zu wollen: „Wir zwei werden das schon machen." Frau Weise hatte ihm damals die Hand gereicht, war aber gleich zu den anderen Teilnehmern weitergegangen, um auch ihnen die Hand zu schütteln. Vielleicht war schon das eine erste Enttäuschung für ihn gewesen.

Vielleicht hatte er auch Schwierigkeiten mit Frau Weises freimütiger und klarer Art, über klinische und psychotherapeutische Erfahrungen und Erkenntnisse zu sprechen. Das sei ihm alles viel zu definitiv, sagte er. Seit zwei Monaten sei er nun in seiner Lehranalyse, und er wundere sich, wie behutsam der therapeutische Prozeß verlaufe. Da gäbe es keine Festlegungen, alles könne immer noch etwas anderes bedeuten. Daher dürfe man eigentlich nicht von Charakteristika der Frau oder des Mannes oder einer bestimmten kindlichen Entwicklungsphase sprechen, wie Frau Weise es getan hätte. Auch habe ein psychisches Trauma nichts mit objektiven Gegebenheiten zu tun. „Meistens doch", hatte eine Teilnehmerin eingeworfen, und eine andere hatte behauptet: „Immer."

Er hatte gemeint, alles hänge davon ab, wie der Betroffene eine Situation, eine Gegebenheit oder eine Person auffasse. Die Damen meinten dagegen, bei psychischen Leiden und Störungen seien objektive Gegebenheiten stets mit im Spiel, wenn auch nicht immer in eindeutiger oder ohne weiteres erkennbarer Form. Frau Weise sah voraus, daß ihn die Gruppe wahrscheinlich einmal zurechtweisen würde. Zu seiner Entschuldigung würden sie einräumen, er sei durch seine eigene Psychotherapie derzeit befangen. Um sich seinen Mitmenschen verständlich zu machen, müsse er entweder deutlicher aussprechen, was ihn gerade beschäftigt, oder sich in der Gruppe darüber zurückhalten. Sonst verderbe ihm womöglich noch seine Fortbildungs- und Gruppenerfahrung seine Lehranalyse.

All das gehört noch zur Vorgeschichte des Vorfalles, den ich berichten möchte. Die vier Frauen, die Administratorin Gertenkranz, die bescheidene Kühnel, die streitbare Karsten und die Ehefrau und Mutter von zwei Söhnen, Wehn, saßen also zusammen mit Pompus, dem einzigen Mann, und Frau Dr. Weise, der Psychotherapeutin, im chinesischen Restaurant, wählten Frühlingsrollen aus, Chop-Suey, Chou-Mein und wie die Gerichte alle heißen, tranken Jasmintee und Reiswein, von einer flinken, jungen Chinesin, vermutlich einem Familienmitglied des Restaurantinhabers, ausgezeichnet bedient. Sie plauderten über Psychohygiene im Städtischen Gesundheitsdienst, über die politische und wirtschaftliche Lage Europas, über Probleme am Arbeitsplatz und Urlaubsmöglichkeiten. Alle hielten ihre persönlichen Ansichten oder Anliegen eher zurück, ließen einander von ihren Gerichten kosten und plauderten Erfahrungen mit anderen Gaststätten aus. Herr Pompus brachte sein Wissen über Essen umständlicher und behäbiger als die Damen zum Ausdruck, von längeren Pausen unterbrochen, wenn er einen neuen Bissen zum

Munde führte. Zur Überraschung der Tischrunde bekamen sie auf Kosten des Hauses noch ein Dessert offeriert, und als die junge Chinesin schließlich die Rechnungen fertigmachte, staunten einige über ihre Geschwindigkeit und ihr gutes Deutsch.

Frau Gertenkranz bat um eine gestempelte Quittung, die anderen begnügten sich mit den Billetts. Herr Pompus jedoch, dessen Rechnung wie die all der anderen um die zwanzig Mark betrug, forderte von der Chinesin: „Geben Sie mir eine gestempelte Rechnung über sechzig Mark." Als ihn die Frau leicht verwundert ansah, erläuterte er: „Da die anderen keine Quittungen brauchen, schreiben Sie die Summe aller auf meine Rechnung."

Die Teilnehmer blickten sich verwundert an, und nachdem Herr Pompus bezahlt hatte, mit Trinkgeldzugabe von einer Mark, und die Bedienung kurz verschwunden war, entschloß sich Frau Dr. Weise zu einer kleinen psychotherapeutischen Lektion. Nach einer kurzen Stille der Tischrunde fragte sie Herrn Pompus: „Könnte Ihr Anliegen jemanden in Verlegenheit gebracht haben?"

Die Damen der Tischrunde schmunzelten. Herr Pompus sah Frau Weise erstaunt an und sagte: „Ich weiß nicht, was Sie meinen."

Wieder lächelten die Damen. Frau Weise war sich sicher, daß sich die Gruppe längst eine Antwort auf ihre Frage gebildet hatte, nur Herr Pompus schien ratlos. Er schüttelte verwundert und bedeutungsvoll den Kopf, daß alle es sahen. Er konnte nicht begreifen, was daran falsch war, daß er sich eine höhere Summe, als er tatsächlich bezahlt hatte, bestätigen ließ, wenn er es doch lediglich für dienstlichen Kostenersatz brauche. Doch Frau Weise wollte es ihm nicht so leicht machen. Um eine Antwort sollte sich dieser „Möchtegern-Pascha" selbst bemühen, wenn er von der Gruppe psychologisch, psychotherapeutisch oder rechtlich etwas profitieren wollte. Sonst würde diese Situation in ihm keinen Eindruck hinterlassen, eher noch seinen inneren Widerstand erhärten. Das Ergebnis seiner Bemühungen konnte er mit den anderen vergleichen, den Zeugen und Beteiligten des Vorfalles. Daraus würde er wohl am meisten lernen.

So etwa hatte sich Frau Weise das ausgedacht, nebelhaft und im Zeitraffertempo, hatte sich sogar noch in Gedanken für den Ausdruck „Möchtegern" entschuldigt – das implizierte ja, daß er nicht einmal ein richtiger Pascha war –, und als Antwort auf seinen Einwand regte sie nur an, daß Herr Pompus zu Hause oder wo immer darüber nachdenken könnte. Vielleicht würde sich bei der nächsten Wochenendveranstaltung in vier Wochen eine Gelegenheit zu einer Aussprache ergeben, nicht in der Gruppe, aber bei einer neuerlichen Mittagstischrunde.

„Worüber soll ich nachdenken?" fragte Herr Pompus ungläubig und schüttelte noch einmal den Kopf, kaum merklich, diesmal sozusagen nur für sich selbst.

„Darüber, wen Sie mit Ihrem Verlangen nach einer vergrößerten Quittung mit Stempel möglicherweise in Verlegenheit gebracht haben könnten?" wiederholte Frau Weise freundlich. „Aber Sie müssen nicht darüber nachdenken, wenn Sie nicht wollen."

„Nein, nein. Das werde ich schon tun. Ihnen allen scheint das ja klarer zu sein als mir. Ich werde Sie nicht im Stich lassen."

Dabei blieb es vorerst, denn während dieser Wochenendtagung ergab sich keine Gelegenheit mehr, darüber zu sprechen. Aber vier Wochen später saß die gleiche Gruppe diesmal in einem italienischen Restaurant zum Mittagessen zusammen. Beim Kaffee, den sie zum Abschluß tranken, kam die Angelegenheit mit der fingierten Quittung wieder auf. Herr Pompus trug seine Überlegungen zuerst vor. Er war zu dem Schluß gekommen, daß er Frau Weise in Verlegenheit gebracht habe, weil sie, als Therapeutin, nicht sicher sei, ob sie mit seinem Egoismus oder mit seinem Gewissen sympathisieren solle. Er könne sie beruhigen. Er habe keine Gewissensbisse verspürt. Denn es wäre ja nicht das erste Mal gewesen, daß er die Gesamtsumme einer Rechnung, die sein Arbeitgeber übernähme, ein wenig aufgestockt habe. Warum denn nicht? Das tue doch seinem Chef nicht weh...

Herr Pompus mußte sich gleich von den Damen belehren lassen. Wenn er in dieser Hinsicht schon keine Gewissenskonflikte habe, ob er es denn nicht wenigstens anderen gestatte, mehr ihrem Gewissen als ihrem materiellen Vorteil zu folgen, fragte ihn Frau Karsten. Herr Pompus erklärte, daß er dies selbstverständlich gestatte.

Frau Kühnel meinte, daß sie nicht auf solche Weise ausgenutzt werden wolle und es ihr vor Frau Weise peinlich gewesen war, in dieses Dilemma zu geraten. Frau Weise und die anderen hätten annehmen können, daß es auch sie mit ihrem Gewissen nicht so genau nähme, oder daß sie einem Mann, noch dazu dem einzigen in der Runde, einfach nicht nein sagen konnte. Beides sei eigentlich kränkend.

Frau Gertenkranz fügte hinzu, sie habe die Unbekümmertheit, mit der Herr Pompus seine Kolleginnen zu einem Bagatellschwindel benützte, an einen kleinen Jungen erinnert, der noch nicht viel von der Welt wisse. Dann sei ihr noch eingefallen, die anderen könnten vielleicht glauben, sie, die ja ebenfalls eine Quittung haben wollte, hätte das auch selbst gern so gemacht wie Herr Pompus, sei aber als Frau dazu nicht unverfroren genug.

Frau Wehn schließlich meinte, sie hätte sehr enttäuscht reagiert, wenn einer ihrer beiden Söhne etwas Ähnliches zu inszenieren versuchte. Als Mutter hätte sie kein Hehl aus ihrer Kritik gemacht. Herrn Pompus allerdings deswegen zu kritisieren, stünde ihr nicht zu.

„Doch, das steht dir zu. Das darfst du, wenn es dich erleichtert", antwortete Herr Pompus gönnerhaft. Das brachte wieder Frau Karsten auf den Plan. „Dieses Recht", erklärte sie, „nehme ich für mich und jeden von uns in Anspruch. Das Verhalten von Herrn Pompus war nicht korrekt. Ich finde, es kam dabei auch eine nicht unerhebliche Geringschätzung der ausgenützten Kolleginnen zum Ausdruck."

„Ich habe euch geringgeschätzt?" lachte Herr Pompus ungläubig.

„Ja", sagte Frau Karsten. „Du hättest vielleicht mehr Achtung vor uns gezeigt, wenn du deine Manöver hinterher gemacht hättest, nachdem wir weg waren. Dann hättest du uns nicht als Mitwisser oder Mittäter kompromittiert. Oder du hättest gefragt, ob wir nichts dagegen haben. Das wäre zumindest eine Geste gewesen."

„Seid ihr aber empfindlich und spitzfindig", meinte Herr

Pompus. „Ich kann keine wie immer geartete Geringschätzung für euch dabei erkennen."

„Dann mußt du eben von deiner Lehranalyse noch ein bißchen lernen. Du nimmst weibliche Dienstleistungen und Gefälligkeiten als etwas Selbstverständliches hin, das weißt du gar nicht. Das wird dir schon noch klarwerden."

Vor vier Wochen hatten übrigens die Teilnehmer in einer Gruppensitzung – es war an jenem Samstagnachmittag, an dem sie im chinesischen Restaurant mittaggegessen hatten – beschlossen, sich untereinander mit Du anzusprechen. Die Gruppenleiterin, Frau Weise, war davon ausgenommen: sie war ja kein Gruppenmitglied wie alle anderen. Sie leite sie und habe somit eine Sonderstellung.

„Wahrscheinlich wird uns allen noch manches im Lauf der Zeit klarwerden", lenkte Frau Weise ein. „Wir wissen noch gar manches nicht – nicht übereinander und nicht über uns selbst. Wir alle lernen, auch ich. Vermutlich habe ich mehr therapeutische Erfahrung als Sie alle", sie machte mit ihrer Hand eine Geste, „aber auch ich kann immer noch etwas dazulernen, auch über mich selbst." Und nach einer Pause, in der man im Gesicht von Herrn Pompus, aber auch bei anderen, eine gewisse Erleichterung bemerken konnte – er fühlte sich wohl von Frau Weise in Schutz genommen und verteidigt –, nach einer kleinen Pause also äußerte Frau Weise: „Jemand fehlt mir noch, der damals durch Herrn Pompus in Verlegenheit gekommen sein könnte."

„Sie!" behauptete Herr Pompus und blickte Frau Weise an.

„Ich habe mich zwar bisher nicht dazu geäußert, aber das wurde bereits angedeutet." Und nach einer Weile: „Wen noch?"

„Die chinesische Kellnerin?" fragte Frau Kühnel.

„Die Kellnerin?" fragte Frau Weise in die Runde, und nach einer etwas längeren Pause: „Hat sie Ihnen gefallen?"

Nach kurzem Lob für diese „hübsche, flinke und aufmerksame Person" meinte Frau Wehn: „Ich glaube, sie war von uns allen am betroffensten. Wir waren ja unter uns. Sie aber war uns fremd wie wir ihr."

„Sie hat uns gut bedient", ergänzte Frau Karsten, „damit wir wiederkommen. Wir sollten einen guten Eindruck von ihr und dem Restaurant haben. Deswegen wurde uns ja auch ein Dessert gespendet."

„Für die Unredlichkeit, in die wir da hineingezogen wurden", sagte Frau Kühnel, „hätten wir sicher nicht rechtlich belangt werden können, außer wir hätten Gewinnbeteiligung von Rolf (Pompus) gefordert. Aber die Kellnerin hat genaugenommen aktiv am Schwindel mitgewirkt, wenn sie die Quittung für die überhöhte Summe ausgestellt hat. Hat sie das übrigens getan?"

Die Frage war verständlich. Alle bis auf Frau Gertenkranz und Herrn Pompus hatten das Lokal schon verlassen, als die kleine Chinesin mit den Quittungen gekommen war.

„Ich habe meine Quittung bekommen", sagte Frau Gertenkranz.

„Ich habe übrigens vergessen, meine Quittung mitzunehmen", sagte Herr Pompus. „Das habe ich aber erst am Samstag abends bemerkt." Sein Gesicht hatte einen leicht belämmerten Ausdruck.

„Stimmt, sie hatte noch einen Zettel in der Hand", bestätigte Frau Gertenkranz. „Daß Rolf ihn nicht mitnehmen würde, wäre mir im Traum nicht eingefallen. Und mit der Quittung nachgelaufen ist sie ihm offenbar nicht."

„Dann hast du unbewußt doch nach deinem Gewissen gehandelt", beeilte sich Frau Karsten Herrn Pompus zu versichern. „Die Kellnerin ist unkompromittiert aus der Sache herausgekommen. Meinetwegen brauchst du die Lehranalyse nicht mehr weiterzumachen. Du hast ja uns! Wir, Frau Dr. Weise mit unserer Assistenz, haben dir vielleicht geholfen, deinem Gewissen zumindest unbewußt zu folgen – eines Tages wirst du mit vollem Bewußtsein das Richtige tun."

Nun lachten alle, auch Herr Pompus und Frau Weise. Dann bezahlten sie beim Kellner des italienischen Restaurants, in dem sie recht gut gegessen hatten, und brachen zur Nachmittagssitzung ihrer Fortbildung auf, diesmal ohne daß irgendeiner eine Quittung verlangt hatte. Was hätte das nun wieder zu bedeuten?

Erläuterndes Nachwort

Wenn es viele Formen und Schulen der Psychotherapie gibt, welche von ihnen wurden hier dargestellt?

Alle jene, bei denen Psychotherapeuten ihren Klienten oder Klientengruppen (Paaren, Familien, Teilnehmern von Gruppentherapien) mit Wohlwollen begegnen, sie annehmen, wie sie sind, und sie reden lassen, was und wie sie wollen. Dazu gehört nicht nur das, was Klienten sich vorgenommen haben, ihren Therapeuten zu erzählen, sondern auch alles, was ihnen spontan dazu einfällt, auch Dinge, die ihnen unangenehm oder peinlich sind. Es ist ihnen allerdings auch freigestellt zu schweigen, solange sie wollen. Die Hoffnung ist dabei, daß Klienten mit zunehmendem Vertrauen in die Behandlung und in die Person des Psychotherapeuten beziehungsweise der Psychotherapeutin eines Tages auch darüber sprechen werden. Was die Klienten und Klientinnen davon abhält, ihr „innerer Widerstand", wird akzeptiert, solange er anhält. Ermahnungen oder Befehle, solche inneren Widerstände aufzugeben, sind nach Meinung der Psychotherapeuten fruchtlos und schüchtern die Klienten allenfalls ein. Unter Umständen nötigen sie zur Vortäuschung eines Vertrauens, das der Patient noch nicht hat. Innere Widerstände werden, wenn sie nicht von selbst schwinden, lediglich zu umgehen versucht. Die Klienten befinden letztlich selbst darüber, ob und wann sie sich darauf einlassen. Sie sind die entscheidende Instanz.

Ferner hören die hier dargestellten Psychotherapeuten aufmerksam und anteilnehmend zu. Die Themen bestimmen die Klienten. Die Therapeuten helfen ihnen behutsam bei der Weiterentwicklung der Themen, kommen auf bereits angesprochene Themen zurück und fragen, wo immer möglich, nach konkreten Beispielen. Sie regen Vergleiche vergangener Erlebnisse und Erfahrungen der Klienten mit neueren und gegenwärtigen Erlebnissen und Erfahrungen sowie mit den Zukunftshoffnungen der Klienten an. Das psychotherapeutische Gespräch erstreckt sich über Vergangenheit, Gegenwart und Zukunft, über subjektive und objektive Gegebenheiten im Leben und in den persönlichen Beziehungen der Klienten. Frühe Beziehungserfahrungen, insbesondere in der Ursprungsfamilie, der Nachbarschaft und heimatlichen Umgebung während Kindheit und Jugend des Klienten, spielen darin im allgemeinen eine nachhaltige Rolle. Häufige Themen sind Geborgenheit und Zugehörigkeit, sinnliches Genießen, Versorgtsein, Erholung, Entspannung; Leistung, Arbeit, Konkurrenz, Kooperation, Erfolg, Anerkennung, Sicherheit, Macht, Besitz; Liebe, Freundschaft, Fürsorge, Treue, Vertrauen, Lebensglück, Lebenssinn. In allen Bereichen geht es aber auch um Überforderungen, Enttäuschungen, Entbehrungen, Mängel und Verluste, insbesondere von vertrauten und geliebten Personen, um damit verbundene Ängste, Trauer, Depressionen und Aggressionen, um Unglück und Verzweiflung, Meinungsverschiedenheiten und Streit mit anderen Menschen, um innerliche Konflikte und Verzichte.

Schließlich achten die Psychotherapeuten stetig auf die Beziehung zwischen Klient und Psychotherapeut, die sich entwickelt und verändert.

Die Psychotherapeuten wissen um die Vorgänge, daß im Alltag jedes Menschen neue Beziehungen zu anderen Menschen vorerst nach dem Muster ähnlicher, bereits vertrauter Beziehungen eingegangen werden. Die Eltern-Kind-Beziehung eines Menschen ist das früheste und älteste Muster für seine Beziehungen zu Autoritätspersonen wie Lehrern und Lehrerinnen, Vorgesetzten oder Arbeitgebern, Kapitänen in Sportmannschaften et cetera. Dagegen werden Kinder im Kindergarten oder in der Schule, Jugendliche am Arbeitsplatz oder im Urlaub eher nach dem Vorbild von Geschwistern behandelt. Kinder mit älteren Geschwistern reagieren anders als solche, die zu Hause nur jüngere Geschwister hatten, Kinder mit Geschwistern vom anderen Geschlecht verschieden von Kindern mit nur gleichgeschlechtlichen Geschwistern, und Einzelkinder halten sich mangels Geschwistererfahrung lieber an die Lehrerin oder den

Lehrer. Für Jugendliche gilt ähnliches. Frühe Freundschaften werden am häufigsten nach dem Muster von Geschwisterbeziehungen – gegebenenfalls nach Quasigeschwistern in Kinderheimen oder bei Pflegeeltern und Tagesmüttern – zu gestalten versucht, spätere Freundschaften nach dem Muster von vorangegangenen Freundschaften, neue Liebschaften nach dem Muster vorangegangener Liebschaften, und bei den ersten Liebschaften stehen die eigene Mutter- oder Vaterbeziehung oder, häufiger als ursprünglich angenommen, eine eigene Bruder- oder Schwesterbeziehung Pate.

Jede Person, mit der man eine neue Beziehung eingeht, verändert allerdings diese Anfangserwartungen. Man lernt allmählich immer besser, worin sich die neue Person von bereits vertrauten Personen unterscheidet, in welcher Weise man sich anders auf sie einstellen muß, und der neuen Person geht es ihrerseits mit uns ganz ähnlich. Nicht nur will man selbst etwas vom anderen erhalten, sondern auch der andere möchte etwas von uns, und zunehmend können es beide zu bekommen lernen, sofern die Beziehung andauert. Neue Beziehungen werden zunehmend eigenständig.

Die Beziehung von Klienten zu ihren Psychotherapeuten ist im Vergleich dazu ein Sonderfall. Sie unterscheidet sich von den Beziehungen zu anderen Menschen im Alltag insofern, als der Therapeut für sich persönlich nichts vom Klienten will: Er/sie verhält sich „abstinent". Weder erzählt er dem Klienten etwas über sich selbst, Angehörige und Freunde, eigene Wünsche oder Hoffnungen, auch eigene Meinungen behält er in der Regel bei sich. Gute Psychotherapeuten belehren und erziehen ihre Klienten nicht, helfen ihnen weder konkret noch materiell, äußern keine persönlichen Bitten, geben keine Aufträge oder Befehle. Sie sagen den Klienten nicht einmal, wie sie die psychotherapeutische Beziehung haben möchten. Diese darf sich vielmehr der Klient gestalten, wie er sie braucht. Psychotherapeuten bleiben als Persönlichkeiten anonym, im Hintergrund des psychotherapeutischen Geschehens. Nur als Psychotherapeuten, durch ihre psychotherapeutischen Interventionen, werden sie explizit und deutlich. Das bleibt den Klienten nicht verborgen, und sie können sich damit im Verlauf der Behandlung immer besser identifizieren. Davon nehmen sie nach Beendigung der Psychotherapie sogar eine Erfahrung mit nach Hause. Im Bedarfsfalle können sie dann mit ihren eigenen Problemen und Konflikten so umgehen, wie der Therapeut damit umgegangen ist.

Jedenfalls bekommen die Klienten von ihren Psychotherapeuten keine persönlichen Rückmeldungen, wie sie sie von den Personen erhalten, mit denen sie in ihrer Alltagswirklichkeit zu tun haben. Dadurch kann den Klienten das, was sie von ihren Mitmenschen möchten und was sie auch in der Beziehung zum Therapeuten/zur Therapeutin zum Ausdruck bringen, besonders deutlich werden.

Die Therapeuten beachten in den Abhandlungen der Themen, die ihre Klienten vorbringen, und in deren emotionalem Verhalten genau die Rollen, welche Klienten dabei unwillkürlich und oft unbewußt ihnen gegenüber einnehmen.

Wie erlebt der Klient den Therapeuten, fragt sich dieser im stillen. Wie einen strengen Vater, eine gütige oder eine unduldsame Mutter, einen Bruder, eine Kameradin, einen Helfer in der Not, einen mächtigen oder übermächtigen Freund, eine schmeichelnde Großmutter? Darüber denken die Psychotherapeuten und Psychotherapeutinnen während oder nach der Sitzung nach, und wie das in den Behandlungsverlauf und zu den Themen aus der Alltagswirklichkeit des Klienten paßt und wie es zu deuten wäre.

Nach Sigmund und Anna Freud würde man sagen, Psychotherapeuten beobachten immer auch das Übertragungsverhalten ihrer Klienten in der Behandlungssituation. Nicht nur das. Psychotherapeuten achten auch auf ihre eigenen unwillkürlichen Reaktionen auf dieses Übertragungsverhalten ihrer Klienten oder, nach Freud-Vater und Freud-Tochter, auf ihr eigenes Gegenübertragungsverhalten. Ihre Gegenübertragungsbereitschaften haben ja die Psychotherapeuten und Psychotherapeutinnen im Laufe ihrer Ausbildung zu erkennen und unter Kontrolle zu halten gelernt. Sie sollen auch hier und jetzt noch unter Kontrolle bleiben, selbst wenn sie nur mehr selten auftreten. Anderenfalls könnte es zu Mißverständnissen gegenüber dem Klienten und zu Behandlungsfehlern kommen.

All das vollzieht sich im verborgenen und wird meistens nicht angesprochen. Nur wenn das Übertragungsverhalten des Klienten den Behandlungsverlauf zu hemmen beginnt (der Klient wird beispielsweise immer wortkarger oder redet zwar viel, aber Belangloses) oder wenn der Klient immer überschwenglicher die psychotherapeutische in eine persönliche Beziehung umzugestalten versucht, kommt das Übertragungsverhalten des Klienten zur Sprache.

Wann immer dagegen ein Klient spontan ein akutes Interesse an der Person des Psychotherapeuten nimmt – etwa wenn er oder sie zum Psychotherapeuten sagt: „Heute sind Sie aber gar nicht gut aufgelegt!" oder wenn er/sie den Therapeuten plötzlich fragt: „Haben Sie eigentlich Kinder?" –, kann der Psychotherapeut nicht umhin, darauf einzugehen. Dies geschieht häufig mit der Frage: „Wie kommen Sie darauf?" Erst wenn der Psychotherapeut davon überzeugt ist, daß er dem Klienten keinen realen Anlaß zu dessen Äußerung gegeben hat (etwa weil er tatsächlich Ärger hatte, vielleicht mit dem zuvor behandelten Patienten, mit dem eigenen Ehepartner oder mit dem Finanzamt), fragt er den Klienten weiter: „Wer war denn sonst noch bei Ihnen gar nicht gut aufgelegt?"

Mit einem solchen Umlenkungsversuch von der Person des Psychotherapeuten auf die eigene Alltagswirklichkeit des Klienten würde der Therapeut auch der Frage nach eigenen Kindern begegnen können. Der Psychotherapeut könnte etwa zurückfragen: „Was stellen Sie sich vor?", vielleicht noch: „Warum wollen Sie das wissen?", ehe er dem Klienten eine Auskunft darüber gibt. Als Faustregel gilt dabei, daß der Psychotherapeut nur über jene eigenen persönlichen und Lebensdaten Auskunft gibt, die der Klient auch aus anderen Quellen leicht erfahren könnte oder vielleicht ohnedies schon weiß.

Nicht selten jedoch kommt der Therapeut um solche Auskunftserteilungen über die eigene Person herum, oder der Klient hebt sich solche Fragen bis ans Ende der psychotherapeutischen Behandlung auf. So wollen es wohl die Psychotherapeuten, denken sich die Klienten, und sie haben recht. Behandlungsverläufe sollen innerhalb eines gewissen Rahmens bleiben, dieser Meinung sind selbst die tolerantesten und freiheitlichsten Psychotherapeuten, auch wenn sie das nicht an die große Glocke hängen. Sie sind jedoch bereit, Zugeständnisse an die Präferenzen und Wünsche ihrer Klienten zu machen, die sie nach ihrer Behandlungserfahrung vor ihrem eigenen Gewissen, vor ihren Fachkollegen und letztendlich vor ihrem Klienten vertreten können. Dieser Rahmen ist bei den hier dargestellten Psychotherapeuten und Psychotherapeutinnen mit der weitest mögliche, der Spielraum, den sie ihren Klienten gewähren, groß.

Im Gesamtgebiet der professionellen Psychotherapie schränken sich manche ihrer Vertreter und Vertreterinnen in ihren psychotherapeutischen Interventionen – also an den Nahtstellen des psychotherapeutischen Geschehens – ein. Sie stellen beispielsweise keine Fragen und konzentrieren sich auf die Gefühle und das subjektive Empfinden ihrer Klienten. Andere wiederum beschränken sich auf das Beziehungserlebnis zwischen Patient und Psychotherapeut. Wieder andere widmen ihre Aufmerksamkeit primär den objektiven Gegebenheiten und dem tatsächlichen Verhalten ihrer Klienten; auf Phantasien oder Träume einzugehen, sehen sie als Zeitverschwendung. Noch andere halten Träume und ihre Deutung für wesentlicher als die Wirklichkeit des Alltags, mitunter sogar als die Wirklichkeit der psychotherapeutischen Situation. Manche verlegen sich vor allem auf die Vergangenheitsbewältigung, andere auf Bewältigung der Gegenwart und nur der unmittelbarsten Zukunft. Letztere wollen oft von der Vergangenheit ihrer Klienten überhaupt nichts wissen. Vielleicht möchten sie nicht unnötig ihr Gedächtnis damit belasten. Wie aber können sie dann prüfen, ob das tatsächlich nötig ist oder nicht?

Manche der Psychotherapeuten aus aller Welt können vor lauter psychotherapeutischer Abstinenz gar nicht mehr therapeutisch nützlich intervenieren. Andere fuhrwerken nach Belieben im psychotherapeutischen Geschehen herum. Sie nehmen für sich in Anspruch, was sonst dem Patienten eingeräumt wird, nämlich Gedanken-, Gefühls- und Handlungsfreiheit. Sie wollen, daß der Patient sie versteht, nicht sie den Patienten oder die Patientin. Sie lachen über psychotherapeutische Abstinenz und lassen sich in geschäftliche, politische und freundschaftliche Beziehungen, manchmal sogar in Liebesbeziehungen mit ihren Klienten ein. Sie sind in der letzten Zeit seltener geworden. Manche nehmen es mit der Vertraulichkeit der Mitteilungen ihrer Klienten nicht sehr ernst und mißachten das Schweigegebot, das selbst vor Gericht gilt, sofern sie nicht vom Klienten davon entbunden werden. Manche wissen gar nicht einmal genau, wie weit diese Verpflichtung reicht. Wenn etwa in Familien- und Gruppentherapien verschiedene Teilnehmer gleichzeitig auch in Einzelsitzungen zum Therapeuten kommen, darf beispielsweise der Therapeut der Gruppe oder Familie nichts von dem preisgeben, was er in der Einzelsitzung erfahren hat. Vorsichtshalber lassen sich manche Psychotherapeuten auf solche Gleichzeitigkeiten gar nicht ein, andere jedoch haben keine Bedenken.

Jene Formen und Schulen der Psychotherapie, aus denen unsere hier dargestellten Psychotherapeuten und Psychotherapeutinnen kommen, bedienen sich aller sprachlichen Möglichkeiten der psychotherapeutischen Intervention. Sie ermuntern zum Reden, sie erkunden, stellen Fragen, kommen auf Besprochenes zurück, kommentieren und deuten. (Deutungen sind Kommentare, die sich auf längere Gesprächsstrecken, eine Mehrzahl von Ereignissen zu einem Thema, auf Themenähnlichkeiten, größere Zeitspannen im Leben der Klienten oder wiederkehrende Motive und Tendenzen beziehen.) Sie gehen auf die Vergangenheit, die Gegenwart und die Zukunftshoffnungen ihrer Klienten in ihren Lebenssituationen ein, auf deren subjektive und objektive Gegebenheiten und Aspekte, und sie behalten stets ein Auge auf der psychotherapeutischen Beziehung selbst, auch wenn diese selten oder gar nicht angesprochen wird. Sie halten sowohl die Wirklichkeit als auch die Gedanken- und Phantasiewelt, die konkreten Handlungen und Beziehungen im Alltag ebenso wie die Tagträume und Träume ihrer Klienten und Patienten für zulässige und bedeutsame Bereiche der psychotherapeutischen Arbeit, wenn auch mit unterschiedlichem Gewicht. Sie nehmen ihre Abstinenz im psychotherapeutischen Geschehen ernst, beachten die Vertraulichkeitspflicht in allen Aspekten von Alltag und Psychotherapie, in der Kinder-, Familien- und Gruppentherapie auch im Hinblick auf direkt oder indirekt beteiligte Personen (Kindeseltern, Angehörige, Verwandte, Gruppentherapieteilnehmer, wenn sie einander außerhalb der Gruppe begegnen).

Vor allem aber denken und fühlen sie sich sorgfältig in ihre Klienten und Klientinnen, in deren Lebenssituationen und Bezugspersonen ein, in das, was die Klienten erlebt und erlitten haben, was sie möchten, mit wem und warum, was sie betrauern, fürchten und hassen und wie man diese resignativen, aversiven und destruktiven Affekte, diese Widersacher der Lebensfreude, mildern, ihre ursprünglichen Anlässe aufhellen und neutralisieren könnte. Sie behalten die bedeutsamen Personen im Leben ihrer Klienten und deren wichtige Lebensstationen im Gedächtnis. Sie führen meist Notizen über ihre Arbeit, manche, sofern die Klienten einverstanden sind, während der Behandlungssitzungen, andere erst nachher (davon müssen Klienten nicht unbedingt in Kenntnis gesetzt werden). Für eventuelle Tonband- oder Videobandaufnahmen von therapeutischen Sitzungen bedarf es allerdings der ausdrücklichen Zustimmung der Klienten.

Welche sind nun die Formen oder Schulen der Psychotherapie, denen die hier dargestellten Psychotherapeuten und Psychotherapeutinnen angehören? Es sind die tiefenpsychologischen Schulen der Psychotherapie, insbesondere die psychoanalytisch oder beziehungsanalytisch orientierten, die auf S. Freud (1900, 1904, 1916/17, 1923), A. Adler (1912, 1920), C. G. Jung (1912, 1916), H. Schultz-Hencke (1940, 1951) und H. S. Sullivan (1947, 1951) zurückgehen beziehungsweise jeweils auf deren Psychoanalyse, Individualpsychologie, Analytische Psychologie, Psychoanalytische Therapie und Beziehungsanalyse. Auch von der personzentrierten Gesprächspsychotherapie (C. G. Rogers 1942, 1951), der Kommunikationstherapie (G. Bateson et al. 1956, P. Watzlawick et al. 1967), der Existenzanalyse (L. Binswanger 1941, V. Frankl 1949, R. May 1953, D. Wyss 1961), der Transaktionsanalyse (E. Berne 1964) und von der kognitiven Verhaltenstherapie (M. Mahoney 1974, D. Meichenbaum 1977), ferner von der Psychotherapie von Kindern und Jugendlichen (Anna Freud 1927, Melanie Klein 1932, E. H. Erikson 1950, J. Bowlby 1953, Annemarie Dührssen 1954, 1960), der Gruppentherapie (S. H.

Foulkes und E. J. Anthony 1957, W. R. Bion 1961, M. Balint 1957, B. Yalom 1970) und der Familientherapie (N. W. Ackerman 1966, M. Bowen 1978, H. E. Richter 1970) sind gewisse Einflüsse auf die Behandlungsweise unserer Psychotherapeutinnen und Psychotherapeuten zu erkennen.

Die hier zuerst genannten Schulen der Psychotherapie – und damit auch unsere hier dargestellten Psychotherapeuten und Psychotherapeutinnen – zählen zur sogenannten klassischen Psychotherapie. Die später genannten stehen der klassischen Psychotherapie zumindest nahe. Sie alle nehmen in der Praxis psychotherapeutischer Behandlung gegenüber ihren Patienten eine ähnliche Haltung ein wie in der Philosophie schon vor 2400 Jahren Sokrates gegenüber seinen Schülern, der keineswegs seine eigene Philosophie lehrte. Er ließ sich vielmehr von seinen Schülern deren Philosophie erzählen und half ihnen, diese auf innere Widersprüche zu prüfen und zu korrigieren.

Klassische Psychotherapie im besten Fall beläßt ihren Klienten und Patienten deren Spontaneität und Äußerungsfreiheit. Sie übt keinen Druck aus, macht keine Vorgaben, lehrt keine Routinen und Exerzitien, keine Theorie, keine Fachsprache, macht keine Einschränkungen im Gespräch, spart nichts aus. Ihre Psychotherapeuten und Psychotherapeutinnen treten nicht auf, als ob sie alles wüßten. Sie lernen erst von ihren Klienten, worum es diesen geht, was sie wollen und was sie können, und sie helfen ihnen mit deren eigenen Mitteln, glücklicher, zufriedener und realistischer zu werden, als sie bisher waren.

Ich nenne im folgenden einige jener Psychotherapieformen oder -schulen, die nicht zur klassischen Psychotherapie zählen, was ihre Wirksamkeit nicht ausschließt, ja, vielleicht kann manchen Patienten gerade von diesen Schulen geholfen werden. Mehr oder anderes als das, was sie zu bieten haben, wollen diese Patienten oft gar nicht. Ob sie allerdings nicht doch mehr oder anderes wollen, als sie dort bekommen, würden diese Patienten mit größerer Sicherheit wissen, wenn sie zumindest am Anfang klassisch psychotherapeutisch behandelt worden wären.

Ein paar Sitzungen klassischer Psychotherapie im Vorspann zur angebotenen Behandlung könnten auch diese Schulen beisteuern. Dazu müßten ihre Patienten keineswegs an klassische Psychotherapeuten verwiesen werden. Das geht zur Not auch in eigener Regie. Manche Vertreter dieser Schulen tun es sogar. (Die Verhaltenstherapie hat es mit ihrer „kognitiven Wende" sogar pauschal getan.) Für jene ihrer Vertreter aber, die das nicht tun (oder sich nicht zutrauen), ist das vorliegende Buch vielleicht eine nützliche Lektüre. Klassische Psychotherapie ist ja keine Zauberei, keine ungewöhnliche Kunst, keine pedantisch zu erlernende Technik, sondern im Grunde eine natürliche Sache. Sie kommt sogar im Alltag vor (W. Toman 1991), aber sie erfordert Sorgfalt und Anteilnahme. Ohne Geduld und eine spontane, offene, taktvolle Neugier am Mitmenschen geht es nicht. Für sich selbst darf man dabei nichts vom Mitmenschen wollen. Und Zeit dafür muß man haben.

Nun aber kurz zu jenen Schulen, welche die psychotherapeutischen Gesprächsmöglichkeiten durch bestimmte Vorgaben, Ausklammerungen und Einschränkungen verringern oder zusätzliche, alternative, nonverbale Übungen und Tätigkeiten anbieten.

Im Psychodrama (J. L. Moreno 1946, Grete A. Leutz 1974) spielen die Klienten mit anderen Personen zusammen Theater. Man darf zwar seine Probleme einbringen, aber andere Personen wirken unter Anleitung des Psychotherapeuten an ihrer Lösung mit und befolgen Regieanweisungen.

Die Gestalttherapie (F. S. Perls et al. 1951, 1973, H. G. Petzold 1973) beschäftigt ihre Klienten mit Eindrucksbeschreibungen, Imaginations- und Darstellungsübungen, oft unter Zuhilfenahme von bestimmten Gegenständen, anderen Personen und räumlichen Arrangements, sowie mit Rollenspielen. Drastische Ausdrucksweisen, Brüskierungen und Konfrontationen üben gehört dazu.

Die Verhaltenstherapie vor ihrer „kognitiven Wende" (siehe oben, S. 214) bekam ihren Namen von Eysenck und Wolpe (J. Wolpe 1958, H. J. Eysenck 1960), obwohl ihre Ansätze weiter zurückreichen. Die Verhaltenstherapie ist bekannt dafür, daß sie spezifische Verhaltensstörungen zu beseitigen versucht, ohne dazu die Persönlichkeit des Klienten und seine/ihre Lebensgeschichte näher kennen zu müssen. Sie hat Erfolge damit, zum Teil auch in Fällen, in denen andere Formen der Psychotherapie nicht genug erbracht haben oder gar nicht indiziert waren. Sie werden von anderen psychotherapeutischen Schulen als Erfolge am Krankheitssymptom, aber nicht an der Krankheit selbst deklariert. Wenn sich allerdings an der Krankheit nichts ändern läßt, kann auch die Beseitigung von Krankheitssymptomen Linderung bringen.

Die Primärtherapie läßt ihre Patienten in schallgedämpften Räumen ihr Unglück in die Welt hinausschreien (A. Janov 1970). Die kathartischen Wirkungen solcher Übungen und ihre Bedeutung für die Patienten werden in Gesprächen aufgearbeitet und für eigene Zwecke genutzt.

Eine Art Gegenstück dazu ist die viel ältere und ruhigere Hypnosetherapie (L. R. Wolberg 1948, M. H. Erickson 1967), in der Klienten unter dem Zuspruch des Therapeuten oder von selbst in mehr oder weniger tiefe Trancezustände geraten und nach den Vorgaben des Therapeuten freudige oder traumatische Erinnerungen, Personen, Ereignisse, besondere Situationen und eigene Zustände anschaulich und oft mit starken Gefühlen erleben. Verbindungen zum Wachzustand des Klienten werden anschließend besprochen. Suggestionen des Therapeuten während der Trance des Klienten können auch im Wachzustand weiterwirken.

Entspannungstherapien wie das Autogene Training (I. H. Schultz 1932) und Körper- und Bewegungstherapien, zu denen Atemübungen, körperliche Empfindungsübungen, sportliche und gymnastische Übungen zählen (H. G. Petzold 1974), finden bevorzugt in Gruppen statt. Über die Erlebnisse dabei kann unter den Gruppenmitgliedern und mit den Therapeuten gesprochen werden. Dabei können auch innere Konflikte und solche mit anderen Teilnehmern aufkommen. Auch Gruppenspiele mit einfachen gymnastischen Objekten und Untergruppierungen von Teilnehmern sind möglich.

Bioenergetik ist eine besondere Variante der Leib- oder Körpertherapie. Sie geht auf W. Reich (1933) zurück (A. Lowen 1972). In ihr werden Körperhaltungen der Klienten angesprochen, verschiedene Körperpositionen erprobt und auf ihre subjektive psychologische Bedeutung für die Klienten untersucht.

Zu psychotherapeutischen Zwecken können Klienten unter Anleitung von Psychotherapeuten oder einschlägig geschulten Fachlehrern sich in künstlerischer Gestaltung (Malen, Modellieren, Blumen arrangieren), musikalisch (Singen, in einem kleinen Orchester spielen), mit praktischen Arbeiten (Basteln, Zimmern, Gärtnerei, Kochen) oder etwa in gemeinsamen Lesegruppen betätigen, die ihre Lektüre auch miteinander diskutieren. Da man derlei selbstverständlich auch ohne Psychotherapeuten und Fachlehrer mit persönlichem Gewinn tun kann, erübrigen sich weitere Hinweise.

Daß die bloße Teilnahme am Kulturleben bereits erholende und mitunter heilende Wirkungen haben kann, ist bekannt. Die öffentlichen Medien tragen ihren Teil dazu bei, obschon nicht immer auf dem Niveau, das sich viele Menschen wünschen würden. Ihr Beitrag ist außerdem ein einseitiger. Die Zuschauer, Zuhörer und Leser kommen kaum zu Wort. Sie sind nicht direkt einbezogen und können meistens keine unmittelbaren Fragen stellen. Die Menschen könnten aber im Alltag mehr miteinander sprechen und persönliche Kontakte suchen, in kleinen Gruppen, auf eigene Initiative. Das würde ihnen helfen, Fragen und Antworten zu formulieren und ihrerseits Antworten auf eigene Fragen zu erhalten.

Bibliographie

Ackerman, N. W.: Treating the troubled family. New York, London, Basic Books 1966.

Adler, A.: Über den nervösen Charakter. München, Bergmann 1912, Frankfurt, Fischer TB 6174.

Adler, A.: Praxis und Theorie der Individualpsychologie. München, Bergmann 1920.

Balint, M.: The doctor, the patient and the illness. London, Pitman 1957. Deutsch: Der Arzt, sein Patient und die Krankheit. Stuttgart, Klett 1957, 8. Aufl. 1993.

Bateson, G., Jackson, D. D., Haley, J., and Weakland, J.: Toward a theory of schizophrenia. Behavioral Science 1956, 1, 251–264.

Berne, E.: Games people play. New York, Grove Press 1964. Deutsch: Spiele der Erwachsenen. Reinbek, Rowohlt 1970, rororo TB 6735.

Binswanger, L.: Grundformen und Erkenntnis menschlichen Daseins. Zürich, Niehaus 1942, Ausgewählte Werke, Bd. 2., Heidelberg, Asanger 1993.

Bion, W. R.: Experiences in groups. London, Tavistock Publications 1961. Deutsch: Erfahrungen in Gruppen und andere Schriften. Stuttgart, Klett 1971, Frankfurt, Fischer TB 42322.

Bowen, M.: Family therapy in clinical practice. New York, London, J. Aronson 1978.

Bowlby, J.: Child care and the growth of love. Harmondsworth, Middlesex, Penguin Books 1953.

Dührssen, A.: Psychogene Erkrankungen bei Kindern und Jugendlichen. Göttingen, Verlag für medizinische Psychologie 1954, Göttingen, Vandenhoeck & Ruprecht, 15. Aufl. 1992.

Dührssen, A.: Psychotherapie bei Kindern und Jugendlichen. Göttingen, Verlag für medizinische Psychologie 1960, 7. Aufl. 1989.

Erickson, M. H.: Advanced techniques of hypnosis and therapy. Selected Papers of M. H. Erickson, ed. by J. Haley, New York, London, Grune and Stratton 1967.

Erikson, E. H.: Childhood and society. New York, Norton 1950. Deutsch: Kindheit und Gesellschaft. Stuttgart, Klett 1974, 11. Aufl. 1992.

Eysenck, H. J.: Behaviour therapy and the neuroses. Oxford, London, New York, Pergamon Press 1960.

Foulkes, S. H., and Anthony, E. J.: Group psychotherapy. London, Cox and Wyman, Penguin Books 1957.

Foulkes, S. H.: Praxis der gruppenanalytischen Psychotherapie, München, Basel, Reinhardt 1978.

Foulkes, S. H.: Gruppenanalytische Psychotherapie, München, Pfeiffer 1992.

Frankl, V. E.: Der unbewußte Gott. Wien, Amandus 1949. Auch München, dtv 35058.

Freud, A.: Einführung in die Technik der Kinderanalyse. Wien, Internationaler Psychoanalytischer Verlag 1927, Reinbek, rororo TB 42111.

Freud, S.: Die Traumdeutung (1900). Gesammelte Werke Band 2/3, London, Imago Publishing Company 1940–65; Frankfurt, Fischer, 7. Aufl. 1987.

Freud, S.: Zur Psychopathologie des Alltagslebens (1904). Ges. Werke Band 4 (8. Aufl. 1983).

Freud, S.: Vorlesungen zur Einführung in die Psychoanalyse (1916/17). Ges. Werke Band 11 (8. Aufl. 1986).

Freud, S.: Das Ich und das Es (1923). Ges. Werke Band 13 (9. Aufl. 1987).

Janov, A.: The primal scream. New York, Dell Publishing Co. 1970. Deutsch: Der Urschrei. Frankfurt, Fischer 1973, Fischer TB 6286.

Jung, C. G.: Wandlungen und Symbole der Libido (1912). Gesammelte Werke Band 5, Olten und Freiburg i. Br., Walter 1935–76, München, dtv TB 15071.

Jung, C. G.: Die Struktur des Unbewußten (1916). Ges. Werke Band 7.

Klein, M.: The psychoanalysis of children. London, Hogarth Press 1932.

Klein, M.: Das Seelenleben des Kleinkindes. Stuttgart, Klett 1962, 4. Aufl. 1991, Reinbek, Rowohlt 1972.

Leutz, G. A.: Psychodrama. Das klassische Psychodrama nach J. L. Moreno. Berlin, Heidelberg, New York, Springer 1974.

Lowen, A.: Bioenergetics, New York, Coward-McCann 1975. Deutsch: Bio-Energetik. Reinbek, Rowohlt 1979, rororo TB 8435.

Mahoney, M.: Cognition and behavior modification. Cambridge, MA, Ballinger 1974.

May, R.: Man's search for himself. New York, Norton 1953.

Meichenbaum, D.: Cognitive-behavioral modification. New York, Plenum Press 1977.

Perls, F. S., Hefferline, R., and Goodman, F.: Gestalt therapy. New York, Julian Press 1951. Deutsch: Gestalttherapie. München, dtv TB 15091.

Perls, F. S.: The Gestalt approach. Eye witness to therapy. Palo Alto, Science and Behavior 1973. Deutsch: Grundlagen der Gestalt-Therapie. München, Pfeiffer 1976, 8. Aufl. 1992.

Petzold, H. G.: Gestalttherapie und Psychodrama. Kassel, Nicol 1973.

Petzold, H. G.: Psychotherapie und Körperdynamik. Paderborn, Junfermann 1974.

Reich, W.: Charakteranalyse. Kopenhagen, Selbstverlag 1933. Frankfurt, Fischer 1973, Köln, Kiepenheuer & Witsch, KiWi TB 191.

Richter, H. E.: Patient Familie. Reinbek, Rowohlt 1970, rororo TB 6772.

Rogers, C. R.: Counselling and psychotherapy. Boston, New York, Houghton Mifflin 1942. Deutsch: Die nicht-direktive Beratung. München, Kindler 1972, Frankfurt, Fischer TB 42176.

Rogers, C. R.: Client-centered therapy. Boston, New York, Houghton Mifflin 1951. Deutsch: Die klientenzentrierte Gesprächspsychotherapie. München, Kindler 1972, Frankfurt, Fischer TB 42175.

Schultz, I. H.: Das autogene Training (1932). Stuttgart, Thieme 1951.

Schultz-Hencke, H.: Der gehemmte Mensch. Leipzig, Thieme 1940, 6. Aufl. 1989.

Schultz-Hencke, H.: Lehrbuch der analytischen Psychotherapie. Stuttgart, Thieme 1951, 5. Aufl. 1988.

Stierlin, H.: Von der Psychoanalyse zur Familientherapie. Stuttgart, Klett 1975, München, dtv TB 15097.

Sullivan, H. S.: Conception of modern psychiatry. Washington, D. C., William Alanson White Foundation 1947.

Sullivan, H. S.: The interpersonal theory of psychiatry. New York, Norton 1953.

Toman, W.: Kleine Einführung in die Psychologie (1951). Darmstadt, Wissenschaftliche Buchgesellschaft 1968.

Toman, W.: Dynamik der Motive (1954). Darmstadt, Wissenschaftliche Buchgesellschaft 1970.

Toman, W.: Introduction to psychoanalytic theory of motivation. Oxford, London, New York, Pergamon Press 1960.

Toman, W.: Family constellation. New York, Springer 1961, 4th revised edition 1993.

Toman, W.: Familienkonstellationen. München, C. H. Beck 1965, 5., revidierte Auflage 1991.

Toman, W.: Motivation, Persönlichkeit, Umwelt. Göttingen, Hogrefe 1968.

Toman, W.: Einführung in die allgemeine Psychologie. 2 Bände, Freiburg i. Br., Rombach 1973.

Toman, W.: Tiefenpsychologie. Stuttgart, Berlin, Köln, Mainz, Kohlhammer 1978.

Toman, W.: Familientherapie. Darmstadt, Wissenschaftliche Buchgesellschaft 1979.

Toman, W.: Family therapy and sibling position, Northvale, N. J., J. Aronson 1988.

Toman, W.: Psychotherapie im Alltag. München, C. H. Beck 1991.

Toman, W., und Preiser, S.: Familienkonstellationen und ihre Störungen. Stuttgart, Enke 1973.

Toman, W., und Egg, R. (Hrsg.): Psychotherapie: Ein Handbuch, 2 Bände, Stuttgart, Berlin, Köln, Mainz, Kohlhammer 1985.

Toman, W., und Gerlicher, K.: Klassische Psychotherapie (Einführungstext, Videokassetten und Arbeitsmaterialien). Göttingen, Institut für den wissenschaftlichen Film 1985.

Watzlawick, P., Beavin, J. H., and Jackson, D. D.: Pragmatics of human communication. A study of interactional patterns, pathologies and paradoxes. New York, Norton 1967. Deutsch: Menschliche Kommunikation. Formen, Störungen, Paradoxien. Berlin, Huber, 8. Aufl. 1990.

Wolberg, L. R.: Medical hypnosis, 2 volumes, New York, Grune and Stratton 1948.

Wolpe, J.: Psychotherapy by reciprocal inhibition. Stanford, CA, Stanford University Press 1958.

Wyss, D.: Die tiefenpsychologischen Schulen von den Anfängen bis zur Gegenwart. Göttingen, Vandenhoeck & Ruprecht 1961, 6., erg. Auflage 1991.

Yalom, I. D.: Theory and practice of group psychotherapy. New York, London, Basic Books 1970. Deutsch: Gruppenpsychotherapie: Grundlagen und Methoden. München, Kindler 1974. Theorie und Praxis der Gruppenpsychotherapie. München, Pfeiffer, Neuausgabe o. J.

Mit Kindern leben

Ute Winkler
Der unerfüllte Kinderwunsch
Ein Ratgeber für kinderlose Paare
1994. 189 Seiten. Pb. BsR 1051

Michel Odent
Geburt und Stillen
Über die Natur elementarer
Erfahrungen
Aus dem Amerikanischen von
Vivian Weigert.
1993. 152 Seiten. Pb. BsR 1028

Barbara Bronnen (Hrsg.)
Geburt
Ein literarisches Lesebuch
1994. 217 Seiten. Pb. BsR 1042

Christiane Grefe
Rühr mich nicht an
Wenn Kinder mit chronischen
Hautkrankheiten leben müssen
1991. 111 Seiten. Pb. BsR 442

Jutta Hartmann
Zappelphilipp, Störenfried
Hyperaktive Kinder und ihre
Therapie
Mit einem Nachwort von
Prof. Dr. Reinhard Lempp.
5., unveränderte Auflage. 1994.
124 Seiten. Pb. BsR 333

Beate Besten
**Sexueller Mißbrauch und
wie man seine Kinder davor
schützt**
1991. 123 Seiten. Pb. BsR 445

Rainer Balloff
Kinder vor Gericht
Opfer, Täter, Zeugen
1992. 248 Seiten. Pb. BsR 495

Jutta Hartmann
Lautlos und unbemerkt
Der plötzliche Kindstod
1990. 91 Seiten. Pb. BsR 407

Sheila Kitzinger / Celia Kitzinger
**Mit Kindern sprechen über
Gott und die Welt**
Aus dem Englischen von
Vivian Weigert.
1991. 303 Seiten. Pb. BsR 454

Ingeborg Weber-Kellermann
**Die helle und die dunkle
Schwelle**
Wie Kinder Geburt und Tod
erleben
1993. 167 Seiten, 17 Abbildungen.
Pb. BsR 1035

Barbara Bronnen (Hrsg.)
Kind, ach Kind
Geschichten über Kinder
1991. 250 Seiten. Pb. BsR 433

Verlag C. H. Beck München

Auf der Suche nach dem verlorenen Glück

Walter Toman
Psychotherapie im Alltag
Vierzehn Episoden
1991. 181 Seiten. Pb. BsR 438

Christoph Kraiker/Burkhard Peter (Hrsg.)
Psychotherapieführer
Wege zur seelischen Gesundheit
4., unveränderte Auflage. 1994.
320 Seiten. Pb. BsR 338

Jürgen Krug
Das Autogene Training
Wie man Entspannung, Ruhe,
Gesundheit gewinnt
1991. 138 Seiten. Pb. BsR 429

*Ursula Schneider-Wohlfart/
Otto Georg Wack (Hrsg.)*
**Entspannt sein – Energie
haben**
Achtzehn Methoden der Körper-
erfahrung
1993. 234 Seiten. Pb. BsR 1029

Jean Liedloff
**Auf der Suche nach dem
verlorenen Glück**
Gegen die Zerstörung unserer
Glücksfähigkeit in der frühen
Kindheit
Aus dem Englischen von Eva
Schlottmann und Rainer Taëni.
335. Tausend. 1994. 220 Seiten.
Pb. BsR 224

Joachim Seiler
Blaupause
Ein Entzugsspektakel
1991. 255 Seiten. Pb. BsR 437

Horst Zocker
betrifft: Anonyme Alkoholiker
Selbsthilfe gegen die Sucht
2., aktualisierte Auflage. 1991.
151 Seiten. Pb. BsR 383

Ludwig Reiners
Sorgenfibel
oder Über die Kunst, durch
Einsicht und Übung seiner Sorgen
Meister zu werden
107.–112. Tausend. 1992.
141 Seiten. Pb. BsR 354

Julia Onken
Feuerzeichenfrau
Ein Bericht über die Wechseljahre
185. Tausend. 1994. 207 Seiten.
Pb. BsR 352

Julia Onken
Geliehenes Glück
Ein Bericht aus dem Liebesalltag
75.–104. Tausend. 1992. 222 Seiten
Pb. BsR 455

Verlag C. H. Beck München